THE GREAT WESET

Die Deutsche Bibliothek verzeichnet diese Publikation in der Deutschen Nationalbibliografie; detaillierte bibliografische Daten sind im Internet unter https://portal.dnb.de abrufbar.

1. Auflage 2023

www.the-great-weset.de

ISBN 978-3-948576-06-6

Printed in Germany

Walter van Rossum

ALTERNATIVEN IN MEDIEN UND RECHT

massel

> *„Suzanne takes you down to her place near the river*
> *You can hear the boats go by, you can spend the night beside her (…)*
> *And you want to travel with her, and you want to travel blind*
> *And then you know that she will trust you*
> *For you've touched her perfect body with your mind"*
>
> Leonard Cohen

Für Susanne, geboren am 28. September 1963.

Inhalt

II. RECHT

III. ANHANG

Vorwort

Als Reaktion auf die Maßnahmen, die zur Bekämpfung der Corona-Pandemie 2020 bis 2023 von der Regierung ergriffen wurden, entstanden zahlreiche neue Formen des Widerstands. Die Politik – im Verbund mit Medien und einer neuen Expertokratie – hatte ohne gesetzliche Grundlagen den Ausnahmezustand erklärt. Das Notstandsregime regierte außerhalb des Grundgesetzes, unterband jede Diskussion und verfolgte Andersdenkende und Zweifelnde. In dem Maße, wie jegliche Kritik umgehend kriminalisiert wurde, bildeten sich neue Foren einer außerparlamentarischen Opposition.

Dieses Buch versucht eine Darstellung von bestimmten Teilen dieser Opposition, die sich über den Anlass hinaus zu verstetigen scheint. Ich beschränke mich hier auf die Bereiche Medien und Recht. Im Rahmen einer Reihe folgen weitere Bände, etwa über Wirtschaft und Gesundheit. Tatsächlich kann ich selbst meine beiden Gebiete nur in Ausschnitten beschreiben. Ausmaß und Vielfalt der Parallelgesellschaft haben mich bei den Recherchen verblüfft, sie übersteigen den Rahmen eines Buches. Die neue Opposition in Sachen Medien und Recht hat sich eng im Zusammenhang mit – oder besser gesagt: gegen – die neuen Realitäten des Ausnahmezustands gebildet. Insofern kann man die Kapitel über Medien und Recht auch als eine Art Chronik der Jahre des Ausnahmezustands lesen.

„Warum ist auf einmal alles so anders und warum sind auf einmal alle so blind – ich aber nicht?", fragt der Philosoph Gunnar Kaiser in seinem Buch *Der Kult.*[1] Spätestens im März 2020 wurde alles anders. Da spürte jeder Einzelne den Zugriff unbekannter Kräfte. Es ging sehr schnell. Mit einem Mal glitten wir nicht mehr auf den Gleisen unseres Lebens, etwas setzte uns auf eine andere Spur. Wir verloren selbst die Illusion von Kontrolle. Die Geschichte würde ihren Lauf ändern, und wir hatten es nicht kommen sehen. Das war eine Erfahrung, die die meisten noch nicht gemacht hatten. Ich auch nicht. Am Montag, dem 16. März, stand ich im Garten, sah den Blütenstaub im milden Licht dieses wunderschönen Frühlingstages tanzen, spürte die samtweiche Luft und den Hauch einer Ahnung, dass mein bisheriges Leben zu Ende war und ich mich in einer anderen Welt noch einmal erfinden müsste. Es war nicht schrecklich, es war bloß überwältigend. So ist es geblieben. Auch davon handelt dieses Buch.

Nein, wir waren nicht zufrieden mit der Gegenwart, wir hatten uns bloß an sie gewöhnt und waren vollauf damit beschäftigt, den Kopf über Wasser zu halten. Leute wie ich hatten sich insgeheim damit arrangiert, Teile eines großen Fait accompli zu sein. Wir bekamen eine Art Gnadenbrot dafür, abendländischen Tiefsinn in die Luft zu pusten. Der Posten war vorgesehen und interessierte niemanden wirklich. Man hätte zufrieden sein können. Doch irgendwie rumorte das Abendland noch in einem: die Postulate des Guten, Wahren, Schönen, die Versprechen von Demokratie und Freiheit, die Tröstungen des Humanen, die Abenteuer des Denkens. All das hatte zwar nie funktioniert, aber der reichlich verwohnte Glanz der Ideale genügte uns. Wir waren Pausenclowns und hatten Mühe, uns ernst zu nehmen. Besseres fiel uns einfach nicht ein.

Dann kam der Sturz aus dem Gefüge. Und noch bevor wir das Geringste verstanden hatten, beschlossen wir, die Herausforderungen anzunehmen. Das ist, glaube ich, der Moment, der uns zu den „Sehenden" hat werden lassen – auch wenn es für die meisten noch eine ganze Weile gedauert hat, etwas zu verstehen und schon gar das ganze Ausmaß. In dem Moment, da wir uns für den Zweifel entschieden, wurden wir in ein Ghetto eingeschlossen. Die Parallelgesellschaft hatten nicht wir gesucht. Sie wurde über uns verhängt. So schnell, so umfassend, dass man im Nachhinein nur vermuten kann: Die Quarantäne war vorgesehen.

Während ich diese Zeilen schreibe, implodiert die uns bekannte Welt, die ich immerhin schon eine ganze Weile bewohne. Sie implodiert langsam, als wollte man allzu viel Aufsehen vermeiden, um das unvermeidliche Chaos des Endes so lange wie möglich aufzuschieben. Es gibt offenbar Geschichten, auf deren fast sicheren Ausgang man sich nicht vorbereiten kann. Vielleicht wie die Deutschen 1944. Es wird wohl kein Mensch bei Sinnen noch an den Endsieg geglaubt haben, und doch hatte fast niemand die totale Niederlage auf dem Schirm. Die Zerstörung fraß sich in das Land. Man rettete sich in die Luftschutzbunker, feierte zwischendurch noch ein bisschen Weihnachten, beerdigte die Väter und schickte die letzten Kinder in kommende längst verlorene Schlachten.

Wahrscheinlich werden auch in unseren Tagen noch ein paar Kriege vom Zaun gebrochen, um dem Ruin seine physischen Umstände zu geben oder um ihm eine Art Logik zu verleihen. Wie sonst könnten die Menschen verstehen, dass die endlosen Staffelläufe des Fortschritts schier unirritierbar auf einen Ground Zero zulaufen? Zeitgenossen, die über zwei Jahre lang der Maske gedient haben, finden vielleicht Halt darin, Russland besiegen und die Ukraine befreien zu wollen. In der wirren Ahnung eines unbegreiflichen Endes werden Menschen zu Amokläufern, die jeden Gedanken erschießen, der sich ihnen in den Weg stellen könnte.

Während wir mal wieder ein Apfelbäumchen pflanzen. Es muss weitergehen. Vielleicht könnte es sogar besser weitergehen.

Es gibt reichlich und reich fundierte Vermutungen darüber, dass die Erosion unserer Realität weniger einigen Unfällen entsprungen ist, sondern vielmehr einem lange vorbereiteten Szenario gehorcht. In dieser Sicht der Dinge wohnen wir einer kontrollierten Zerrüttung bei. Kurz gesagt: Interessierte und außerordentlich potente Kreise fahren das System, das kurz vor dem Kollaps steht, herunter und haben bereits die Pläne für die Neukonstruktion ihrer Herrschaft in der Tasche. Es geht weniger um Geld, sondern um Kontrolle. Geld ohne Macht ist so gut wie wertlos.

Doch bereits vor der Pandemie hat sich eine Bewegung entwickelt, die sich außer Reichweite des seit geraumer Zeit absehbaren Systemcrashs bringt. Unauffällig und ohne Aufheben von sich zu machen. Um die Wahrheit zu sagen: Bevor ich mit diesem Buch begonnen habe, hatte ich bloß vage Ahnungen vom Ausmaß dieser Parallelgesellschaft oder besser: dieser Gegenkulturen. Eine gewisse Unauffindbarkeit gehört zum Geschäftsmodell dieser Bewegung. Insofern kann niemand genau sagen, wie viele Menschen in Deutschland sich längst klammheimlich vom Acker der gängigen Gesellschaftskonfiguration gemacht haben. Sicher hingegen ist, dass der verordnete Bruch mit der alten Normalität der Suche nach einer neuen, selbst geschaffenen Normalität einen gewaltigen Auftrieb verschafft hat. Es dürfte mittlerweile eine „kritische" Zahl von Menschen geben, die aus dem System ausbrechen und das System aus ihrem Innenleben vertreiben wollen.

Sowenig unsere Gesellschaft aus identitärer Einheit gegossen ist, so wenig sind jene Abtrünnigen eine geschlossene Veranstaltung. Der Aussteiger ist keine Erfindung unserer Tage. In der bürgerlichen Moderne haben Künstler sich meist als Vertreter einer gewissen Eigenart verstanden. Man könnte sogar sagen: Diese Spielwiesen kontrollierter Abweichung waren im großen Gesellschaftsganzen durchaus vorgesehen. Manchmal gründeten die Kreativen gar eigene Orte, Enklaven gewissermaßen, wo sie unter sich blieben und mit verschiedenen Lebensformen experimentierten. Allerdings blieben solche Künstlerkolonien meist im regen und parasitären Austausch mit den Metropolen, ohne die sie gar nicht hätten überleben können.[2]

Ähnlich ging es den Aussteigern in den 1970er Jahren, halb Hippies, halb Revolutionäre im revolutionären Vorruhestand, die sich den Imperativen der Leistungsgesellschaft entziehen wollten. Doch es blieben individuelle Projekte, die im Laufe der Jahre meist zwischen die Mühlsteine des individuellen Hedonismus und einer abstrakten Geschichtsphilosophie gerieten. In den letzten Jahrzehnten haben Millionen Deutsche[3] irgendwo im Rest der Welt eine Bleibe gefunden, wo sie entweder vom mitgebrachten Vermögen leben oder kleine Subsistenzökonomien aufgebaut haben. Dabei mögen ökonomische Gründe eine Rolle gespielt haben, etwa Angst vor Armut im Alter, oder dem Überdruss am Staffellauf der Krisen. Doch das sind ebenfalls alles individuelle Lebensentscheidungen.

Um persönliche Entscheidungen kommt niemand herum. Aber keiner rettet sich allein. Die Krakenarme des Systems sind lang. Hier geht es um die, die eine neue Gesellschaft aufbauen wollen, die anders leben wollen und die bereits eine ganze Reihe von „Musterbetrieben" auf die Beine gestellt haben. Der Philosoph Milosz Matuschek hat das treffend beschrieben:

> *„Es wird kein Retter kommen. Kein Messias, kein plötzlicher Held, kein Held oder Neo aus Matrix. Es wird niemanden geben, der für den Einzelnen die Arbeit macht. Wer sich als Retter andient, will betrügen. Staatsgläubigkeit und Gehorsam führen ebenso in den Ruin wie der blinde Glaube an den Fortschritt, den Charles Baudelaire einmal die „Ideologie der Faulen" genannt hat. Alles hängt gerade davon ab, ob sich die Gesellschaft selbst organisieren kann und einen gemeinsamen Willen zu bilden vermag. Gegen Machtkonzentration, Technokratie, Korporatismus und Planungszentralismus hilft nur die organisierte Kraft dezentral agierender Individuen. Es wird Zeit, dass der Bürger die Strukturen seiner Lebenswelt selbst in die Hand nimmt. Gegen korrupte Regierungen hilft nur, daran zu arbeiten, unregierbar zu werden.*
> *Es gibt Mittel und Wege für jedermann, dem bisherigen System die Gefolgschaft zu entziehen, und es braucht nicht mal besonders viel Mut dazu: dezentrale Information durch Bürgerjournalismus. Dezentral organisierte Willensbildung von unten nach oben in vielerlei Initiativen. Dezentrales Geld wie Bitcoin statt Kaufkraftschwund und absehbare Enteignung. […] Gegen die Kraft der Vielen ist kein Kraut gewachsen. Die nächste Revolution wird dezentral sein, niedrigschwellig umsetzbar sein und nichts kann sie aufhalten."*[4]

Das ist das Programm ohne Gebrauchsanweisung. Die Coronoia hat dieser Perspektive massenhaft Akteure zugeführt. Die Politik der Pandemie hat eine schwer quantifizierbare Menge von Menschen schlicht rausgeschmissen. Es geht nicht um ein paar Härtefälle, es geht um viele Millionen Bürger, die gleichsam über Nacht zu kriminellen oder kranken Elementen wurden. Wer sich der Politik nicht fügte, wurde entlassen oder bekam es mit der Justiz zu tun. Der *Corona-Staat*[5] setzte Grundrechte außer Kraft, als handle es sich um lästige Vorschriften einer Schrebergartenordnung. Die heilige Gewaltenteilung wurde als hinderlich erkannt und schamlos umgangen. Wer sich der quasitotalitären Gesundheitspolitik nicht unterordnete, den diffamierte man als „Querdenker" – damit war eine frei erfundene Allianz von AfD, Reichsbürgern, Corona-Leugnern und Antisemiten gemeint. Diese Diffamierung bedeutete den Ausschluss aus der Öffentlichkeit, die jetzt fast nur noch aus geklonten Gläubigen bestand.

Dazu kamen die Millionen von Einzelhändlern, Handwerkern, Gastronomen, Hoteliers und anderen Mittelständlern mit ihren Angestellten, die entweder ihre Läden schließen mussten oder im Kriechgang überleben durften. Manche haben sich vielleicht damit getröstet, mit ihrem Opfer Leben gerettet zu haben, den meisten dürfte der Unsinn dieser Politik mittlerweile dämmern. Systematisch wurde die Angst vor einer gewaltigen Pandemie geschürt, und wer sich nicht vor Corona fürchtete, musste um seine Existenz bangen. Wer sich noch traute, einen eigenen Gedanken zu hegen, bekam die massive staatliche und soziale Repression zu spüren.

Und das Anschlussprogramm aus Inflation, explodierenden Energiepreisen, Lieferengpässen, einem Krieg in der Ukraine (dessen Eskalation der Westen sich so zu eigen macht, dass er dabei mit einiger Sicherheit untergeht), und einem gewaltig orchestrierten, jeden Tag näher rückenden Klimakollaps, nicht zu vergessen, die ständig geschürten Aussichten auf eine Rückkehr der Seuche mit den entsprechenden Maßnahmen, all dies ist nicht gerade geeignet, erschüttertes Vertrauen ins System wiederherzustellen. Kurz, mehr konnte man eigentlich nicht tun, um viele Menschen von systemischen Alternativen träumen zu lassen, von einem anderen Leben.

Ein erheblicher Teil dieser neuen Alternativen hat es nicht beim Traum belassen, sondern angefangen, alternative Welten zu entwerfen oder gar konkret einzurichten. Dabei sind sie auf manchen Veteranen gestoßen. Davon wird in diesem Buch zu erzählen sein: Vom Entstehen einer neuen Medienöffentlichkeit, von der Korrosion des Rechtsstaates und den Kämpfen dagegen im Lokalen und im großen Stil, aber es geht immer auch um den Auszug aus einer Realität, in der wir uns selbst aus den Augen verloren haben, einer Zivilisation, die beim Überhang der Mittel über die Zwecke schier den Verstand verloren hat.

Milosz Matuschek hat vollkommen recht: Diese Revolution wird nicht auf den Barrikaden stattfinden, und keine neue Junta muss installiert werden. Menschen wenden sich einfach ab, desertieren aus der bestehenden Ordnung und schließen sich zusammen, um etwas anderes zu erschaffen. Und sie werden da auf die treffen, die bereits zuvor nicht länger von dieser Welt sein wollten. Vielleicht keine neue Welt, es würden erst mal nur ein paar Orte reichen, an denen man nicht mehr lebt, als könnte man gewinnen – die Unsterblichkeit oder wenigstens ein Freispiel. Soweit die Phantasie, von der Technokraten nicht mal träumen können.

Im Folgenden berichte ich von Projekten und Aktivisten, die bereits vor der Pandemie zu kritischen Außenseitern wurden und von denen, die seit Corona nach konkreten gesellschaftlichen Alternativen suchen. Es geht um eine gewisse Chronologie, die von den Umständen erzählt und davon, wie alles gekommen ist. Wir können nur von Beispielen erzählen und einige wenige Akteure vorstellen. Ein Buch allein mit der Aufzählung aller Aktivitäten und Aktivisten hätte unweigerlich Telefonbuchformat. Meine Auswahl versucht, das ganze Spektrum anzudeuten. Viele und vieles mussten unerwähnt bleiben. Ihnen ist das Buch gewidmet.

I. MEDIEN

„Wenn öffentliche Kommunikation der Treibstoff der Polarisierung ist, wird man die fortschreitende Polarisierung nicht mit öffentlicher Kommunikation stoppen können."

Juli Zeh, Simon Urban, *Zwischen Welten*

Die Zerstörung der Kommunikation

Aus der Sicht eines einigermaßen kritischen Verständnisses von Journalismus hat der mediale Mainstream seit 2020 auf eine atemberaubende Art und Weise versagt. Es gab bereits vorher deutliche Hinweise darauf, dass der klassische Journalismus sich in heller Auflösung befand. Doch selbst kritische Geister wurden von der Geschwindigkeit und Wucht überrascht, mit der die alte Medienwelt sich überaus erfolgreich und konsequent als Propagandamaschine neu erfand. Diese Geschichte ist so interessant wie die Geschichte jener Medien, die in dieser Konfrontation entstanden. Die eine Geschichte lässt sich nicht ohne die andere beschreiben. Ohne die radikale und brachiale mediale Repression des Mainstreams wäre keine neue Gegenöffentlichkeit entstanden.

Diese Gegenöffentlichkeit bedeutet etwas anderes als nur eine radikal kritische Position auf dem weiten Feld der Meinungen. Man hat uns das Recht auf unsere Ansichten verboten, die Drähte der Kommunikation gekappt und uns des Feldes verwiesen. Eine ganze Reihe neuer Verbrechen werden uns zur Last gelegt: Verschwörungstheorien, Corona-Leugnung, Treiber der Pandemie, Delegitimation des Staates, alles wahlweise mit oder ohne Antisemitismus. Wir können uns nicht dagegen wehren. Jedes unserer Worte gerät umgehend zum Beweis unserer Schuld. Der Instanzenweg ist ausgeschlossen. Das sind die neuen medialen Umstände: die Zerstörung der Kommunikation durch Medien. Das war und bleibt auch ein persönliches Ereignis. Davon handeln die folgenden Seiten und von Beispielen für die neuen kommunikativen Netze und die Wege der Selbstverständigung, die daraus entstanden sind. Aus der Notwehr sind mittlerweile auch einige bemerkenswerte Projekte hervorgegangen.

Die medialen Bodentruppen

Bemerkenswerterweise haben viele von uns die ersten Zeichen des Kommenden glatt übersehen. Ab dem 20. Januar 2020 startete der mediale Rummel rund um ein „neuartiges Virus" aus Fernost und wurde in den folgenden Wochen stets schriller. Als hätte man auf einen globalen Startknopf gedrückt, stürzten sich die Medien auf die wenigen Fälle von „mysteriösen Lungenentzündungen", die mittlerweile auf Geheiß der chinesischen Staatsführung in dramatische Bilder übersetzt wurden. Im Handumdrehen entstand der Eindruck eines Infernos, das in China bereits wütete und zum Sprung in den Rest der Welt anzusetzen drohte. Jede harmlose Zahl wurde jetzt im Schein der medialen Feuersbrünste zum Beweis für die nahenden viralen Todesschwadronen.

Am 20. Januar machen die *Tagesthemen* zum ersten Mal die Pandemie zum Aufmacher. Unverzüglich erinnert die Moderatorin Caren Miosga an die SARS-Pandemie 2002/03, die tausend (!) Opfer weltweit gefordert habe. Die Zahl der Ansteckungen steige rasant. In China seien 200 Fälle gemeldet und 2 Tote bestätigt, erklärt der Chinakorrespondent. Und noch bevor man sich fragt, warum 200 kranke und 2 tote Chinesen so viel Nachrichtenwert haben sollen, kommen schon die Bilder aus Wuhan, Bilder aus einem Katastrophengebiet, in dem es aussieht, als wäre eine Bombe eingeschlagen. Die Ausbreitung sei rasant, wurde allenthalben kolportiert: Nach 27 Fällen Ende Dezember werden drei Wochen später weltweit etwas über 200 Infektionen insgesamt gemeldet. Man kann in dieser Informationspolitik die Blaupause der gesamten kommenden globalen Berichterstattung erkennen: Die Präsentation der Nachricht überlagert ihren informatorischen Gehalt. Caren Miosga meint das Gegenteil dessen, was sie wörtlich sagt. 200 Fälle im Verlauf mehrerer Wochen bedeuten das Gegenteil von „rasanter Ausbreitung". Doch der professionelle Alarmismus macht die Musik. The Sound and the Fury.

Die permanente katastrophische Modulation lässt jede Information zum Beleg der Katastrophe werden. Inzidenzwerte von 70, 700 oder 7.000 – einerlei, mediale Präsentation und politischer Wille entscheiden über die Bedeutung der Zahlen. Jede Argumentation erübrigt sich. So bereitet ein nie zuvor dagewesenes mediales Großaufgebot dem Virus einen Empfang, dem es unmöglich hätte entkommen können. Allein das öffentlich-rechtliche Begrüßungskomitee in Deutschland schlägt alle Rekorde des hiesigen Sensationsjournalismus.

Die *Tagesschau* mag zwar den Informationswert eines *Fix und Foxi*-Heftchens haben, wie bereits Dieter Hildebrandt vor Jahrzehnten treffend bemerkte, doch sie hat den unschätzbaren Vorteil, den Geisteszustand der parlamentarischen Mitte als Norm zu verbreiten. Seit dem 20. Januar werden die beiden ARD-Nachrichtensendungen *Tagesschau*[6] und *Tagesthemen* konsequent von dem „neuartigen Virus" formatiert. Bereits in diesem frühen Stadium wird Corona verblüffend oft zum Aufmacher: In *Tagesschau* und *Tagesthemen* am 22., 23., 28., 29. und 30. Januar. Am 29. Januar gibt es zusätzlich eine Ausgabe *Tagesthemen extra*. Im Februar geht es fast so weiter: Am 1., 26., 27. und 28. Februar machen sowohl *Tagesschau* als auch *Tagesthemen* groß mit Corona auf. Am 2. und 13. Februar macht die *Tagesschau* Corona zur Schlagzeile Nummer 1. Und die *Tagesthemen* am 4., 12., und 16. Februar. Ich zähle hier nur die „Aufmacher" – die meisten übrigens in Überlänge. Um die Relationen herzustellen: Am 1. Februar gibt es außerhalb Chinas weniger als 200 Fälle von Infektionen mit SARS-CoV-2. Am 15. Februar zählt man in Europa knapp 50 Infizierte und an diesem Tag auch den ersten Toten. Wohlgemerkt, die Experten des RKI haben noch am 26. Februar „keinen Grund zur Panik" gesehen. Doch nachdem Medien Corona eine riesige Schneise gebahnt hatten, brauchten in Italien nur noch Lastwagen mit Särgen über die Bildschirme zu flimmern, damit die Panik die Regie übernehmen konnte.[7]

Ab Mitte März folgt bei der ARD nach der *Tagesschau* beinahe täglich ein Sonderbericht in Sachen Corona von 15 bis 45 Minuten Länge. Die Dritten Programme senden pausenlos Corona-Lokales. Keine Talkshow, die nicht Schrecken verbreitete. Jeder Sender hat seinen Corona-Live-Ticker und fast jeder seinen Corona-Podcast.

Zur Paradenummer wird das *Coronavirus-Update* des NDR mit Professor Christian Drosten. Der Podcast geht am 26. Februar 2020 erstmals auf Sendung. Zu diesem Zeitpunkt gibt es in Deutschland – nach damaligem Kenntnisstand – 18 positiv Getestete, in ganz Europa sind es etwas über 400. Eine dramatische Entwicklung war ausweislich fast aller Experten auch nicht unbedingt zu erwarten. Das Spiel katastrophische Performanz versus kühle Inhalte zieht sich bis in den Podcast hinein. In den ersten Folgen vernimmt man ein Dauerstörgeräusch – nur die Moderatorin und Christian Drosten scheinen davon nichts mitzubekommen. Ein systemisches Knirschen: einerseits der hysterisch gepolte mediale Apparat, der auf Katastrophen lauert, und auf der anderen Seite der Katastrophenexperte, der zumindest anfangs partout mit der Katastrophe hinterm Berg hält. Ein Fachmann, der laufend zu Protokoll gibt, nicht allzu viel zu wissen. „Das kommt auch daher, dass wir im Prinzip gerade das Schiff zusammenzimmern, während wir lossegeln“[8], erklärt Drosten immer mal wieder heiter.

Der WDR sendet einen Podcast mit seinem volkstümlichen Doc Esser und der MDR schickt Professor Alexander Kekulé mit einem eigenen TV-Hochsitz ins mediale Rennen. Hendrik Streeck darf anfangs noch im *Bayerischen Rundfunk* Unklarheiten über das neuartige und unglaublich gefährliche Virus verbreiten – bis ihn der Kollege Drosten abschießt.[9] Unbestreitbar bleibt Christian Drosten zwei Jahre lang das Ass im Ärmel der Pandemie, die ihren Siegeszug weitgehend ihren Kommentatoren verdankte. Der NDR ersann Dutzende von Ausspielwegen für den bald supererfolgreichen Viren-*Tatort*. „Schicken Sie uns einfach das Wort ‚Start‘ über den ausgewählten Messenger. Oder Sie laden die App von Notify herunter und aktivieren den Kanal von NDR Info. Auch im NDR Ratgeber-Channel auf YouTube finden Sie den Podcast mit Christian Drosten."[10] In Auszügen wird der Podcast auch noch auf N-JOY, NDR 2, NDR 1 Niedersachsen, NDR 90,3 und NDR 1 Radio MV verbreitet. Die Ehrungen der Medienbranche ließen nicht lange auf sich warten: Im Juni wurde dem Podcast der *Grimme Online Award* zugesprochen. Und außerdem noch der Publikumspreis.

Die Printmedien stehen dem in nichts nach: Am 21. Januar erobert Corona einen Platz auf Seite 1 der FAZ. An die Spitze der medialen Demagogie setzt sich erwartungsgemäß bald der *Spiegel* mit seiner Ausgabe vom 1. Februar 2020. Auf dem Titelblatt starrt ein Asiate im roten Schutzanzug durch eine Gasmaske auf ein Handy. Darunter: „Corona-Virus. Made in China. Wenn die Globalisierung zur tödlichen Gefahr wird". Die dazugehörige Titelgeschichte setzt Maßstäbe: Alarmismus in Bestform, fehlende Kenntnisse werden durch apokalyptische Phantasmen ersetzt. Zu diesem Zeitpunkt gab es in Europa genau 28 festgestellte Infektionen.

Doch es sind keineswegs nur die deutschen Medien. Die *New York Times*, die vor dem 20. Januar nur spärliche Notizen zur mysteriösen Krankheit in China veröffentlicht hatte, druckt am 21. Januar gleich 5 Artikel zum Thema, zwei Tage später sind es bereits 13 – allesamt an prominenter Stelle. In Italien berichtet *La Repubblica* in großer Aufmachung vom „virus misteriosa" und behauptet, in zwei Tagen habe es 136 neue Fälle gegeben – was natürlich falsch ist. Im Rest der Welt geht es ähnlich zu.

Von Ende Januar bis Anfang März 2020 hatte ein furchterregender Gesinnungsjournalismus das Terrain flächendeckend erobert. Von alledem hatte ich nichts mitbekommen. Das Gekreische des Mainstreams konnte ich bereits seit Längerem nur in kleinsten Dosen aushalten.

Damit befand ich mich in bester Gesellschaft. Zum Beispiel mit Paul Schreyer. Der hatte im Januar 2020 zusammen mit Ulrich Teusch und Stefan Korinth das Magazin *multipolar* mitgegründet und blieb dann noch eine Weile mit dem Gründen beschäftigt, außerdem okkupierten ihn die Wirren eines Umzugs. Paul Schreyer darf man getrost einen kritischen und aufmerksamen Zeitgenossen nennen. Er wurde 1977 in Rostock geboren und lebt bis heute in der Umgebung. Der Sohn des in der DDR berühmten Schriftstellers Wolfgang Schreyer folgte seinem Vater, wenn schon nicht als Romancier, so doch als hervorragender Autor. Seine ersten drei Bücher[11] setzen sich mit den Ereignissen des 11. September auseinander. Bis heute bezweifelt Schreyer die amtliche Version der Ereignisse. Der mediale Umgang mit den Attentaten wurde nicht nur für ihn, sondern auch für Mathias Bröckers und Ken Jebsen zur journalistischen Ursünde des 21. Jahrhunderts.

Mit seinen Büchern schrieb sich Schreyer in die dünn besetzte Liga des kritischen investigativen Journalismus. Gelernt hatte er das nicht. Er absolvierte zunächst eine Ausbildung als Tontechniker und arbeitete nach 2000 als freier Werbegrafiker. Mit seinen nächsten Büchern schaffte Schreyer es in die *Spiegel*-Bestsellerlisten. 2014 erschien *Wir sind die Guten*[12]. Darin lieferten er und Mathias Bröckers eine fundierte Gegendarstellung zur geläufigen Berichterstattung über die Ukraine-Krise der Jahre 2013/14. Zwei Jahre später folgte die Publikation *Wer regiert das Geld? Banken, Demokratie und Täuschung*, in der es darum geht, wie Banken mit Krediten Geld schöpfen. 2018 folgte *Die Angst der Eliten. Wer fürchtet die Demokratie?*[13]. Schreyer analysiert die Demokratiedefizite in Deutschland und – obgleich klar erkennbar kein Parteigänger – warnt vor einer Hetzjagd auf die AfD, deren jüngste Erfolge vor allem die Eliten beunruhigen müssten. Auf den Digitalplattformen *Telepolis, KenFM, Rubikon, NachDenkSeiten* und *Free21* veröffentlichte er zahlreiche Artikel, bis er Anfang 2020 sein eigenes Medium gründete.

Das Magazin *multipolar* übertraf von Anfang an die bescheidenen Erwartungen, die die drei Herausgeber hegten. Zunächst erschien nur etwa ein Artikel pro Woche, doch hatten die Redakteure eine Empfehlungsspalte eingerichtet, die täglich neue Hinweise auf Artikel und Publikationen aus aller Welt enthielt, manchmal mit dem kurzen Kommentar eines der Herausgeber versehen. Diese Servicekolumne wurde von vielen wie eine Collage gelesen – als eine Art überraschendes Weltjournal. Der Journalist Dirk Pohlmann – von dem später noch die Rede sein wird – hält *multipolar* für ein besonders gelungenes Beispiel des neuen kritischen Digitaljournalismus.

Bei *multipolar* erschienen in den ersten Wochen nach der Gründung einige medienkritische Artikel, auch von Paul Schreyer, aber der laufende gesinnungsjournalistische Amok kam darin nicht vor. Das änderte sich schlagartig am 7. März, als ein Text von Wolfgang Wodarg in dem Online-Magazin erschien: „Coronavirus: Panikmacher isolieren"[14]. Gleichsam im Vorübergehen entzauberte Wodarg die Parameter, auf deren Grundlage die „Pandemie" inszeniert wurde:

> *„Wir messen derzeit nicht die Inzidenz von Coronavirus-Erkrankungen, sondern die Aktivität der nach ihnen suchenden Spezialisten. Alle Institutionen, die uns jetzt wieder zur Vorsicht alarmieren, haben uns schon mehrfach im Stich gelassen und versagt. Viel zu oft sind sie institutionell durch Sekundärinteressen aus Wirtschaft und/oder Politik korrumpiert. Wer nicht leichtfertigen Panik-Meldungen hinterherlaufen, sondern lieber das Risiko einer sich ausbreitenden Infektion verantwortungsbewusst abschätzen möchte, muss sich solider epidemiologischer Methodik bedienen. Dazu gehört, dass man das ‚Normale', die Baseline anschaut, bevor man von etwas Besonderem sprechen kann."*

Das war in gewisser Weise der Gründungstext jener Parallelgesellschaft, die in den kommenden zwei Jahren entstehen sollte. Schreyer kannte den einstigen Bundestags- und Europaabgeordneten von früheren Begegnungen. Wodarg war zudem nicht nur Facharzt für Lungenkrankheiten, er hatte auch ein Gesundheitsamt geleitet. 2009/10 hatte er die pandemischen Inszenierungen um die Schweinegrippe als Verschwörung von Pharmaindustrie, Politik und Medien entlarvt. Der Mann wurde allgemein hochgeschätzt, sowohl als Facharzt wie auch als kritischer Gesundheitspolitiker.

Doch seinen warnenden Text zur angeblichen aktuellen Pandemie hatte er vergeblich den Flaggschiffen des Qualitätsjournalismus angeboten.[15] Auf *multipolar* wurde er über 100.000 Mal angeklickt und verbreitete sich vermutlich millionenfach im Netz. Doch es war nicht allein seine fachliche Kritik, die vielen Lesern die Augen öffnete. Sondern auch die wütenden Reaktionen des medialen Establishments, die nicht nur wie Kriegserklärungen klangen, sondern auch so gemeint waren.

Ein einziges Mal durfte Wodarg seine Kritik im öffentlich-rechtlichen Rundfunk darlegen, nämlich am 10. März in dem ZDF-Magazin *Frontal 21*. Der Beitrag wurde auch noch gesendet, doch schien sich bereits während der Aufnahmen das Blatt zu wenden.

> *„Alles war gut gelaufen, aber als ich das Studio verließ, spürte ich in den Redaktionsbüros eine seltsame Stimmung. Ich nahm das nicht so ernst und machte mich, zufrieden mit den Hörergesprächen, auf den Heimweg. Am Torweg zum Hinterausgang stand ein Mann, der sich gerade eine Zigarette anzündete. Ich erkannte Hubertus Heil, mit dem ich im Gesundheitsausschuss des Bundestages vor Jahren zusammengearbeitet hatte. Mit einer scherzhaften Bemerkung über die gesundheitlichen Auswirkungen des Rauchens begrüßte ich also den Bundesminister für Arbeit und Soziales und seine mir unbekannte Begleitung. Als er mich fragte: ‚Was machst du denn hier?', nutzte ich die Gelegenheit zur Bitte, er möge mir doch helfen,*

> *diese unnötige Panik schnell zu beenden. Daraufhin zog er noch einmal an der Zigarette, lächelte schweigend und wünschte mir ohne weiteren Kommentar alles Gute.“*[16]

In den folgenden Tagen brach eine beispiellose Diffamierungskampagne über Wodarg herein, und das neueste Produkt des postmodernen Absolutismus wurde von der Leine gelassen: die Faktenchecker und artverwandte Zensurtrupps. Karsten Montag hat fast drei Jahre danach den Großangriff auf Wodarg rekonstruiert und die Dürftigkeit der „Argumentation“ gegen ihn demonstriert.[17]

Michael Meyen und die Grenzen des Sagbaren

Niemand wird den Münchener Medienwissenschaftler Michael Meyen als weltfremden Akademiker abtun dürfen. Doch die Wahrheit ist: Meyen hatte bereits seit einiger Zeit dem medialen Mainstream den Ton abgedreht. Ein Akt spiritueller Hygiene. So erklärt sich, dass selbst dieser hochaufmerksame Zeitgenosse die immer schriller werdende Hysterie über eine angeblich wütende Pandemie schlicht überhört hat. Es bedurfte eines eher ephemeren Anlasses, um Meyen endlich aufhorchen zu lassen. Am 11. März ereilte ihn die Nachricht, dass der Marathonlauf in Wien am 17. bis 19. April wegen der Pandemie ausfallen sollte. Jetzt platzte dem leidenschaftlichen Läufer, der sich gerade in Bestform fühlte, der Kragen. Als er daraufhin der medialen Realität wieder Gehör schenkte, entdeckte er die Welt im Bann eines vollends enthemmten medialen Alarmismus. Umgehend veröffentlichte er auf *Rubikon* mehrere kritische Texte zur Situation. Das 2017 gegründete Webmagazin gehörte zu den ersten Plattformen, die auf die pandemische Medienoffensive radikal kritisch reagierten.

Michael Meyen wurde 1967 in Bergen auf Rügen geboren. Er begann sein Journalistikstudium 1988 in Leipzig. Seiner DDR-Sozialisation entsprechend wollte er Parteijournalist werden. Die Wende machte seine Pläne zunichte, ebenso wie den Glauben an jenen Sozialismus. Gleichwohl würdigt er Jahrzehnte später die Journalistenausbildung in der DDR – nicht wegen der PR-Schulung, sondern wegen des hohen Anteils an praktischen Übungen während des Studiums.[18] Er hält guten Journalismus eher für ein komplexes Handwerk als für ein akademisch begründetes Wissen. Nach dem Studium sammelte er sechs Jahre lang Berufserfahrung bei Printmedien und beim Hörfunk. Nebenbei promovierte er und hatte Lehraufträge an verschiedenen Universitäten. Nach seiner Habilitation 2001 wurde er bereits im folgenden Jahr als Professor für Allgemeine und Systematische Kommunikationswissenschaft an die Ludwig-Maximilians-Universität München berufen. Da war er gerade 35 Jahre alt.

Später wurde er Co-Sprecher des bayerischen Forschungsverbundes „Fit for Change“ (Laufzeit 2013 bis 2017), Initiator und von 2018 bis 2020 Co-Sprecher des bayerischen Forschungsverbundes „Zukunft der Demokratie“ (Laufzeit bis 2022), Sprecher des BMBF-Forschungsverbundes „Das mediale Erbe der DDR“ (2018 bis 2022). Es sah ganz danach aus, als könnte nichts mehr diese exzellente akademische Karriere erschüttern. Es kam anders.

Ende 2017 erließ der Münchener Stadtrat einen Beschluss, der nicht nur die Aktivitäten von BDS (= Boycott, Divestment and Sanctions) untersagte, sondern sogar die Thematisierung dieser Aktivitäten. BDS war eine internationale Bewegung, die aufgrund der völkerrechtswidrigen Politik Israels gegenüber den Palästinensern zum Boykott von israelischen Waren und Dienstleistungen aufrief, und zwar nach dem Vorbild früherer Boykottkampagnen gegen den Apartheid-Staat Südafrika. Doch umgehend verglich man jetzt BDS mit dem nationalsozialistischen Aufruf zum Boykott jüdischer Geschäfte, und die Organisation wurde in vielen westlichen Ländern als antisemitisch eingestuft. Der Kommunikationswissenschaftler Meyen interessierte sich allerdings weniger für das politische Problem, sondern ihn beschäftigte, ob ein Stadtrat gewisse Themen im öffentlichen Raum einfach untersagen durfte. Deshalb lud er den renommierten und besonders im Völkerrecht sachverständigen Journalisten Andreas Zumach ein, am 7. November 2018 einen Vortrag an der Ludwig-Maximilians-Universität in München zu halten. Zumach gehörte keineswegs zu den Gefolgsleuten von BDS, aber er setzte sich seit geraumer Zeit für eine Verständigung von Israelis und Palästinensern ein. Sein Vortrag trug den Titel „Israel, Palästina und die Grenzen des Sagbaren“[19]. Wo immer Zumach seinen Vortag hielt, offenbarte sich das, worüber er sprach: „die Grenzen des Sagbaren". So wurde auch die Veranstaltung in München prompt zum Fiasko.

> *„Es wird still im Saal, als Michael Meyen, Professor für Kommunikationswissenschaft an der LMU, ans Mikrophon tritt. Der Hörsaal ist brechend voll, viele müssen stehen. Im Vorfeld hatte die Veranstaltung viel Kritik geerntet. Ein gutes Dutzend Organisationen warfen der Veranstaltung Antisemitismus oder eine Nähe zur Israelboykott-Bewegung (BDS) vor. Darunter der Verband der Jüdischen Studenten in Bayern, die Zionistische Organisation München, die Jewish Agency und mehrere Jugendverbände linker Parteien, des DGB, der DIG sowie die ‚Münchner Bürger gegen Antisemitismus und Israelhass'. Das ‚Linke Bündnis gegen Antisemitismus' rief die Studierenden dazu auf, eine ‚Haltung einzunehmen' und sich mit ‚Jüdinnen und Juden gegen Antisemitismus' zu solidarisieren. Vor dem LMU-Gebäude verteilen einzelne kurz vor Veranstaltungsbeginn noch Flugblätter gegen das Event. Im Saal versprengte Grüppchen halten kleine Israelfahnen in den Händen, einige Menschen mit Kippa sind zu sehen."*[20]

Eigentlich die bekannte, fast rituell gewordene Konfliktkonstellation: Jede Israelkritik wird zu Antisemitismus umgebogen. Das Terrain ist komplett vermint. Allerdings erleben wir hier eine neue Variante, die zum Modell der kommenden Jahre werden soll. Traditionell traf der Vorwurf des Antisemitismus die außerparlamentarische Linke, falls sie Kritik an Israel zu äußern wagte. Doch in dem Maße, wie der „Populismus" der AfD die eingespielten Routinen der parlamentarischen Demokratie und die Interessen der Eliten zu stören begann, in dem Maße reihten sich auch Linke in den „Kampf gegen rechts" ein und machten sich den Antisemitismus-Vorwurf zu eigen.

Darin bestand gewissermaßen die Falle, in die Michael Meyen jetzt reingeschrieben wurde:

> *„Meyen, dessen Lehrbereich die Veranstaltung ausrichtet, ist die Nervosität leicht anzusehen. Er eröffnet mit Verweisen auf wissenschaftliche Kapazitäten, um die Folgen staatlichen Eingreifens in den öffentlichen Diskurs darzustellen. Als erstes wählt Meyen den Volkswirtschaftler Albert Schäffle (1831-1903), der durch das Werk ‚Bau und Leben des sozialen Körpers' 1881 auffällig wurde. Meyen kommt ins Schwärmen: ‚Ich bin in der DDR aufgewachsen und habe in Albert Schäffle meine Jugend wiedergefunden, ich habe da wiedergefunden, was passiert, wenn gewisse Themen und Perspektiven aus der Öffentlichkeit ferngehalten werden.'"*[21]

Den woken linken Kommentatoren war der bedrohte Pluralismus egal. Sie stürzten sich auf das erwähnte Werk Schäffles, das sie kurzerhand zum Gründungsdokument des modernen Antisemitismus ernannten und übersahen geflissentlich, dass es Schäffle allein um eine Kritik am jüdischen Wucherer ging und gerade nicht um den rassistisch umgedeuteten „modernen" Antisemitismus. Und diese Kritik am jüdischen Wucherer ist in der abendländischen Geistesgeschichte ein geläufiger Topos, bei dem man stets die Güte hatte, den entsprechenden Koryphäen von Luther über Voltaire bis Herder zu verzeihen. Im Übrigen wurden die diesbezüglichen Passagen in den späteren Auflagen von *Bau und Leben des sozialen Körpers* gestrichen. Schäffle hatte auch nirgends als glühender Antisemit Ruhm erworben, sondern war als Theoretiker eines durch und durch liberalen Sozialismus eher in Vergessenheit geraten. Und darum ging es auch Michael Meyen. Der Münchener Stadtrat habe mit seinem Beschluss die Deutungshoheit an sich gerissen und Kritiker „als Verschwörungstheoretiker, als Querfrontler, als Antisemiten"[22] diffamiert.

„Der Lehrbereich Meyen der LMU präsentierte eindrücklich eine Neuauflage des Antisemitismusstreits von 1879 – und positionierte sich in der Debatte eindeutig"[23], hieß es. Das war zwar eindeutig der größte Blödsinn, aber diese Politik des Ausschlusses machte Schule. Deshalb habe ich den Fall so ausführlich dargestellt, weil dieses Modell zwei Jahre später gewissermaßen zur Doxa der Zitadelle wird – nicht nur in München, sondern überall da, wo es gilt, Skeptiker und Zweifler vom Zutritt zur „richtigen" Öffentlichkeit abzuhalten. Im Grunde hatte man diese Technik bereits bei Ken Jebsen ziemlich erfolgreich angewandt, den man so zum Antisemiten abgestempelt hatte. Es musste noch eine Weile vergehen, bis die Linke – Partei und außerparlamentarische Linke – sich diese Argumentation zu eigen machte. Der Historiker Sven Brajer analysiert das eindrucksvoll in seinem Buch *Die [Selbst]Zerstörung der deutschen Linken. Von der Kapitalismuskritik zum woken Establishment*[24]. Unter dem Einfluss der sogenannten Antideutschen wandelte sich das Selbstverständnis der Linken von der Kapitalismuskritik zu einem moralisierenden Antifaschismus, der zusammen mit den urbanen Eliten verstanden zu haben glaubt, dass „ihr" Feind von rechts kommt. Ein Prozess, der unübersehbar wurde, als Katja Kipping 2012 das Amt der Parteivorsitzende von *Die Linke* übernahm. In diesem Sinne wurde und wird beispielsweise jede Israelkritik als Antisemitismus radikal verfolgt. Und jede Systemkritik wurde rechts populistisch geframt. Daraus erklärt sich auch das komplette Versagen weiter Teile der Linken bei Corona, ihre radikale Kehrtwendung bei der Beurteilung des Russland-Ukraine Konflikts, ihr neuer leidenschaftlicher ökologische Fundamentalismus sowie das Engagement für eine woke Identitätspolitik. Man verstand sich jetzt als Stütze des Systems. Der Schulterschluss mit den herrschenden Eliten und die Vernachlässigung ihrer traditionellen Themen hat die Linke allerdings in die politische Bedeutungslosigkeit geführt.

Zensur in pandemischen Zeiten

Paul Schreyer hat während der Arbeit an seinem Buch *Chronik einer angekündigten Krise*[25] eine Art Vorgeschichte der Corona-Pandemie entdeckt. Die reicht über 20 Jahre zurück und besteht unter anderem aus einer ganzen Reihe von Übungen zur Vorbereitung auf welterschütternde Pandemien, veranstaltet von sogenannten philanthropischen Stiftungen wie der *Rockefeller Foundation* und der *Bill & Melinda Gates Foundation* in Zusammenarbeit mit staatlichen oder halbstaatlichen Gesundheitsinstitutionen. Dabei sollte zum einen das Bewusstsein für kommende Pandemien geweckt werden, zum anderen galt es zu erarbeiten, welche Maßnahmen zu deren Bewältigung zu ergreifen sind. Schon sehr früh machte man sich bei diesen hochkarätig besetzten Planspielen Gedanken über die Rolle der Medien. Die letzte und denkwürdigste dieser Katastrophenübungen fand im Oktober 2019 – also wenige Wochen vor Proklamation der Pandemie – in einem New Yorker Luxushotel statt. „Event 201" wurde ausgerichtet und finanziert von der Gates Stiftung, dem *World Economic Forum* und dem *Johns Hopkins Center for Health Security*, das dem Milliardär und Philanthrop Michael Bloomberg bis 2021 über 3 Milliarden Dollar[26] verdankte. Bei dieser Simulation einer ausbrechenden Coronavirus-Pandemie zerbrachen sich die Katastrophenseminaristen auch ausgiebig den Kopf darüber, wie man die Medien im Ernstfall unter Kontrolle bringen kann.[27]

> *„Regierungen und der Privatsektor sollten der Entwicklung von Methoden zur Bekämpfung von Fehl- und Desinformationen vor der nächsten Reaktion auf eine Pandemie größere Priorität einräumen. Regierungen müssen mit traditionellen und Social-Media-Unternehmen zusammenarbeiten, um effektive (nimble) Ansätze zur*

Bekämpfung von Fehlinformationen zu erforschen und zu entwickeln. Dies erfordert die Entwicklung der Fähigkeit, Medien mit schnellen, genauen und konsistenten Informationen zu überfluten. Öffentliche Gesundheitsbehörden sollten mit privaten Arbeitgebern und vertrauenswürdigen Führungspersönlichkeiten der Gemeinschaft, wie z. B. religiöse Führer, zusammenarbeiten, um sachliche Informationen an Mitarbeiter und Bürger zu verbreiten. Vertrauenswürdige, einflussreiche Arbeitgeber im Privatsektor sollten Kapazitäten schaffen, um öffentliche Nachrichten leicht und zuverlässig zu verbreiten, Gerüchte und Fehlinformationen zu managen und glaubwürdige Informationen zu verstärken, um die öffentliche Notfallkommunikation zu unterstützen. Nationale Gesundheitsbehörden sollten eng mit der WHO zusammenarbeiten, um die Möglichkeit zu schaffen, schnell überzeugende Gesundheitsbotschaften zu entwickeln und zu veröffentlichen. Medienunternehmen ihrerseits sollten sich dazu verpflichten sicherzustellen, dass maßgebliche Nachrichten priorisiert und falsche Nachrichten unterdrückt werden, auch durch den Einsatz von Technologie."[28]

So wird es kommen: Am 17. März 2020 verpflichten sich *Facebook*, *Google*, *LinkedIn*, *Microsoft*, *Reddit*, *Twitter* und *YouTube* „in Koordination mit den Gesundheitsbehörden der Regierungen rund um die Welt", Betrug und Fehlinformation in Zusammenhang mit COVID-19 zu bekämpfen und offizielle Beiträge zum Thema auf ihren Plattformen besonders sichtbar zu machen.[29]

Dieser missionarische Journalismus, von dem der mediale Mainstream binnen weniger Wochen vollständig durchdrungen war, ist radikal einseitig und radikal aggressiv. Jeder, der seinem so schlichten wie geschlossenen Weltbild widersprach, wurde als Feind entweder kriminalisiert oder pathologisiert. Alle Zweifler wurden in die Katakomben des Netzes abgedrängt. Und da formierte sich nolens volens eine Gegenöffentlichkeit, und zwar rasend schnell, mit ebenso rasant wachsenden Reichweiten. Noch schneller ließ die mediale

Oberwelt sämtliche journalistischen Standards hinter sich. Der Leipziger Medienwissenschaftler Uwe Krüger nennt den neuen Standard „Verantwortungsverschwörung".[30] Das heißt in diesem Fall: Wer Maßnahmen kritisiert, gefährdet Menschenleben.

Mediale Vorgeschichte

Man muss etwas zurückgehen in der Geschichte. Haltungsjournalismus oder Gesinnungsjournalismus gab es schon immer. Bis in die 1980er Jahre war das Terrain einigermaßen genau aufgeteilt. Man las die FAZ als Wertkonservativer, die *Süddeutsche* als Liberaler, die *Frankfurter Rundschau* als Sozialdemokrat und selbst die damals neu entstehenden sozialen Bewegungen – Frieden, Homosexuelle, Frauen – hatten ein links-anarchisches Zentralorgan: die *taz*. Das entsprach in etwa der parlamentarischen Raumaufteilung und damit dem ungeschriebenen Gesetz, dass der Journalismus sich stets in den Grenzen der herrschenden Vernunft bewegte. Immerhin – verglichen mit heute – war die Spannbreite dessen, was in der demokratischen Öffentlichkeit vorgetragen wurde, ganz ansehnlich: so etwa von Franz Josef Strauß bis zu Thomas Ebermann.

Trotzdem bekannten sich fast alle Presseerzeugnisse in jenen Tagen zu den hehren Normen à la Rundfunkstaatsvertrag: Ausgewogenheit, Staatsferne, Neutralität, wahlweise Objektivität und Unabhängigkeit. Dass der unverhohlene Haltungsjournalismus nicht mit der behaupteten Neutralität kollidierte, funktionierte über eine weithin akzeptierte Arbeitsaufteilung: die Trennung von Nachricht und Meinung. Eine auch nur annähernd präzise Theorie dieser Differenz wird man allerdings vergeblich suchen. Um es ganz deutlich zu sagen: Die theoretischen Grundlagen der Medienbranche waren stets dünn und sind mittlerweile gänzlich abhandengekommen.

In jenen Vorzeiten konkurrierten die großen Blätter untereinander – auch durch Haltung, sodass ein gewisser Pluralismus gewährleistet war. Allzu einseitige Informationen der einen Richtung führten einigermaßen zuverlässig zu Korrekturen durch die anderen. Es genügt, sich an die heftigen Debatten in den 1990er Jahren über die Balkankrise zu erinnern und an den medialen Bodenkrieg, der dem realen Bombenkrieg gegen Serbien vorausging. Der Feldherrenhügel der FAZ wurde von den Sturmgewehren des *Spiegels* beharkt. Innerhalb der *ZEIT* tobte ein Bürgerkrieg zwischen Bellizisten und Kriegsdienstverweigerern und so zog sich das durch alle Medien. Intellektuelle engagierten sich jenseits der sonst üblichen Lagergrenzen.[31] Ende 1998 kam die erste rot-grüne Bundesregierung an die Macht. Damit verengte sich umgehend das parlamentarische Spektrum dramatisch auf eine Riesenfrikadelle namens Mitte, in der die denkbar größte neoliberale Einigkeit herrschte.

Dann wurde der traditionelle mediale Raum durch eine technische Innovation vollkommen aus der Bahn geworfen: das World Wide Web. Das Aufkommen des Internets hatte dramatische Folgen für die traditionellen journalistischen Akteure: Sie verloren ihr Informations- und Nachrichtenmonopol. Bald konnte jeder „Amateur" seine Sicht der Dinge weltweit verbreiten. Das Selbstverständnis der Journalisten als gelernte Realitätsbeobachter und -sortierer erhielt einen schweren Schlag. Das Internet bedrohte den real existierenden Journalismus noch aus einem ganz anderen Grund: Die Anzeigenkunden entdeckten schnell im Netz ungeahnte Möglichkeiten. Nicht genug damit, dass die Zahl der Leser rapide sank, ebenso schnell sanken auch die Einnahmen aus der Werbung.[32]

Dazu muss man sich vor Augen führen, dass die meisten Blätter ungefähr zu 70 Prozent vom Anzeigegeschäft lebten.[33] Gewissermaßen bestand die Aufgabe des redaktionellen Teils vor allem darin, hohe Auflagen für hohe Anzeigenpreise zu erzielen. Das gelang einerseits durch billigen Sensationsjournalismus oder andererseits durch einen seriös erscheinenden Journalismus, der seiner angestammten Klientel ihre Öffentlichkeit verkaufte.

Um das Jahr 2000 begann die seit Jahrzehnten aufgestellte Medienlandschaft an gleich drei Fronten zu kollabieren. Das Internet knackte das Informationsmonopol. Das Geschäftsmodell der Anzeigenfinanzierung brach zusammen. Und nach und nach verschwand der weltanschauliche Pluralismus. *Bündnis 90/Die Grünen* hatte gerade vorgemacht, wie binnen weniger Jahre aus einer rein weltanschaulichen fundierten Bewegung eine erfolgreiche staatstragende, ja sogar kriegstreibende Organisation werden konnte. Parolen aus traditionellen politischen Wertbeständen wurden nur in Wahlzeiten kurzfristig reanimiert – als bloße Unterscheidungsangebote.

Das alles führte zu einer hektischen Umorganisation des Medienmarktes. Es bildeten sich neue mächtige Medienkonzerne, die einerseits Konkurrenten ausschalten, anderseits Synergieeffekte herstellen wollten. Verlage wie *DuMont Schauberg* kauften Dutzende von Zeitungen, in denen stets dasselbe stand, weil sie im Wesentlichen von einer Zentralredaktion „journalistisch" gefüttert wurden. Diese Entwicklung mündete konsequent in Gründungen wie der *Redaktion Netzwerk Deutschland GmbH* (RND), die Produkte verkauften, die wie Journalismus aussahen. Pluralismus war zu teuer geworden und taugte als Geschäftsmodell nicht mehr.

Folgerichtig setzten die meisten Zeitungen ihre Gesinnungsflaggen auf halbmast. Oder noch verwirrender: In der FAZ konnte ein bekennender Marxist wie Dietmar Dath Redakteur werden, die *taz* wurde „vernünftig" und unterstützte die Regierung bei diesem und jenem „humanitären" Krieg. Jedes Blatt rückte von seinem Gesinnungslabel ab und entfaltete den geschrumpften Pluralismus auf den eigenen Seiten. Das alles hatte wenig zu tun mit einem neu gedachten Journalismus, sondern mit erheblichen Absatzkrisen und sinkenden Werbeeinnahmen. Politik wie Medien waren sich einig: Man muss die Mitte abfischen. Nur da findet oder behält man Wähler/Leser.

Im Bereich der elektronischen Medien wurde die Quote zur alleinigen Währung. Die finanziell formidabel ausgestatteten öffentlich-rechtlichen Anstalten machten erst gar nicht den Versuch, sich als journalistische Flaggschiffe Geltung zu verschaffen. Auch wenn journalistische Exzellenz ihre Aufgabe sein sollte und der Grund für ihre sagenhafte finanzielle Ausstattung war. Ich erinnere mich, wie damals im Hörfunk, für den ich hauptsächlich gearbeitet habe, die Politik der „Durchhörbarkeit" zum Programmmaßstab gemacht wurde. Es ging darum, eine Art Soundkontinuum zu schaffen, dass den Hörer möglichst lange „bei der Stange" halten sollte. Mit anderen Worten: Nichts Besonderes sollte ihn stören bei der akustischen Begleitung durch den Tag. Alles Anstrengende verschwand in eigens geschaffenen Wellen für die Anspruchsvollen, die nicht zuletzt deshalb wichtig waren, weil sie allein so etwas wie einen öffentlich-rechtlichen „Sendeauftrag" zu erfüllen schienen.

Seitdem kam der Mainstream weitgehend ohne grundlegende Debatten aus. Ob Irakkrieg Nr. 2, Afghanistan, Griechenlandkrise, Eurokrise, Weltfinanzkrise – so wie der Bundestag sich in Klein-klein-Scharmützeln verausgabte, so taten es die Medien. Winzige Differenzen wurden zu programmatischen Lagern aufgeblasen. Der Parlamentarismus gab sich gerne streitbar.

Da der Pluralismus zu einer Art Meinungsklimbim verkommen war, weil in allen Medien zuverlässig das Nämliche stand, lag es nahe, dass Journalisten sich immer öfter als Künder der Wahrheit wähnten. Diese Wahrheit lebte von den Aerosolen der parlamentarischen Vernunft. Die von Journalisten aufgezeichneten und mitgeschnittenen Verlautbarungen aus Politik, Wirtschaft und Verbänden kursierten als real existierende Realität.

Doch so ganz genau wollte das niemand wissen. Wie man bei keinem Geringerem als Claus Kleber nachlesen kann. 2017 erschien von ihm das Büchlein *Rettet die Wahrheit*[34]. Darin kann man klipp und klar nachlesen, dass die Wahrheit retten Claus Kleber und seine Zunft retten heißt. Der langjährige Moderator und zeitweise auch Leiter des *heute-journal* schreibt hier herrisch entschlossen gegen das unkontrollierte Informationsinferno aus dem Netz an. In diesen Niederungen pflegte man schließlich auch den Mainstream analytisch auseinanderzunehmen. Insbesondere ein Argument war ihm wohl zu Ohren gekommen und schien ihn persönlich zu kränken:

der Verdacht nämlich, dass Journalisten wie er ihre Order direkt aus dem Kanzleramt erhielten. Was er natürlich nicht sagen kann, ist, dass einer wie er keiner Anweisungen bedarf, sonst hätte er mit Sicherheit nicht auf dem Posten gesessen, auf dem er saß – mit einem fast doppelt so hohen Gehalt wie dem der Bundeskanzlerin.

Im Eifer seiner Wahrheitsmission vergisst Kleber allerdings, dass es schon ein paar Ausreißer gab. Es genügt daran zu erinnern, wie der kreuzbiedere Moderator der *Tagesthemen* Ulrich Wickert, knapp am Rauswurf vorbeikam, weil er sich erlaubt hatte, in einer Zeitung ein paar kritische Bemerkungen über die amerikanische Regierung nach den Anschlägen vom 11. September zu machen. Selbst eine öffentliche Entschuldigung in den *Tagesthemen* genügte den Spitzen von CDU/CSU nicht. Einen Moment lang sah es tatsächlich so aus, als sei die Karriere von Wickert beendet.[35] Doch meistens reicht eine kleine Scheinhinrichtung, um den Rest des Rudels für lange Zeit auf Kurs zu halten.

Doch Kleber beschäftigt sich in seinem Opuskulum mit einem anderen Fall vermeintlicher politischer Einflussnahme. Dabei geht es um Nikolaus Brender, von 2000 bis 2010 Chefredakteur des ZDF. Angeblich soll die Verlängerung seines Vertrags einer politischen Intrige des damaligen hessischen Ministerpräsidenten und stellvertretenden Vorsitzenden des ZDF-Verwaltungsrats Roland Koch zum Opfer gefallen sein. Das brachte ihm in gewissen Kreisen den Ruf eines honorigen journalistischen Märtyrers ein. Und einige Medienkritiker zitierten den Vorgang gerne als hübsches Beispiel dafür, wie die Politik den öffentlich-rechtlichen Rundfunk beherrscht. Was Kleber selbstredend bestreitet. Für ihn handelte es sich um ein – eher menschliches – Versagen der Aufsichtsgremien.

Viel interessanter als Klebers windige Argumentation ist aber die Beschreibung des Chefredakteurs Brender. Der scheint das ZDF nach Gutsherrenart geführt zu haben, wenn er seine Untergebenen schon mal vor versammelter Mannschaft „zusammenfaltete", „dass die Fenster wackelten"[36].

Seit 1993 strahlte das ZDF die Sendung *Frontal* aus. Das Rezept bestand darin, dass sich der ruppige Konservative Bodo Hauser und der streitbare Linke Ulrich Kienzle gegenseitig mit ihren konträren Überzeugungen bewarfen, und dabei ging es nicht immer zimperlich zu. Bereits in seinem ersten Jahr als Chefredakteur ordnete Brender das Ende der Sendung an, die sich bester Quoten erfreute. Kienzle und Hauser waren keine Politiker, sondern angestellte Redakteure des ZDF. „Aber dem neuen Chefredakteur [N. Brender] passte es nicht, dass sich zwei Top-Journalisten des Hauses parteilich präsentierten."[37]

Besser konnte man kaum vorführen, wie die neue Wahrheitspolitik funktionierte: Man ersparte dem Zuschauer die Qual einer ambivalenten Welt. Gewiss, Parteien streiten, das muss sein, schließlich herrscht Demokratie, und die verschwommenen Parteiprofile mussten irgendeine eigene Kontur aufweisen. Und wenn sie zu wenig streiten, schüren Medien Differenzen, ohne erkennbar Partei zu ergreifen. Zeigt sich da ein Riss in der Koalition? Armin Laschet wird des Grinsens entlarvt, während der Bundespräsident mal gerade wieder Wunden salbt.

Das ist unterhaltsamer. Irgendeine politische Realität muss man schließlich abbilden. Manchmal durften sie sogar einen amtierenden Bundespräsidenten über einen Bobbycar stolpern lassen. Da konnte die „Vierte Gewalt" mal zeigen, was sie kann und wie sie die Politik kontrolliert. Halb Kindermädchen, halb Ringrichter.

Zu einem ersten Wahrheitsschwur kam es beim Fall der New Yorker Türme am 11. September 2001. Das Offensichtliche durfte nicht mehr beim Namen genannt werden. Das Schweigekartell verbannte jeden, der sich an das Thema noch heranwagte. Und als in der Folge der Anschläge der militärische Überfall auf den Irak mit geradezu dümmlichen Fälschungen begründet wurde, blieben Politik und Medien in voller Deckung. Allein weil Regierung und Opposition in leisen Streit darüber gerieten, ob man sich an dem Verbrechen nun beteiligen sollte oder nicht, kräuselten sich auf der medialen

Oberfläche ein paar klitzekleine Wellen. Der Wind legte sich, danach herrschte wieder die reine Wahrheit.

Allerdings gibt es auch große Risse im Weltenbau, tückischen Stoff voller Intrigen, von dunklen Mächten gesteuert. Wie geht man damit um, wenn die USA barbarische Angriffskriege im Dutzend führen? Und wie damit, wenn Tibet gegen Peking revoltiert? Solche Konflikte werden umgehend mit moralischer Wahrheit aufgespritzt, stramm binär im Gut-Böse-Schema geordnet, und unsere Qualitätsmedien sind selbstverständlich und unbeugsam auf der Seite der Guten. Es gibt keinen Konflikt des 21. Jahrhunderts, der nicht auf diese Weise medial aufbereitet worden wäre. Von Afghanistan bis zum gegenwärtigen Krieg in der Ukraine.

Das ist handwerklich und intellektuell unvorstellbar primitiv, doch in der Geschlossenheit des medialen Rudels hat es eine Weile funktioniert. 20 Jahre lang hat man dem Publikum das trübe Märchen von der mädchenrettenden Bundeswehr in Afghanistan, die obendrein humanitäre Brunnen baut, verkauft. Giftgasangriffe der syrischen Regierung, Fälle von vergifteten russischen Dissidenten waren aufgeklärt, noch bevor das Gift wirken konnte. Statt die Leser/Zuschauer mit der tückischen Komplexität solcher Sachverhalte vertraut zu machen, hielt man einem Abgesandten der einschlägig vorbelasteten politischen Oberliga die Mikrofone hin, damit er in schneidenden Worten Verurteilungen, Drohungen und Sanktionen ausstoßen konnte und damit den gesamten Ermittlungsraum kontaminierte. Gefangene wurden nicht gemacht. Bescheidene Überprüfungen fanden nicht statt.

Das große Wahrheitsspiel war so trivial gebaut, so kindlich schlicht, dass weite Teile des Publikums zu erkennen gaben: Es reicht. Das konnte selbst einem beflissenen Wahrheitsbeauftragten wie Claus Kleber nicht entgehen. Der mittlerweile pensionierte Moderator zitiert in seinem Buch eine Meinungsumfrage vom Dezember 2015, derzufolge auf die Frage, ob an dem Vorwurf der Lügenpresse etwas dran sei, 39 Prozent der Befragten mit Ja geantwortet haben. „Es herrscht der Eindruck vor, dass Medien Regierung, Wirtschaft und Interessengruppen nicht mehr kontrollierten."[38] 55 Prozent meinten, sie stützen sie eher. Das macht Claus Kleber sehr traurig. Deshalb will er ja auch die Wahrheit retten. Gewohnt schnell hat er die Übeltäter ermittelt: Fake News – in die Welt gesetzt von Donald Trump, russischen Trollen und dem unkontrollierten Meinungsmob im Netz.

Der neue Gesinnungsjournalismus

In den ersten drei Monaten des Jahres 2020 übernahm ein ungeschminkter Gesinnungsjournalismus das mediale Feld – im Zeichen und beflügelt von einer von ihm selbst inszenierten Katastrophe. Vermutlich waren die Akteure zunächst selbst überrascht, überrumpelt gar von der Geschwindigkeit. Darauf hatte man sich nicht vorbereitet, auch wenn es seit geraumer Zeit in der Luft lag.

Es kam einiges zusammen, was die Auflösung des Journalismus, wie wir ihn kannten (aber auch schon kritisierten), beschleunigte. Die „klassische" Medienlandschaft befand sich – wie zuvor beschrieben – seit einigen Jahren in heller Auflösung. Eine Pandemie bot da rettenden Erregungsstoff. Damit hatte man im 21. Jahrhundert bereits beste Erfahrungen gesammelt: ob SARS, MERS, Vogel- oder Schweinegrippe – zuverlässig hatten Medien solche lokalen und ephemeren Grippeereignisse zu menschheitsbedrohenden Seuchen aufgeblasen.[39]

Pandemien erfüllten alles, wovon Ökonomen der Aufmerksamkeit schwärmen: Sie waren etwas Neues, sie waren extrem bedrohlich, und es gab jeden Tag Neues zu berichten aus der globalen Arena, wo die Mächte der Rettung mit dem Bösen rangen. Boxkampf und Fußballspiel in einem – aber es ging um wesentlich mehr als um ein paar Punkte oder einen hässlichen Pokal. In den Wirren des von den Mainstream-Medien hysterisch bespielten Ausnahmezustands, suchten weite Teile des Publikums wieder informatorische Zuflucht bei den klassischen Medien. Und prompt warfen sich diese Medien als die einzigen und wahren Statthalter der klassischen journalistischen Tugenden in Schale: unabhängig, überparteilich, objektiv – und überboten sich gleichzeitig schamlos als Missionare der vermeintlichen Rettung.

Michael Meyen ist überzeugt, dass es in wenigen Jahren auch ohne Pandemie so oder so zu dieser Entwicklung gekommen wäre.[40] Längst hatte der mediale Mainstream sich an digitalen Plattformen zu orientieren begonnen, und auf die Prinzipien der Unabhängigkeit, Objektivität und Neutralität verzichtet. Es ging um neue Formen der Ansprache: emotionaler und mit Identitätsangeboten lockend, indem man Ingroups und Outgroups konstruierte. So ging es längst zu bei *Facebook* und *Twitter*, *Telegram* oder *YouTube*. Allerdings mit einem großen Unterschied: Dort konkurrierte eine riesige Breite an Ansichten und Überzeugungen. Dem versuchte die verabredete Selbstzensur der Plattformen jetzt ein Ende zu setzen. Es wurde gelöscht, was das Zeug hielt. Der Generationenwechsel in den Redaktionen beschleunigte sich. Die Jungen, die Digital-Natives, wussten, wie Gesinnungsproduktion funktionierte, die älteren Journalisten wurden an den Rand gedrängt oder gleich ganz ausgemustert.

Der neue Gesinnungsjournalismus diskutiert nicht mehr. Er hat die Wahrheit auf seiner Seite. Er ist totalitär und nicht gerade zimperlich. Doch jede Wahrheit lebt von der Unwahrheit, gegen die sie sich triumphierend durchsetzt. Von Anfang an betonte der Mainstream die Gefährlichkeit seiner Feinde, die er sorgfältig selbst konstruierte und unter Kontrolle hielt. Eigentlich waren es nur die wenig durchdringenden Stimmen einer winzigen Zahl von Skeptikern. Man hätte sie vernachlässigen können angesichts der fast totalen medialen Hegemonie. Doch sie gaben dem Kampf gegen das Virus ein sichtbares, unmenschliches Gesicht. Anfang 2022 durfte man sagen: Die Ungeimpften sind das Virus. Nach über zwei Jahren pandemischen Ausnahmezustands weiß man über diese Mächte der Finsternis vor allem das: Verschwörungstheoretiker – halb Spinner, halb Kriminelle –, Rechtsradikale, Querdenker und Antisemiten. Eine Figur wie Ken Jebsen verkörperte in seiner Person gleichsam das ganze Spektrum des Bösen, bei Michael Meyen diagnostizierte eine einschlägige Expertin: Borderline mit verschwörungstheoretischen Anschlussmöglichkeiten.[41]

Die Spannweite des pandemischen Pluralismus erstreckte sich zwischen dem Staatsvirologen Professor Drosten und dem etwas skeptischer agierenden Professor Hendrik Streeck, der allerdings bereits als Außenseiter gehandelt wurde. Jeder, der über dieses Spektrum hinausging, bekam nicht nur die geballte Medienmacht zu spüren, sondern notfalls auch die rohen Kräfte der Exekutive.

Der Mainstream pflegte seine Feinde und machte sie zugleich unhörbar. Gegen die gefährlichen Fake News aus den digitalen Irrenanstalten wurde die alleinige Wahrheit zur Mission.

Dirk Pohlmann: „Das ist doch keine Schönwetter-Demokratie!“

Der Journalist Dirk Pohlmann, Jahrgang 1959, hat Anfang 2022 die Nase voll von den Corona-Zuständen. Beim Anblick von Masken packt ihn nur noch der Ekel. Er spielt mit dem Gedanken, das Land zu verlassen. „Mir ist jegliches Vertrauen in die Institutionen abhandengekommen.“[42] Dabei ist Pohlmann ein Typ, den so schnell nichts umwirft.

Nach seinem Studium wird der ausgebildete Pilot einer der Geschäftsführer der *CargoLifter World GmbH*. Parallel beginnt er journalistisch zu arbeiten und produziert seit 2003 beinahe im Jahresrhythmus Filme, in denen er sich auf höchstem Niveau kritisch mit den geopolitischen Verwerfungen seiner Zeit auseinandersetzt. Und da das bei solchen Themen schier unvermeidlich ist, geht es auch um Geheimdienste und verdeckte Operationen. Insofern darf man Pohlmann als erfahrenen Verschwörungstheoretiker bezeichnen – was damals allerdings noch als investigativer Journalismus firmierte, der von ARD, ZDF und *arte* finanziert und ausgestrahlt wurde. 2015 kündigt er seinen öffentlich-rechtlichen Auftraggebern die Zusammenarbeit auf. Damals kam die Sache mit dem Wahrheitsmonopol auf. Den Journalist Pohlmann schaudert angesichts der neuen Sitten seiner Branche.

Ja, auch er zerbreche sich den Kopf darüber, welche Charaktere sich warum für den pandemischen Zweifel entschieden haben und welche zu strammen Vertretern des Ausnahme-Regimes wurden. Mit arm und reich, mit gebildet oder klug habe das nichts zu tun.[43] Aber eine Antwort hat er nicht gefunden. Schließlich habe auch er eine Weile gebraucht, bis der Groschen gefallen sei. Besser gesagt: der richtige Groschen. Pohlmann hatte nämlich anfangs die Pandemie durchaus ernst genommen – allerdings nicht als Folge entgleister Natur, sondern er vermutete eher einen Hintergrund von Biowaffen und eine geostrategische Offensive gegen China. Diese Gründe dominieren auch das erste Heft von Free21 zum Thema Corona – einer Zeitschrift, deren Herausgeber er Ende 2019 geworden war.

Doch Pohlmann war stets ein glänzender Journalist und also leidenschaftlicher Zweifler. Nach und nach kamen ihm erhebliche Bedenken. Es ging ihm wie vielen anderen: Was immer man im Zusammenhang mit Corona näher untersuchte, hielt der Überprüfung nicht stand oder widersprach dem offiziellen Dogma, das keine Zweifel duldete. Dabei bereitete ihm der neuerdings herrschende Szientismus großes Unbehagen. Während ihm die Kritik renommierter Experten wie Wolfgang Wodarg und Sucharit Bhakdi mehr und mehr einleuchtete oder zumindest diskutabel erschien. Die Art und Weise, wie alternative Ansichten von der medialen Oberwelt ignoriert oder umgehend geächtet wurden, bereitete ihm bald mehr Sorgen als das Virus.

Dirk Pohlmann ist nicht ganz unbewandert in pharmazeutisch-medizinischen Fragen. Als die Karriere des Filmemachers zu bröckeln begann, schlug er einen erstaunlichen Haken: 2013 wurde er Geschäftsführer des Pharmaunternehmens *Artemiflow GmbH. Artemiflow* war eine Gründung des Chemikers und Direktors des *Max-Planck-Instituts für Kolloid- und Grenzflächenforschung* in Potsdam Peter Seeberger. Die Firma wollte den Antimalaria-Wirkstoff *Artemisinin* weltweit vermarkten. *Artemisinin* galt nicht nur als hochwirksam gegen gewisse Malariaerreger, es war auch ungleich günstiger in der Produktion als andere Medikamente. Insofern war Dirk Pohlmann bereits mit den Geschäftsmodellen der Pharmaindustrie vertraut, und er hatte erfahren, in welchem Ausmaß ein Bill Gates das weltweite Impfgeschehen und die Pharmakologie in Sachen Malaria steuerte.

Was ihn letztlich zu einer Revision seiner Haltung bewegte, war die Demontage der Grundrechte auf dem Verordnungsweg. „Das ist doch keine Schönwetter-Demokratie!" Dirk Pohlmann zieht den Hut vor der Leistung der im Zeichen Coronas entstandenen Gegenöffentlichkeit. „Ein erstaunlicher Beweis für die Vitalität der Zivilgesellschaft. Viele Leute sind dabei mit den Aufgaben gewachsen."[44] Er selbst schwirrt unaufhörlich durch die Flure der Gegenöffentlichkeit, sei es als Gesprächspartner, Moderator, Autor oder Herausgeber. Journalismus heißt für ihn eine endlose Suche. Die Behauptungen von Objektivität und Neutralität sind in seinen Augen Nebelkerzen einer Branche, die weder objektiv noch neutral ist. Ihn interessiert eher ein „schmutziger" Journalismus. In Japan gebe es eine Technik bei der Reparatur von gebrochenem Porzellan. Da wird die Bruchstelle nicht verdeckt, sondern betont. So könnte das im Journalismus auch laufen. „Wir bauen ja auch aus Bruchstücken."

Dirk Pohlmann plant, eine journalistische Vermittlungsplattform zu gründen. „Du kannst kaufen, verkaufen und du kannst anfordern." Auf diese Weise überspringt man die Agenturen. So könnte es beispielsweise sein, dass ein nigerianischer Journalist glaubt, einen Fall von Regierungskorruption aufgedeckt zu haben. Vermutlich wird er bei den nigerianischen Medien keine Abnehmer finden. Jetzt kann er seinen Text auf der Plattform anbieten. Umgekehrt könnte ich auf dieser Plattform einen Text über die Corona-Maßnahmen in Nigeria anfordern. Für jede abgeschlossene Aktion bekommt die Plattform zehn Prozent des vereinbarten Honorars. Damit werden nicht nur die Unkosten und Gehälter der Vermittler bezahlt. Der Rest soll an ein besonderes Gremium fließen. Gewissermaßen eine Versammlung journalistischer Exzellenzen. Die Exzellenz der einzelnen Mitglieder weist sich durch bestimmte Merkmale aus: Es sind Journalisten, die mindestens einen Scoop auf dem Kerbholz haben, also eine bedeutende Enthüllungsgeschichte, mit der sie erheblich angeeckt sind und für die sie ihre Karriere aufs Spiel gesetzt haben. Mit anderen Worten: „Sie müssen Narben vorweisen können." Und dieser Ältestenrat kann Stipendien für den Nachwuchs und Preise für herausragende Arbeiten vergeben.[45]

Unsere Faktenchecker

Die Wahrheitspolitik des Mainstreams kann nur funktionieren, wenn das Feld geschlossen bleibt. Wenn sich aber jeder im Internet seine eigene Wahrheit besorgen kann, dann sind die herkömmlichen Öffentlichkeitsarbeiter in ihrer Existenz bedroht. „Der Zugang zu der wirklichen Umwelt muss begrenzt werden, ehe jemand eine Pseudoumwelt errichten kann, die er für klug oder wünschenswert hält", hatte Walter Lippmann, ein Cheftheoretiker des Haltungsjournalismus, bereits 1922 in seinem Buch *Public Opinion*[46] postuliert. Man brauchte also eine Art Cordon sanitaire, der verhinderte, dass Fake News aus dem Untergrund die Zitadelle der Wahrheit unterspülten. Aus diesem Geist entstand die Branche der Faktenchecker. Faktenchecker versuchten fortan zu verhindern, dass auch nur Fragmente der Kritik oder einer „Gegenwahrheit" auf der medialen Benutzeroberfläche in Erscheinung treten konnten. Sie wurden umgehend als Fake News dargestellt. Wer vage Zweifel an Karl Lauterbachs Diagnosen hatte und im Netz nach Informationen suchte, dem schickte *Google* erst mal ein Dutzend Antworten auf den Bildschirm, Antworten auf Fragen, die man noch gar nicht gestellt hatte. Damit der Qualitätsjournalismus bei seinen monolithischen Wahrheitskonstruktionen bleiben konnte, durften die „Unwahrheiten" möglichst gar nicht erst das Licht der Öffentlichkeit erblicken.

Das Checken von Fakten war mal eine honorige Angelegenheit. *Factcheck.org* wurde 2003 und *PolitFact* 2007 gegründet.[47] Anlass waren die plumpen Lügen der US-Regierung über die Massenvernichtungswaffen im Irak. Es ging einfach darum, einige unterdrückte Informationen zu veröffentlichen, kurz, um kritischen Journalismus. Wie es dazu kommen konnte, dass ungefähr ein Jahrzehnt später eine neue Generation von komplett unkritischen Faktencheckern das

Feld der Wahrheit für sich in Anspruch nahm, kann man bei Claus Kleber nachlesen.

Die *Tagesschau*-Redaktion gründete 2017 eine „Faktenfinder" Redaktion, der Bayerische Rundfunk schickte sogar einen „#Faktenfuchs" ins Wahrheitsrennen, und bereits 2014 ging die private Gründung *Correctiv*[48] an den Start. Auch die *Deutsche Presse-Agentur* bezahlt eigene Kontrolleure. Was nach einem kritischen Umgang mit Fakten und Informationen klingt, bedeutet in der Praxis einen ungeheuren Zivilisationsbruch: Man tut so, als könnte es eine letztinstanzliche Feststellung von Wahrheit geben. Mit anderen Worten: Die Operation „Rettet die Wahrheit!" ist so verzweifelt wie aggressiv.

Offenbar hängt man dem Glauben an, die Welt erkläre sich aus einer Anhäufung von Tatsachen und, noch absurder, Tatsachen seien eine Art Absolutum des Wissens. Nur zur Erinnerung: Der Begriff „Fakten" gründet im lateinischen *factum*: das Gemachte. Dem entspricht seit dem 18. Jahrhundert im Deutschen „die Tatsache".[49] Die Tatsache ist eine Sache, die durch handelnde Bewusstseine, vulgo: Menschen, zu einer solchen gemacht wird. Tatsachen sind in gewisser Weise selbst wieder informiert. Sehr grob zusammengefasst definiert sich Moderne überhaupt über ihren kritischen Umgang mit Wahrheit, derzufolge Wahrheit stets „gemacht" und geworden ist, in laufenden Prozessen steht und von bestimmten Verständigungsprotokollen geprägt wird. In diesem Verständnis ist das Wirkliche nie das Gewisse und gerade deshalb zuverlässig ein Problem.

Um nur ein simples Beispiel zu nennen: Auf die Frage, wie viele Arbeitslose es in Deutschland zurzeit gebe, nennen Journalisten in der Regel die Zahl, die von der Bundesagentur für Arbeit ermittelt wird. Diese Zahl ist aber nur eine Zahl eben jener Behörde und repräsentiert nichts anderes als deren Zählweise. Sie ist eben gemacht. Deshalb könnte man fragen, wie die Zahlen denn ermittelt und gemeldet werden. Dabei stößt man schnell auf Vorfälle, die an der Zuverlässigkeit dieses Meldewesens zweifeln lassen.[50] Dann könnte man fragen, welche Kriterien der Zählung zugrunde liegen. Wie man weiß, werden etwa Arbeitslose, die über 58 Jahre alt sind, nicht mehr als solche gezählt, ebenso wenig werden Arbeitslose, die man in irgendeine „Maßnahme" geschickt hat, noch als arbeitslos verbucht.[51] Einige Sozialwissenschaftler glauben gar, wenn die Kriterien für Arbeitslosigkeit etwa aus den 1980er Jahren heute angewendet würden, würde sich die Zahl der Arbeitslosen annähernd verdoppeln. Mit anderen Worten: Angaben über die Anzahl von Arbeitslosen beruhen auf der Zählweise und der Definition von „arbeitslos". Fakten sind gemacht und man könnte sie stets anders machen.

Die meisten der sogenannten Tatsachen sind Elemente eines Diskurses, der sie mit Bedeutung auflädt. „Hier steht ein Stuhl", das wäre eine Tatsache auf der Augenhöhe unserer Faktenpfadfinder. Doch welche Bedeutung hat es, dass der Stuhl hier steht? Verweist er auf die Unordnung der Kinder? Taugt er als Beleg für meinen Geschmack? Es genügt, an die große Berliner Demonstration vom 1. August 2020 zu erinnern. Die Veranstalter sprachen von über einer Million Teilnehmern, die Polizei wollte bloß etwa 17.000 gezählt haben. Beide verfolgten unterschiedliche Interessen: Die einen an einer möglichst hohen Zahl, die anderen an einer möglichst niedrigen. Die Schlacht um „die Tatsache", die sich daran anschloss, darf man als Lehrbeispiel für die Präzision von Faktenchecks im Gedächtnis behalten.

In der alltäglichen Kommunikation genügt die Evidenz einer Tatsache. Doch bei jeder Überprüfung stoßen wir meist bald auf die Brüchigkeit dieser Evidenz. Wer so tut, als könne man etwas – Ding oder Sachverhalt – als unhintergehbare Tatsache fest- und sicherstellen, hintergeht den komplexen Verständigungs- und Wissenspluralismus der Moderne, das Zentrum ihrer enormen Leistungsfähigkeit. „Konflikt ist im demokratischen Konstitutionalismus nicht Abweichung, sondern Regelfall politischer Auseinandersetzung. Eine übergeordnete Schlichtungsebene gibt es nicht. Nicht einmal die Wissenschaft. Szientokratische Positionen (...) erweisen sich insofern als eine Politik spezifischer De-Politisierung", schreibt der Germanist und frühere Präsident der *Deutschen Forschungsgemeinschaft* (DFG)

Peter Strohschneider über den Zusammenhang von „Wahrheit und Macht"[52]. Ich insistiere auch deshalb auf diesen Punkt, um die Folge dieses neuen Wahrheitsregimes zu verstehen: die Zerstörung der Verständigung.

Insofern ist übrigens auch das Verdikt „Lügenpresse" bei der Klärung journalistischer Wahrheitsansprüche nicht gerade förderlich. In der Regel kommt der Mainstream auch ohne Lügen im engeren Sinne aus. Er begnügt sich mit einer systematischen Einseitigkeit. Ulrich Teusch hat das Wort „Lückenpresse" geprägt,[53] das ganz ausgezeichnet eines der Zentralprobleme unseres Qualitätsjournalismus beschreibt: das Weglassen. Übersehen ist eine weit geschicktere Form der Manipulation als das Lügen.

Wann immer ich mich mit Faktenfindern und Konsorten auseinandergesetzt habe, bin ich auf eher schlichte Bastler im Weinberg der Wahrheit gestoßen. Beauftragte Ergebnisse werden als Erzeugnisse angeblich gründlicher journalistischer Recherche verkauft. Von Wahrheit keine Spur. Von Journalismus auch nicht. Die „Wahrheiten" des Mainstreams werden grundsätzlich nicht überprüft. Es geht auch niemals darum, in einen kritischen Dialog mit den gegnerischen Thesen zu treten, oder gar darum, mich von einer „Wahrheit" zu überzeugen, sondern allein darum, Zweifler durch als kompetent inszenierte Wahrheitsbehauptungen vom Zweifel abzuhalten und entsprechende Fragen oder Probleme gar nicht erst in die mediale Arena einzulassen.

KenFM wird abgewickelt

„Es mag komisch klingen, aber das war 1974. 1974 hat mein Vater unsere Familie verlassen. Da bin ich aufgewacht", antwortet Ken Jebsen auf die Frage, wann er begonnen habe, dem pandemischen Furor zu misstrauen.[54] Jebsen kam 1966 am Niederrhein auf die Welt. Sein standesamtlicher Name: Kayvan Soufi-Siavash. Mit Sicherheit gehörte Jebsen zu den Ersten, die verstanden, was sich hinter dem Seuchenalarm verbarg und was noch auf uns zukommen sollte.

KenFM hieß die Plattform, die Ken Jebsen 2011 gegründet hat und die lange vor der Pandemie als erfolgreiches Beispiel gelingender Gegenöffentlichkeit leuchtete. *KenFM* hatte über 500.000 Abonnenten, und die dort veröffentlichten Beiträge waren so schillernd wie ihr Gründer. Dort fand man alles, was die mediale Oberwelt tapfer verschwieg: Interviews mit verwegenen Einzelkämpfern oder Roundtable-Gespräche von verwegener Länge. Jebsen machte alles anders als die anderen. Und er hatte keine Angst. Wie viel Angst musste der Qualitätsjournalismus vor diesem exzellenten Journalisten und Macher gehabt haben! Man hatte einen Julian Assange lebend begraben. Jetzt würde man mit Ken Jebsen Ähnliches versuchen.

Die Geschichte seiner Liquidierung, die unermüdliche Arbeit an seinem Rufmord kann man in einem sechsteiligen Podcast nachhören, den einige öffentlich-rechtliche Anstalten zusammen mit diversen Privatfunkern produziert und im Sommer 2021 veröffentlicht haben.[55]

„Cui bono: What the fuck happened to Ken Jebsen?" heißt das Werk. Wir hören von einem jungen Mann, der hoch hinaus will – ins Fernsehen sogar, also muss er vermutlich ein bisschen narzisstisch gestört sein, von Größenwahn getrieben. Deshalb hatte er sich auch selbst den Namen Ken Jebsen gegeben. Der Vater war Iraner und ist dann auch noch abgehauen. Verpfuschte Leben beginnen meist so. Ihnen bleibt nur die Flucht in den Ruhm.

Seit 1987 arbeitete Jebsen als Moderator und Reporter für verschiedene Anstalten, hatte gar beim ZDF eine Zeit lang eine eigene Sendung. Seit 2001 produzierte er die Sendung *KenFM* für das *Radio Berlin Brandenburg* (rbb). Doch seinen aufmerksamen Biografen entgeht nicht, dass Jebsen schon früh auf dem Pfad der Tugend und der öffentlich-rechtlichen Karriere ins Straucheln geriet: Er tappte in die Fallen radikaler Politisierung, was nach Auffassung des Podcast-Texters offenbar zwangsläufig bedeutet, ein Anhänger von Verschwörungstheorien zu werden.

Mit 9/11 beginnt sein Abstieg. Jebsen will einfach nicht der offiziellen Version vom Fall der Türme folgen, und er sagt das auch noch öffentlich. Ein starkes Stück, denn eigentlich ist Zweifel an der Osama-und-seine-19-Räuber-Version öffentlich-rechtlich und mainmedial sehr früh untersagt. Der Innenrevisor und Autor des Podcasts, Khesrau Behroz, runzelt die Stirn: Wie konnte das geschehen? Wie konnten die Aufsichtsgremien diesen Wahnsinn durchgehen lassen? Ein für alle Mal dekretiert er, dass 9/11-Leugner schaurige Mahnmale verschwörungstheoretischer Verblendung sind, die mit „vermeintlichen Beweisen und pseudowissenschaftlichen Erklärungen" hantieren.

Aber es gibt noch weitere Brandbeschleuniger in Jebsens Karriere. Da wäre zum Beispiel das Video „Collateral Murder", das 2010 von *WikiLeaks* veröffentlicht wurde. Man sieht, wie irakische Zivilisten und *Reuters*-Journalisten im Juli 2007 von amerikanischen Hubschrauberpiloten kaltblütig abgeballert werden. Die Schützen gratulieren sich für die Treffer und kommentieren ihre Tat mit den Worten: „Sieh dir diese toten Bastarde an!" Das – so erklärt uns der Podcast – das wäre für „einen Verschwörungstheoretiker wie Jebsen der Beweis, dass überall im Hintergrund unlautere Dinge vor sich gehen". Im Hintergrund? Unlautere Dinge? Offenbar rutscht der in Kabul geborene Behroz auf dem Schaum seiner Beflissenheit aus. Im

Eifer seiner Mission entgeht ihm glatt, dass der militärische Überfall auf den Irak seitens der USA und ihrer Verbündeten ein barbarischer Angriffskrieg war, was immerhin das größte Kapitalverbrechen des Völkerrechts darstellt. Damit nicht genug: Die erlogenen und vorsätzlich fingierten Gründe für diesen Krieg taugen als Lehrbuchbeispiele für eine lupenreine Verschwörung.

Der Plot des zähen Audiodramoletts dreht sich ausschließlich darum, Ken Jebsen als Verschwörungstheoretiker zu entlarven und an seinem Beispiel zu beweisen, dass Verschwörungstheorien gemeingefährlich, um nicht zu sagen kriminell sind. Doch erst in Folge 2 klären uns die Macher des Podcasts endlich über die Textsorte „Verschwörungstheorie" auf: „Mächtige Menschen tun sich für ein gemeinsames Ziel im Geheimen zusammen. Dieses Ziel ist oft illegal oder schadet anderen. Verschwörungstheoretiker fragen dann: Cui bono – wem zum Vorteil?" Mit anderen Worten: Wer in Erwägung zieht, dass mächtige Menschen im Dunkeln Strippen ziehen, um sich einen Vorteil zu verschaffen, macht sich des schweren Delikts der Verschwörungstheorie schuldig. Ist das bloß die faule Frucht unerträglich schlichten Denkens? Oder handelt es sich bereits um die machtgestützte Kampfansage gegen kritisches Denken schlechthin, das Verbot der Aufklärung, die Kriminalisierung eines jeden echten Journalismus, der doch etwas anderes sein wollte als Vertrieb amtlicher Verlautbarungen? Wie auch immer, auf dieser aberwitzig pausbäckigen Definition von Verschwörungstheorie basiert der gesamte Podcast.

Seine Unbotmäßigkeit bringt Ken Jebsen in Dauerkonflikt mit seinem öffentlich-rechtlichen Aufsichtspersonal. Damit man sich endlich von ihm trennen kann, musste nur Henryk M. Broder die Bühne betreten, ein Mann, der sich trefflich auf den Blattschuss mit dem Antisemitismuspfeil versteht. Broder verdrehte eine private und missverständliche Äußerung zu einem antisemitischen Programm. Was absurd war, denn nachweislich hatte Jebsen während seines gesamten Berufslebens wider den Antisemitismus gefochten.

Trotzdem entschuldigte er sich sogar noch für seine Äußerung. Doch Broder insistierte. Der angebliche Antisemitismus der Linken in Deutschland war seine Leidenschaft. Eine kleine, aber feine Pointe unterschlägt der Podcast: Auf Broders Blog *achgut.de* tummelten sich später jede Menge „Verschwörungstheoretiker" wider den pandemischen Notstand.

Damit endete im November 2011 Jebsens Karriere im öffentlich-rechtlichen Rundfunk. Es begann seine Karriere als vermeintlicher Antisemit. Jeder seiner Kritiker – und das wurden aus „guten" Gründen immer mehr – zückte die Antisemitismuskeule und zerschlug jede Diskussion. That's what happened to Ken Jebsen.

Jebsen gründete daraufhin sein eigenes Medienreich via *YouTube* und mit einem eigenen Internetportal und hatte damit nicht nur Erfolg, sondern bald auch ein ebenso großes wie treues Publikum. In dem Maße, wie der mediale Mainstream den Pluralismus abschaffte, wurde Jebsen zu einer viel gehörten Stimme der sogenannten Gegenöffentlichkeit. Es war Khesrau Behroz und seinem „Rechercheteam" offenbar zu ungemütlich, an all die Themen in Jebsens Sendungen zu erinnern. Stattdessen bediente man sich der hässlichen Tricks des Rufmords: Ein inhaltsleerer Vergleich mit dem rechtsextremen amerikanischen Radiomoderator Alex Jones, man tuschelt von Kontakten mit *RT deutsch* – einem deutschsprachigen Ableger des weltweit ausgestrahlten russischen Nachrichtensenders *Russia Today*, der von Russland finanziert wird und insofern nur reine Propaganda sein kann.

Das fabelhafte „Rechercheteam" hat sogar herausgefunden, dass Jebsen mal auf der Krim eine Veranstaltung besucht hat, und überhaupt gebe es da einige Kontakte zu zweifelhaften Russen. Und jede Menge schlimme Sätze: Er sei Demokrat, sagte Jebsen einmal, deshalb habe er bei der Bundestagswahl nicht gewählt. Die Beweislast ist erdrückend. Unsere Ermittler sammeln vage Gerüchte, ein paar flüchtige Kontakte, ein paar kritische Kommentare – und das alles kommt in den Ken-Jebsen-Eintopf. In dem sieden schon richtig dicke

Brocken: 9/11-Leugner, Antisemit, Russenliebchen, und dann kommt noch die Spitze der Subversion: Corona-Leugner.

Professionelle Verschwörungsleugner müssen stets ein darstellerisches Problem im Auge behalten: Die Thesen und Argumente des Verschwörungstheoretikers dürfen nicht zu Worte kommen. Keine Diskussion. Niemals. Insofern wird verständlich, dass im Verlaufe der sechs Folgen Ken Jebsen nicht allzu viel zu Worte kommt und wenn, dann mit Material aus dem Archiv. Er glänzt durch Abwesenheit. Geradezu dramatisch auf der Corona-Demo im August 2020 in Berlin. Jebsen hatte ausdrücklich zur Teilnahme aufgerufen, versprach, selbst dabei zu sein. Die Podcast-Journalisten fragten damals sogar ausdrücklich nach ihm, suchten ihn überall und konnten ihn nicht finden. Ein paar Teilnehmer dieser Demonstration erklommen die Stufen des Reichstags – was vom Mainstream umgehend zu einer Art Machtergreifungsversuch hochtoupiert wurde. Khesrau Behroz montiert kurzerhand aus Jebsens Unauffindbarkeit einen Beweis für seine Verantwortlichkeit. Später suggeriert er Parallelen mit der Erstürmung des Kapitols im Januar 2021.

Am Ende wird noch die Schließung von Jebsens *YouTube* Kanal gepriesen. Allerdings könne er seine Meinung ja immer noch äußern – nur eben auf anderen Wegen. Nachdem man also auftragsgemäß den Nachweis der Gemeingefährlichkeit erbracht hat, und so die Notwendigkeit der Deplattformisierung – wie solche kruden Zensurmaßnahmen heute heißen – zwingend begründet hat, wird dem Hörer weisgemacht, das habe mit Eingriffen in die Meinungsfreiheit gar nichts zu tun.

Am Ende wissen wir also: Ken Jebsen ist ein Verschwörungstheoretiker und er ist gefährlich. Beides wussten wir allerdings schon. Bleibt nur die Frage: Gefährlich für wen? Ken Jebsen repräsentiert eine Zivilcourage, die uns hilft, kommende Schlachten zu verlieren, ohne unterzugehen. Das ist auch der Grund, warum an ihm ein gnadenloses Exempel statuiert werden musste.

In eigener Sache: Rauswurf nach 40 Jahren

Selbstanzeige: Einige Absätze über den Podcast im letzten Kapitel habe ich schon einmal veröffentlicht, und zwar bei *Rubikon.*[56] Am Spätnachmittag des 17. August 2022 erhielt ich per Mail folgendes Schreiben:

> Sehr geehrter Herr Dr. van Rossum
>
> Wir möchten Ihnen hiermit mitteilen, dass der WDR Sie mit sofortiger Wirkung nicht mehr für Leistungen in freier Mitarbeiterschaft beauftragen und beschäftigen wird.
>
> In der Vergangenheit haben wir Ihre Publikationen und Veröffentlichungen auf diversen Online-Plattformen aufmerksam verfolgt – zuletzt auf rubikon.news – und sehen nach ausführlicher Prüfung und Diskussion leider keine weitere Basis mehr für eine vertrauensvolle und gerne auch kritische Zusammenarbeit gegeben.
>
> Die Grenze einer konstruktiven Kritik ist für uns u.a. mit diesen von Ihnen bewusst publizierten Formulierungen überschritten, die wir deutlich zurückweisen:
>
> - „Zwangsfinanzierte Hetze“
> - „öffentlich-rechtliche Witzsendung“
> - „öffentlich-rechtlichen Zensoren“
> - „Charakterschwachen Gesinnungswächtern in den Rundfunkgremien“
> - „missionarische Propaganda“
>
> Wir akzeptieren Ihr Recht auf freie Meinungsäußerung, aber Ihre Äußerungen mit Beleidigungen wie „charakterschwach“ stehen im Widerspruch zu Ihrer Tätigkeit für uns.

> Im WDR werden durch strenge Regularien (u.a. Verhaltenskodex, Programmrichtlinien und Programmanweisung, Redakteursstatut, Grundsätze der Zusammenarbeit im ARD-Gemeinschaftsprogramm) die innere und äußere Rundfunkfreiheit sichergestellt.
>
> Meinungsfreiheit ist für uns ein sehr hohes Gut! Ihre Formulierungen lassen für uns jedoch keinen Zweifel daran, dass Sie das öffentlich-rechtliche System nicht durch konstruktive Kritik verbessern wollen, sondern es rundum ablehnen.

Unterschrieben von zwei leitenden Funktionären namens Florian Quecke und Volker Schaeffer, blassen Vollstreckungsbeamten, die ihr Bestes gegeben haben, den WDR Hörfunk im Laufe der letzten Jahre in die nahezu komplette Bedeutungslosigkeit zu führen. Dafür ähnelt das Leben im Funkhaus einem Bürgerkrieg.

Das war mal anders. Meine erste Sendung für den WDR wurde im Frühjahr 1982 ausgestrahlt. Damals und noch mindestens 20 weitere Jahre lang war ich stolz, für die Firma und für echte Qualitätsredakteure als freier Mitarbeiter arbeiten zu dürfen. Anfangs des neuen Jahrhunderts ging es steil bergab. Das ist schon hundertfach kommentiert und analysiert worden. Dazu muss ich jetzt nichts mehr sagen. Zuletzt habe ich auch nur noch eine Sendung regelmäßig für den WDR produziert, nämlich das Büchermagazin „Gutenbergs Welt“. Mit den beiden Redakteuren kam ich einigermaßen zurecht. Man darf ihnen Kenntnisse attestieren, Charakter hingegen weniger. Das war es also nach 40 Jahren.

Meine öffentlich-rechtliche Untauglichkeit bestand aus fünf Satzfragmenten. Das erste war die Überschrift meines Textes für *Rubikon*, die stammte nicht von mir und ich hätte sie nicht gewählt. Etwas zu formelhaft, doch im Kern resümierte sie meine These. Dass die öffentlich-rechtlichen Anstalten weitgehend von zwangserhobenen Gebühren leben, darüber dürfte kein Zweifel bestehen. Und dass der aus diesen Mitteln mitfinanzierte Podcast über Ken Jebsen pure

Hetze war, genau das habe ich versucht darzustellen. Für die Zensoren war jedoch nicht die Hetze das Problem, sondern dass ich sie so nannte. Nämliches gilt für die beiden nächsten Fragmente „öffentlich-rechtliche Witzsendung" und „öffentlich-rechtliche Zensoren". Von all den bösen Sachen, die ich in meinem Text geschrieben habe, waren das eher die harmlosen und mit Sicherheit ausreichend belegt.

Über die „charakterschwachen Gesinnungswächter in den Rundfunkgremien" kann man selbst in den Mainstreammedien hundertfach hässliche, doch gut dokumentierte Details nachlesen. Und selbst der der Kritik sonst unverdächtige Claus Kleber schildert ausführlich einen Fall von selbst ihm unheimlicher Charakterschwäche ausführlich. Klebers Schlussfolgerung lautet: „Wer, wenn nicht sie [die ungenannte Person, Mitglied des Verwaltungsrates], hätte in dieser Situation ihrem eigenen Urteil folgen müssen."[57] Am 11. August 2022 bezeichnen Gerhart Baum, ehemaliger Bundesinnenminister und stellvertretendes Mitglied für den Kulturrat NRW, sowie Ex-Rundfunkratsmitglied Jürgen Bremer, Medienrechtler und Journalist, in der FAZ die Aufsichtsgremien des öffentlich-rechtlichen Rundfunks als „Abnickverein". Im selben Zusammenhang verlangt Karin Knöbelspies vom WDR-Rundfunkrat eine Neubesinnung über die Arbeit des Gremiums: „Nach wie vor würden zu viele Entscheidungen vorab in den politischen Freundeskreisen abgesprochen. Als Rundfunkratsmitglied ohne Freundeskreis, so Knöbelspies, sei man teilweise von Informationen abgeschnitten."[58]

Was schließlich die „missionarische Propaganda" betrifft, darf ich auf den geschätzten, mittlerweile verstorbenen Kollegen Peter Scholl-Latour, seines Zeichens lange Zeit Programmdirektor des *Westdeutschen Rundfunks*, verweisen: „Bei einer Medienveranstaltung der ARD in Berlin erwähnte ich diese allumfassende propagandistische Irreführung der breiten Öffentlichkeit, der sich – in Deutschland zumal – weder die linksliberalen noch die erzkonservativen Printmedien und Fernsehsender zu entziehen wussten. Der frühere Intendant des WDR, Fritz Pleitgen, (…) stimmte mir spontan zu."[59]

Allein von Scholl-Latour könnte ich noch mehrere Dutzend Bemerkungen ähnlichen Kalibers liefern. Wer die in dem Kündigungsschreiben angeführten „Programmrichtlinien"[60] liest, wird auf den Werbetext für einen Sender stoßen, den es seit Jahrzehnten nicht mehr gibt. Wer im Lichte jener Programmrichtlinien die Produktionen des WDR überprüft, kann nur zu dem Schluss kommen, dass die „zwangsgebührenfinanzierte" Anstalt systematisch ihre eigenen Prinzipien verhöhnt. „Charakterschwachen" Aufsichtsgremien sei Dank.

Nein, ich will mich nicht rechtfertigen. Ich bin beleidigt. Nach mehr als 40 Jahren wirft man mir ein paar gezielte Unhöflichkeiten an den Kopf, bietet mir eine Abfindung in Höhe eines halben Monatsgehalts der Unterzeichner an und weist mir die Tür. Ein halbes Stündchen lang habe ich nach Erhalt der Kündigung erwogen, meine Rechte einzuklagen. Doch dann bin ich, ohne mich noch einmal umzudrehen, einfach meiner Wege gegangen. Ich erinnere mich nur noch an die Jahre, die weit zurückliegen. Meine innere Rundfunkfreiheit ist allmählich zurückgekehrt.

Grundmauern des Totalitären

Wie gesagt, sehr früh reagierte *KenFM* auf das Schüren pandemischer Ängste. Auf ein Interview mit Bill Gates in den *Tagesthemen*, in dem er Ostern 2020 die Impfung sämtlicher Erdenbewohner ankündigte, antwortete Jebsen mit dem Video „Gates kapert Deutschland", das über drei Millionen Mal angeklickt wurde. Danach wurde die Jagd auf ihn neu eröffnet.[61] Und zwar mit neuen repressiven Instrumenten.

YouTube hielt sich an die Selbstverpflichtung, alles von den Servern der Plattform zu verbannen, was dem herrschenden Diskurs widersprach.[62] Und es wurden millionenfach Videos gelöscht. Bei *KenFM* ging man sogar noch einen Schritt weiter. Jebsen durfte keine Werbeeinblendungen mehr schalten und verlor dadurch einen Gutteil seiner Einnahmen. Diese Form der Zensur, Demonetarisierung genannt, wurde von der EU als politisches Instrument gegen „bewusste Falschmeldungen im Internet" empfohlen.[63] Was ja eine hübsche Verschwörungstheorie voraussetzt, denn „bewusste Falschmeldungen" können ja nur von Verschwörern in die Welt gesetzt werden.

Ende 2020 wurde dann der gesamte Kanal *KenFM* von *YouTube* gelöscht. Und wenig später schmiss *Google* die *KenFM*-App aus dem *Playstore*. So war ein weiterer Zugang verriegelt. Den Rest übernahm die Politik in Gestalt der Landesmedienanstalten. Die Medienanstalten „sind zuständig für die Zulassung und Aufsicht der privaten Radio- und Fernsehveranstalter"[64] und für die Aufsicht über das Internet. Im Februar 2021 erließ die Medienanstalt Berlin-Brandenburg (MABB) eine erste Abmahnung gegen Jebsens Plattform. Geschäftsgrundlage dieser Abmahnungen ist § 19 Abs. 1 des Medienstaatsvertrages: „Telemedien mit journalistisch-redaktionell gestalteten Angeboten [...] haben den anerkannten journalistischen Grundsätzen zu entsprechen."[65] Der Medienstaatsvertrag[66] besticht nicht gerade durch Präzision. Allgemein bekannt sind die drei Kriterien, denen öffentlich-rechtliche Medien zu entsprechen haben: Staatsferne, Ausgewogenheit und Unabhängigkeit. Wörtlich genommen ließen sich auf dieser Grundlage vermutlich 99,9 Prozent der Mainstream-medien ohne weiteren Kommentar schließen. Und „die anerkannten journalistischen Grundsätze" helfen da auch nicht weiter. Man lese nur die Suren des Pressekodex des Deutschen Presserates – sozusagen die 16 Gebote des Journalismus. Da heißt es etwa über die Berichterstattung bei Gesundheitskrisen:

> *„Bei Berichten über medizinische Themen ist eine unangemessen sensationelle Darstellung zu vermeiden, die unbegründete Befürchtungen oder Hoffnungen beim Leser erwecken könnte. Forschungsergebnisse, die sich in einem frühen Stadium befinden, sollten nicht als abgeschlossen oder nahezu abgeschlossen dargestellt werden."*[67]

Angesichts des real existierenden Journalismus müssten sich eigentlich auch die anderen 15 Ziffern des Pressekodex auf Intensivstationen krümmen.

Vier Beiträge hat die MABB bei *KenFM* beanstandet. Mangelnde journalistische Sorgfaltspflicht lautete der Vorwurf. Sorgfaltspflicht wird in § 6 des Medienstaatsvertrages definiert:

> *„(1) Berichterstattung und Informationssendungen haben den anerkannten journalistischen Grundsätzen, auch beim Einsatz virtueller Elemente, zu entsprechen. Sie müssen unabhängig und sachlich sein. Nachrichten sind vor ihrer Verbreitung mit der nach den Umständen gebotenen Sorgfalt auf Wahrheit und Herkunft zu prüfen. Kommentare sind von der Berichterstattung deutlich zu trennen und unter Nennung des Verfassers als solche zu kennzeichnen."*

Wie man Kommentare von Berichterstattung deutlich trennen kann, darüber grübeln Medienwissenschaftler seit Langem, Journalisten nie. Doch im Falle der vier beanstandeten Beiträge handelt es sich ziemlich eindeutig um Kommentare. In diesen Texten – einer stammt von Wolfgang Wodarg – ging es um die Kritik an den Corona-Maßnahmen. Die Landesmedienanstalt hatte Jebsen aufgefordert, bis zum 1. März der journalistischen Sorgfaltspflicht Genüge zu leisten und Quellen für die beanstandeten Kommentare zu nennen, sonst drohe ein Verwaltungsverfahren.

Nun hätte Wolfgang Wodarg gewiss keine Probleme damit gehabt, die Grundlagen seiner Argumentation offenzulegen. Doch welcher Medienanstaltsbürokrat hätte sich davon überzeugen lassen, schließlich war Wolfgang Wodarg doch bereits von *Correctiv* und einem Rudel von Faktencheckern des Wahnsinns überführt worden. Außerdem geht es den Medienanstalten gar nicht um den Inhalt. So heißt es im *Merkblatt* über die „journalistische Sorgfalt in Online-Medien"[68]:

> *„Bei ihrer Prüfung schauen die Landesmedienanstalten nicht darauf, ob die Angebote inhaltlich richtig oder falsch sind. Es kommt auch nicht darauf an, wer das Angebot betreibt oder ob eine Information aus ihrer Sicht stimmt oder gar gefällt. Vielmehr geht es um die Frage, ob sich derjenige, der eine Information verbreitet, sorgfältig darum gekümmert hat, ihren Inhalt, ihre Herkunft und Wahrheit zu prüfen."*

Mit anderen Worten, es geht nicht darum, diesen oder jenen Text zu beanstanden oder auf seine Korrektheit zu überprüfen, sondern um den direkten Durchgriff auf den „Verbreiter". Ein klassischer und besonders absurder Fall von Beweislastumkehr. Der Erfolg des Verfahrens ist so gut wie garantiert: Wie hätte Ken Jebsen denn beweisen können, dass er Inhalt, Herkunft und Wahrheit eines Beitrags auf seiner Plattform sorgfältig geprüft habe? Man stelle sich diese Regeln für den öffentlich-rechtlichen Rundfunk vor. Ich könnte leicht und aus dem Stand eine gute Hundertschaft von Fehlern in der Berichterstattung der *Tagesschau* nennen, die eindeutig auf mangelnde journalistische Sorgfalt zurückzuführen sind. Analog zu den Richtlinien für Onlinemedien hieße das, dass nicht nur die *Tagesschau*, sondern gleich die ganze ARD geschlossen werden müsste. So versteht man, wie der neue Medienstaatsvertrag gemeint ist und gegen wen er sich – bei Bedarf – richtet.

Insofern lag es in der Logik der Zensurbehörde, jenes angedrohte Verwaltungsverfahren am 26. April 2021 einzuleiten und die angedrohten Konsequenzen zu vollstrecken. Damit war für alle Beteiligten erkennbar noch die letzte Illusion von Pressefreiheit verflogen. Wir wähnten uns bereits als einigermaßen abgeklärt. Doch dieser Vorgang bedeutete eine Kriegserklärung. Niemand ist mehr vor dem Terror der Zensur sicher.

Jetzt fehlten nur noch die Schläge direkt ad personam. Seine Hausbank kündigte Ken Jebsen sein Konto. 40 andere Banken verweigerten ihm, bei ihnen ein Konto zu eröffnen. Schließlich erbarmte sich eine kleine Sparkasse im Osten der Republik und richtete *KenFM* ein Konto ein. Übrigens wurde das Mittel der Kontenkündigung auch bei *RT Deutsch* und bei *Rubikon*-Herausgeber Jens Wernicke angewandt. Es bedurfte weder der Polizei noch der Justiz: Jebsen war fortan geächtet. Es fand sich in ganz Deutschland keiner mehr, der ihm ein Studio für seine Arbeit vermietet hätte. Seit März 2021 beobachtet der Verfassungsschutz Jebsen.[69]

Ungefähr gleichzeitig tauchen laut Augenzeugenbericht mehrere Hundertschaften vom „Schwarzen Block" vor Jebsens Studioräumen in Berlin auf und machen Randale – gewissermaßen ihr unveränderliches Kennzeichen. *Spiegel TV*[70] geht noch einen Schritt weiter und veröffentlicht die Anschrift des Hauses, in dem Jebsen mit Frau und drei Kindern lebt. Kurze Zeit später erbeuten Hacker bei einem Angriff Unterlagen über Spender und Abonnenten. *KenFM* geht im Oktober 2021 vom Netz. Er wird das Land verlassen. „Meine Karriere als Ken Jebsen ist vorbei. Ich heiße jetzt Kayvan Soufi-Siavash."[71]

Die Jahre 2013 und 2014 wurden zu einem Debakel für den medialen Mainstream. Im Konflikt zwischen EU, Ukraine, NATO und Russland hatte man dermaßen übertrieben einseitig berichtet, verfälscht und unterschlagen, dass weite Teile des Publikums radikal medienkritisch wurden. Wie bereits erwähnt, hatte Claus Kleber stellvertretend für seine Branche sogleich einen Schuldigen ausgemacht: das Netz. Das Netz musste jetzt endlich unter Kontrolle gebracht werden. Eine der Konfliktparteien, die *Europäische Union*, ergriff im März 2015 die Initiative und gründete die „East StratCom Task Force" – ein Sonderkommando, das gegen die russische Desinformation oder das, was man in Brüssel dafür hielt, antrat. Auf der Seite *EUvsDisinfo* dokumentierte man sorgfältig jeden propagandistischen Angriff und dekretierte die wahre Wahrheit.[72]

Bei den sogenannten sozialen Netzwerken wollte man es nicht bei einer „Richtigstellung" belassen. Hier musste aufgeräumt werden. In Deutschland schuf das Netzwerkdurchsetzungsgesetz, das im Oktober 2017 in Kraft trat, die idealen Voraussetzungen für Zensur. Doch bevor *Facebook* & Co in die Pflicht genommen werden konnten, wurden die Plattformen selbst aktiv. Die Algorithmen sorgten für Ordnung. *Facebook* löschte unzählige Inhalte, obwohl nur etwas über 4.000 Beschwerden über „anstößige Fälle" verzeichnet wurden. Unaufgefordert löschte *YouTube* allein im vierten Quartal 2020 neun Millionen Videos.[73] In Deutschland bietet seit Ende 2020 der neue Medienstaatsvertrag geradezu schrankenlose Möglichkeiten der Zensur im Internet, die man zum Beispiel an Ken Jebsen umgehend vollstreckte.

Im Sommer 2019 wird die *Trusted News Initiative* gegründet – vermutlich auf Initiative der BBC. Es ist ein Zusammenschluss fast aller wichtigen Nachrichtenagenturen, der global führenden Zeitungen und der größten sozialen Netzwerke.[74] Ursprünglich ging es um angebliche Desinformation im Zusammenhang mit den Wahlen in den USA, Großbritannien und Myanmar. Nach 2020 kümmerte sich die *Trusted News Initiative* um die Desinformationen bei Corona und später um alle „Falschmeldungen" im Zusammenhang mit den Impfungen. „Es ist das einzige Forum seiner Art in der Welt, das sich um Desinformation in Echtzeit kümmert."[75] Was immer das heißen mag, das Forum hat keine eigene Website und niemand weiß, wie das Forum arbeitet. Die Feuerwerker der Desinformation scheuen offenbar das Licht.

Und im November 2022 betritt noch *GADMO* die Arena der Zensur.

> *„Das German-Austrian Digital Media Observatory (GADMO) ist ein Zusammenschluss von Faktencheck-Organisationen und Forschungsteams, die es sich zum Ziel gesetzt haben, gemeinsam Des- und Falschinformationen zu bekämpfen. Unter dem Motto ‚Fakten gegen Fakes' arbeiten dabei erstmals die in Deutschland und Österreich führenden Faktencheck-Organisationen zusammen: die Deutsche Presse-Agentur (dpa), Agence France-Presse (AFP), die Austria Presse Agentur (APA) und das unabhängige Recherche-Netzwerk CORRECTIV. Sie kooperieren mit Kommunikations- und Datenwissenschaftlern des Instituts für Journalistik und der Fakultät Statistik der Technischen Universität Dortmund sowie des AIT Austrian Institute Of Technology."*[76]

So die Selbstbeschreibung der jüngsten Wahrheitswächterallianz. Diesmal erweitert um die medialen Flugzeugträger: die Nachrichtenagenturen. „Wer immer die Medienrealität im Land beeinflussen will: Die Nachrichtenagenturen sind dafür die erste Adresse. Die *AFP*, mit ihrem deutschen Ableger in der *GADMO*, lebt zu großen Teilen von Staatsgeldern und hat im Vorstand auch drei Staatsvertreter. Ganz so direkt funktioniert das bei *dpa* und *APA* nicht, aber die Drähte zu den Behörden und zu den Digitalkonzernen sind auch dort mehr als heiß. Die Faktencheck-Redaktion der *dpa*, immerhin 25 Köpfe stark, ist zum Beispiel stolz auf Kooperationen mit *Facebook*, *WhatsApp*, *TikTok* und *Google*", erläutert Michael Meyen die Bedeutung der „unheiligen Allianz".[77] Der Kreis der Wachtürme wird immer enger.

Wir Verschwörungstheoretiker

Schon sehr früh hatten die Pandemiker das Dogma ihrer Unfehlbarkeit verkündet – und an ihren Feinden vollstreckt. Doch ihre Wahrheit war ja nicht das Ergebnis jener komplexen Prozesse, die die Moderne entwickelt hatte, um ihr Wissen hervorzubringen, sondern es war eine gesetzte Wahrheit – in einem Wort: das Gute. Und das Gute beweist seine Güte allein dadurch, dass es dem Bösen nicht nur widersagt, sondern es auch tätig bekämpft. Die Gläubigen müssen spüren, dass das Böse mitten unter ihnen ist, ganz nahe. Und es ist gut getarnt, deshalb müsste man es eigentlich demaskieren, aber das ist schwer möglich: Es trägt keine Maske. Doch der Steckbrief des Bösen ist lang. Die Mächte der Finsternis murmeln zotige Litaneien, die der Gute kaum versteht: Fair is foul and foul is fair. Schein ist nicht Sein. Da sie nicht an das Gute glauben, sehen sie verdeckte Kräfte am Werk. Die Agenturen des Guten haben schon vor geraumer Zeit eine großartige Bezeichnung für dieses Natterngezücht gefunden: Verschwörungstheoretiker.

Natürlich zersetzen sie auch die pandemischen Gewissheiten, und insofern ist gut nachvollziehbar, dass der mediale Mainstream einen erheblichen Teil seiner Arbeit solchen Gesellen widmet. Kein Blatt, kein Sender, die nicht unaufhörlich vor diesen Zombies gewarnt hätten.[78] Es wurden etliche Gebrauchsanleitungen für den Umgang mit Verschwörungstheoretikern angefertigt.[79] Auf den Kinderseiten erschienen Warnhinweise vor solchen Finsterlingen. Bücher über Verschwörungstheoretiker wurden zu Bestsellern. Und der Tübinger Amerikanist Michael Butter leitet mittlerweile ein EU-Forschungsprojekt zur Analyse von Verschwörungstheorien.[80] Der Cheftheoretiker in Sachen Verschwörungstheorien hat seine Kompetenz in einem Buch mit dem Titel *„Nichts ist wie es scheint“. Über*

Verschwörungstheorien[81] dokumentiert. Der Wirtschaftsjournalist Norbert Häring hat die intellektuelle Reichweite des Tübinger Professors treffend beschrieben: „Zusammenfassend lautet die hilfreiche Handreichung Butters für Journalisten, Wissenschaftler und Publizisten: 1. Was geschieht, geschieht ohne Plan, 2. Alles ist, wie es scheint und offiziell dargestellt wird, egal wie unplausibel und wie hart widerlegbar es ist, 3. Das hat nichts mit irgendetwas anderem zu tun."[82] Der mediale Kampf gegen Verschwörungstheoretiker dürfte fast so viel Energie verschlungen haben wie die Verbreitung der Heilsbotschaft vom Impfen.

Was ist eine Verschwörung? Wenn mindestens zwei sich verbünden, um einem Dritten zu schaden. Was sind Verschwörungstheorien? Überlegungen, Hypothesen oder Nachforschungen, wer die mindestens zwei sind und warum sie was machen.

Investigativer Journalismus hat unvermeidlich mit Verschwörungen zu tun und produziert also Verschwörungstheorien. Machenschaften der Energiekonzerne, subversive Seilschaften in den Parteien, islamistische Konspirationen, mafiose Intrigen von *Siemens*, betrieblich organisierte Bordellbesuche bei VW, systematischer Umsatzsteuerbetrug. Die Aufdeckung oder auch nur Entdeckung solcher Fälle beruht auf Verschwörungstheorien. Nur nennt die Medienbranche das nicht so. Verschwörungstheorien in ihrem Verständnis sind abwegige Theorien, die nicht mitspielen dürfen. Und man tut gerne so, als handle es sich dabei um eine definierte Textsorte, der man auf Anhieb die krankhaften oder absurden Inhalte ablesen könnte.

Im Moment gibt es ein Dutzend Bücher auf dem Markt, die sogenannten Verschwörungstheorien den Garaus machen wollen, doch keines von ihnen kann auch nur ansatzweise valide Kennzeichen für abwegige Verschwörungstheorien nennen. Es gibt gute und es gibt schlechte Verschwörungstheorien. Das ist alles. In der Regel ist es heute so: Wenn von Verschwörungstheorien die Rede ist, errichtet man eine Demarkationslinie zwischen Drinnen und

Draußen. Wer darf mitreden und wer nicht? Was gilt noch als zumutbare Überlegung und was nicht? Doch die Demarkationslinie basiert nicht auf Argumenten, sondern funktioniert über pathologische Zuschreibungen.

Sage und schreibe zehn Autoren hat der *Spiegel*[83] in seinem Magazin vom 8. Mai 2020 darauf angesetzt, eine solche komplett argumentationsfreie Trennwand zu errichten. Die Zitadelle des Mainstreams ballert auf alles, was dem pandämonischen Totalitarismus unserer Tage entgegensteht. Das fabelhafte Rechercheteam hat drei Zentralorgane gefährlichen Wahns ausgemacht: „Neben dem Querfront-Magazin Rubikon sind das die zwei deutschsprachigen Ableger eines staatlichen russischen Medienunternehmens, RT Deutsch und Sputnik." Die Autoren hätten vielleicht erwähnen sollen, dass *Rubikon* ein Internet-Magazin ist und bei dieser Gelegenheit womöglich erläutert, warum es ein Querfront-Magazin sei.

Mit Querfront bezeichnet man den strategischen Zusammenschluss von diametral entgegengesetzten Extremisten – beispielsweise von Faschisten und Kommunisten. Selbstverständlich erfolgt die Einschätzung als Querfront-Magazin seitens des *Spiegels* ohne jeden Beleg. Es gäbe auch keinen, wie der *Spiegel* gewiss weiß. Man zitiert einfach ein paar Pegida-Typen, die auch ihre Probleme mit der Corona-Politik haben, fertig ist die Querfront. Infamie oder Hilflosigkeit? Beides. Nun wüsste man natürlich ganz gerne, was das Querfront-Magazin *Rubikon* denn auf dem Kerbholz hat.

> *„Das Magazin Rubikon ist eine Art Hausmedium der Protestler. ‚Hygienedemo'-Mitgründer Lenz verbreitet hier von Anfang an seine Thesen. Rubikon wurde 2017 gegründet und veröffentlicht immer wieder verschwörungsideologische Beiträge. Im Beirat sitzen auch Journalisten, die für Weltnetz.tv und RT Deutsch arbeiten. Rubikon sucht außerdem Kontakt zu Fake-News-Verbreitern wie Ken Jebsen, der mit seinem YouTube-Kanal KenFM momentan massiv von der Corona Krise profitiert."*

Nicht zu vergessen, irgendwie noch mit dabei, der „prorussische Journalist Ulrich Gellermann". So sehen grausam schlechte Verschwörungstheorien aus: kein Argument, allein der Glaube an ein riesiges Verschwörungskartell und die hastige Montage grotesker Zusammenhänge. Doch was eint dieses Kartell der Irren? Auf ganzen vier Seiten des Mainstream-Magazins findet man keinen einzigen Satz über Absichten oder Thesen dieser Finsterlinge. Das sagt alles: zehn Autoren und kein Thema.

Wenn ich den Kollegen aushelfen darf: Die „Verschwörungstheoretiker" arbeiten an der Wiederherstellung eines wenigstens minimalen Pluralismus. Und die besteht in diesem Fall aus einer überaus mühsamen Sammlung und Sichtung von Informationen und Überlegungen, die der Proklamation der coronaren Apokalypse widersprechen. Darüber ließe sich reden – über Argumente also. Doch genau das verweigern die rüden Fürsten des Mainstreams von Anfang an. Man lässt sich nicht die schöne Katastrophe verwässern. Und heute könnten Diskussionen glatt den Endsieg verhindern.

Wer einen Beitrag zu einem Thema aus den Redaktionen der Zitadelle liest, hat alle gelesen. Fast wörtlich schreibt die *Süddeutsche*, was wir schon im *Spiegel* lesen mussten und was zuvor oder danach von der *Bild*-Zeitung noch massentauglicher verbreitet wird, um schließlich von der *Tagesschau* hübsch bebildert zu werden. Diese Sorte Journalismus funktioniert nur im Rudel und dadurch, dass er jede abweichende Meinung kriminalisiert oder pathologisiert. Das ist nicht neu, aber es hat inzwischen hysterische Züge angenommen. Irgendwie scheinen die Herrschaften zu ahnen, dass die Nummer Corona bald zu Ende geht.

Die Mainstream-Medien haben die Pandemie geradezu herbeigeschrieben. Das hat ihnen teilweise verblüffenden Zustrom beschert. Doch allmählich verlieren sie die Kontrolle. Auf den Seiten von *Rubikon* finden sich Hunderte Beiträge von bedeutenden Wissenschaftlern weltweit oder über sie, die die ganze coronare Aufregung für einen absurd kostspieligen Fehler halten und ausgezeichnete wissenschaftliche Argumente ins Feld führen können. All diese Nobelpreisträger, Stanford-Professoren und weltberühmten Experten mussten in den medialen Untergrund (oder was *Spiegel* & Co dafür halten) gehen, um noch gehört zu werden. Was glaubt die Zitadelle denn, warum ein Mann wie Professor Detlev Krüger, 27 Jahre lang Chef der Virologie an der Charité und Vorgänger von Christian Drosten, ausgerechnet *Sputnik* ein Interview gegeben hat, um seine Zweifel an der Handhabung der Pandemie auszudrücken? Russisch gesteuerte Virologie? Vielleicht irrt er. Mag sein. Es gab keine Diskussionen. Dafür haben die medialen Apokalyptiker mit brachialen Mitteln gesorgt. Doch die Diskussionen werden kommen, dafür werden wir sorgen.

Ausweitung der Kampfzone

Im April 2020 vereinbarte Paul Schreyer mit dem *Westend Verlag*, eine Art Chronik der Pandemie und des Widerstands zu schreiben. Im September erschien das Buch *Chronik einer angekündigten Krise. Wie ein Virus die Welt verändert* und entpuppte sich weniger als Chronik denn als die Entdeckung einer verblüffenden Vorgeschichte. Einem Hinweis von Wolfgang Wodarg folgend, stieß Schreyer zunächst auf „Event 201" – jene bereits erwähnte Pandemieübung in New York im Oktober 2019. Doch darüber hinaus entdeckte Paul Schreyer eine ganze Reihe ähnlicher Übungen – veranstaltet von einem riesigen und überaus mächtigen Netzwerk, das seit 20 Jahren das Thema der Global Health ventiliert und die Welt auf Katastrophen biblischen Ausmaßes vorbereitet. Der Journalist Thomas Röper vertiefte später die Recherchen zu dem Netzwerk.[84] Ein anonym bleibender Gefährte von Röper hatte eine Software entwickelt, mit deren Hilfe sich die globalen Verbindungen dieses Netzwerks darstellen lassen.

Paul Schreyer hatte die Skizze einer unvorstellbaren Verschwörung gezeichnet und sie selbst Verschwörungstheorie genannt – auch wenn er Vorsicht im Umgang mit solchen Theorien empfahl.

> *„Verschwörungstheorien, die die harmonische Erzählung von der großen Eintracht von oben und unten infrage stellen, entwickeln sich in so einer Situation zu einem Mittel geistiger Notwehr. Man sollte sie gründlich studieren und vorurteilsfrei prüfen – mit neugierigem Interesse und ohne Weltuntergangsangst."*[85]

Jedenfalls stieg damit die Temperatur in der Arena. Die Dimension dessen, was auf dem Spiel stand, wurde übergroß. Für die Kritiker der Maßnahmen klärten sich mit einem Mal viele Rätsel: die permanenten Lügen seitens der Gesundheitspolitiker und -behörden, das hysterisch funkende mediale Großaufgebot ohne Beispiel, die absurden Repressionen gegen Andersdenkende. Es ging jetzt nicht mehr allein um die Kritik an den Maßnahmen. Es ging vielmehr um die wahrlich beängstigende Frage: Was steckt dahinter?

Fact-Check international

Natürlich wurde und wird nicht nur Deutschland vom Unwesen der Faktencheckerei heimgesucht, sondern fast die ganze Welt – die Wahrheit ist schließlich universell. Und natürlich gibt es auch ein internationales Institut, das zuständig ist für die Zertifizierung von Faktencheckern: das 2015 gegründete *International Fact Checking Network* (IFCN). Es bescheinigt den privaten Zensurbetrieben ihre Befähigungen, „weil die digitalen Plattformen ein IFCN-Zertifikat verlangen, wenn man mit ihnen zusammenarbeiten will“[86].

Die Anschubfinanzierung für das IFCN stammt aus den Pfründen des *eBay*-Gründers Pierre Omydar. *Luminate* heißt die Spendenfirma des Philanthropen, der auch sonst durch eine Reihe von großzügigen Gaben im Vorfeld der Pandemie den Göttern gefällig war und zum Beispiel *Correctiv* mitfinanziert hat.[87] *International Fact-Checking Network* gehört zum *Poynter Institute* in Florida – nach eigenen Angaben die weltweit führende Journalistenschule.[88] Außer *Luminate* zählen noch die *Open Society Foundation*, Bill & Melinda und die Staatsstiftung *National Endowment for Democracy* (NED) zu den Gründervätern des Faktenchecker-TÜV.[89]

Doch allmählich sind diese Stifter in den Hintergrund getreten. Dafür haben *Facebook*[90], *YouTube* und *WhatsApp* das Ruder übernommen.[91] Die kennen den aktuellen Zensurbedarf schließlich am besten und finanzieren jetzt die Zertifizierer der für sie tätigen Zensoren. Das IFCN operiert weltweit in Zusammenarbeit mit den großen Nachrichtenagenturen und Medienkonzernen, um Inhalte abzustimmen. Sein Haupteinsatzgebiet lag ursprünglich in der Abwehr russischer Fake News und Propaganda und dem medialen Begleitschutz amerikanischer Interessen. Bei Corona betätigte sich IFCN als Wächter globaler Sprachregelungen im Kampf gegen die

„Infodemie". Dafür wurde eine eigene Abteilung gegründet: *The CoronaVirusFacts Alliance*[92].

Zur Erinnerung: Vordergründig geht es um den Kampf gegen Fake News aus den Tiefen des Netzes – hintergründig um den Umbau des gesamten medialen Feldes. Das ist auch das Geschäftsmodell des 2018 gegründeten US-amerikanischen Unternehmens *NewsGuard*. Hier wird der Kampf gegen die Desinformation gewissermaßen Mann gegen Mann ausgefochten. Tausende Medien weltweit werden von Journalisten auf ihre Glaubwürdigkeit hin überprüft und mit Noten bewertet.

Paul Schreyer hat nun seinerseits die Glaubwürdigkeit der Methoden von *NewsGuard* überprüft.[93] Und wie stets muss man Schreyer für seine akribische Arbeit bewundern. Mit überzeugenden Argumenten belegt er die Unglaubwürdigkeit von *NewsGuard* und legt die Vermutung nahe, dass es sich bei diesem Unternehmen um eine weitere überaus mächtige Zensurinstanz im Dienst der herrschenden Meinung handelt. Ich fürchte allerdings, dass nicht nur die Art und Weise, wie *NewsGuard* sich erlaubt, journalistische Glaubwürdigkeit zu bewerten, ein Problem darstellt, sondern bereits die Idee der Bewertung journalistischer Glaubwürdigkeit einen barbarischen Angriff auf die journalistische Freiheit darstellt.

Auch nur so zu tun, als könne man Medien einem Qualitätstest unterziehen und nach Wahrheitskriterien sortieren, deutet eher auf journalistische Ahnungslosigkeit hin, wenn nicht gar auf finstere Absichten.

Doch auch die Gemeinheit bedarf einer gewissen Professionalität. Im März 2023 hat ein deutsches Gericht *NewsGuard* den kompletten Mangel an Professionalität attestiert. Anlass war der Antrag auf Erlass einer einstweiligen Verfügung gegen die negative Bewertung der Plattform *Achse des Guten*.[94]

NewsGuard hatte achgut.de als eine „der einflussreichsten deutschsprachigen Verbreiter von Fehlinformationen" identifiziert. Von den ungefähr 4.000 Texten, die die Plattform jährlich veröffentlicht, hatte

NewsGuard fünf Texte als Belege für seine Einschätzung angegeben. In keinem einzigen Fall konnte das Gericht einen Beleg für Fehlinformation erkennen.

Bei dieser Gelegenheit stellte sich auch heraus, dass die *NewsGuard Technologies GmbH* in Deutschland gar keinen Firmensitz und in Europa nur einen Briefkasten in Irland hat. Das Monitoring des desinformierenden digitalen Undergrounds in Deutschland „wird offenbar von vier jungen Damen wahrgenommen, die im Falle der Managing Editor & Vice President Partnerships, Deutschland & Österreich Roberta Schmid auf ihrem auf LinkedIn veröffentlichten Lebenslauf nicht vergisst, darauf hinzuweisen, als ‚Teilzeit-Actress' im renommierten ‚Theater Chambinzky e.V., Würzburg, Bayern' tätig gewesen zu sein. ‚Ich bin bei der irischen Firma angestellt und an Deutschland sozusagen ausgeliehen', sagte Frau Schmid laut [Rechtsanwalt] Joachim Steinhöfel vor Gericht."[95] Könnte also sein, dass *NewsGuard* nichts anderes als eine Briefkastenfirma mit betrügerischen Absichten ist.

Gesprächsversuche

Im November 2006 hatte ich Gelegenheit, bei *ARD-aktuell* ein paar Tage lang der Produktion von Nachrichten zuzuschauen.[96] Etwa eine halbe Stunde nach meiner Ankunft in Hamburg-Lokstedt war mir klar, dass es hier nichts zu enthüllen geben würde. Bloß der Lauf der Dinge. Ich habe damals eine Reihe von wenig beeindruckenden Menschen getroffen, die Tag für Tag ein halbes Dutzend oder mehr Ausgaben der *Tagesschau* und eine Ausgabe der *Tagesthemen* zusammenstöpseln. Mit Journalismus, wie ich ihn mir vorstelle, hatte das rein gar nichts zu tun.

Wie kann man mit journalistischen Mitteln Zeugnis von den Realitäten ablegen? Eine solche Frage hätte man dort freundlich, aber mit der Gewissheit von Routiniers als akademische Turnübung abgetan. Hier hatte niemals jemand wirklich recherchiert, geschweige denn eine Frage von Tragweite gestellt. Hier wurden am Fließband Sendungen hergestellt, die aussahen wie Tausende von *Tagesschauen* vorher und deren Nachrichtenwert sich in einem „Davon habe ich schon mal gehört" (O-Ton Kai Gniffke, damals Chefredakteur von *ARD-aktuell*) erschöpfte. Irgendein Grübeln über den Stand der Dinge, über die Rätsel des Realen, die Opazität der Verhältnisse habe ich hier nicht mitbekommen. Von Diskussionen keine Spur.

Das Gewicht und die Bedeutung der *Tagesschau* wurde an der Quote gemessen – und zwar Sekunde für Sekunde. Die Biederkeit des Produkts galt als Ausweis seiner Seriosität. Die Veränderung des Studiodesigns führte verlässlich zu ein paar feuilletonistischen Seufzern, ansonsten musste man tief graben, um eine nennenswerte Kritik an diesem Nachrichtenformat zu finden, die jünger als 30 Jahre alt war.

> *„Wir brauchen in einer so dringlichen und unser aller Leben betreffenden Frage die bestmögliche Strategie im Umgang mit der ‚Epidemie nationaler Tragweite'. Grundlage dafür sollte ein offener, interdisziplinärer und kritischer Diskurs von Fachleuten sein, der verschiedenste Meinungen integriert."*[97]

So heißt es in einer Petition, die Bastian Barucker im Sommer 2020 auf den Weg brachte. Es ging darum, die öffentlich-rechtlichen Sender aufzufordern, in einer Sendung Corona-Staatsexperten mit Kritikern der Maßnahmen diskutieren zu lassen. Die Petition wurde innerhalb weniger Wochen von über 60.000 Menschen unterzeichnet. Als ich davon zum ersten Mal hörte, dachte ich unwillkürlich: Der Petitionist hat vermutlich keine Ahnung vom Innenleben der Öffentlich-Rechtlichen. Bastian Barucker arbeitet als Wildnispädagoge und Prozessbegleiter. Man muss offenbar sehr weit draußen gewesen und sich da begegnet sein, um das „Unmögliche" zu wagen, auch und gerade wenn es wie das Allernormalste aussieht. Nach einigen Schwierigkeiten wurde die Petition seitens der ARD angenommen, und nach Monaten des Harrens auf einen Termin[98] kam es am 26. November 2020 zu einer Videoschalte zwischen fünf öffentlich-rechtlich Delegierten und fünf Petitionsunterstützern. Die Aufnahmen der Konferenz durften nicht veröffentlicht werden. Es gibt nur drei schriftliche Berichte – nämlich von Bastian Barucker[99], Michael Meyen[100] und Paul Schreyer[101], die alle drei als Vertreter der Petitionisten an dem Gespräch teilnahmen.

Alle drei erwähnten ausdrücklich die höfliche und respektvolle Gesprächsatmosphäre. Paul Schreyer notierte ein paar der verhandelten Themen:

> *„Die ARD-Vertreter betonten zunächst, dass die eigenen Redaktionen unabhängig arbeiteten und keine Direktiven von oben entgegennehmen würden (was in der Petition auch nicht behauptet worden war). Weiterhin wurde betont, dass die geforderten kritischen Debatten längst innerhalb der Redaktionen stattfinden würden.*

Mein in der Konferenz geäußerter Einwand, dass nicht entscheidend sei, was intern diskutiert werde, sondern was man öffentlich sende, blieb ohne konkrete Antwort. Ein ARD-Vertreter beschrieb den Sender als ‚Fels in der Brandung'. Man würde ‚Fakten und Meinung strikt trennen' und daher auch nicht jede Meinung senden können, gerade wenn die Faktengrundlage fehle: ‚Jede Debatte ist willkommen, aber auf der Basis von Fakten.' Entscheidend sei die fachliche Kompetenz und das Ansehen des fraglichen Wissenschaftlers innerhalb seines Fachbereichs."

So wird man also zum medialen Fels in der Brandung des Realen. Man muss bloß Fakten von Meinung trennen. Die Aufteilung in Fakten und Meinung ist eine alte journalistische Schutzbehauptung, die handwerkliche Kenntnisse vortäuscht. Wie es scheint, hat Michael Meyen wenigstens versucht, über die Komplexität von Fakten, Wahrheit, Meinung, Information, Nachricht aufzuklären. Doch wie zu erwarten, blieb der Fels ein Fels und interessierte sich einen Dreck für akademische Spitzfindigkeiten – wie Meyens Erklärungen vermutlich wahrgenommen wurden. Wer aus dem unendlichen Meer des Realen zwei Statements von Politikern auswählt, der möbliert eine mediale Realität. Und nur im Kontext dieser medialen Realität können die Sprechblasen von Politikern so etwas wie Nachrichtenwert haben. Es geht hier nicht um erkenntnistheoretische Letztbegründungen, sondern darum, wie die Auswahl eines Ereignisses und die kontextuelle Darstellung an eine bereits bestehende Medienrealität anschließen und sie fortschreiben. Selbst ein ganz und gar aufrichtiger und reflektierter Journalismus wird immer Improvisation bleiben. Und seine Aufrichtigkeit besteht darin, seine Vorläufigkeit mitzusenden. Es gibt keine journalistische Objektivität, daraus folgt aber noch lange nicht die Lizenz zur Beliebigkeit.

Doch kehren wir die Beweislast um: Man zeige mir ein einziges Beispiel für die funktionierende Trennung von Faktum und Kommentar. Oder um uns von den Irritationen der Theorie zu befreien:

Ich finde im Kontext der Corona-„Berichterstattung“ nicht einmal den Versuch einer solchen Trennung, sondern allein die forcierte und nicht einmal getarnte Vermischung. Am 20. Januar 2020 spricht die *Tagesschau* von einer „überraschend schnellen“ Ausbreitung des Virus, mehr als 200 Menschen hätten sich bereits angesteckt. So werden Fakten zu Raketen getunt.

Und wie werden Fakten zur Grundlage gemacht? Die Bundeskanzlerin hatte auf einer Bundespressekonferenz am 21. Januar 2021 erklärt: „Es gibt in dem Ganzen auch politische Grundentscheidungen, die haben mit Wissenschaft nichts zu tun.“ An anderer Stelle finden sich ähnliche Äußerungen aus ihrem Mund oder von anderen Spitzenpolitikern, aber auch von unseren Chefvirologen, die es der Politik überlassen haben, Entscheidungen zu treffen. Mit anderen Worten, die „Meinung“ unserer Medienmacher, die Politik folge der Wissenschaft, steht nicht gerade auf faktischen Beinen.

Vollends absurd wird dann die Behauptung, für unsere Qualitätsjournalisten seien die fachliche Kompetenz und das Renommee eines Wissenschaftlers entscheidend. Sucharit Bhakdi oder Wolfgang Wodarg genossen höchstes Ansehen und galten bis März 2020 als außerordentlich integre Wissenschaftler. Und da wären noch ein paar Zehntausende andere hochdekorierte Fachleute, darunter Nobelpreisträger, die etwa die „Great Barrington Declaration“[102] unterschrieben haben, in der sie die Weisheit der Regierungsexperten anzweifeln. Nebenbei erwähnt: Die Vorschläge, die in dieser Erklärung unterbreitet werden, sind mittlerweile weitgehend von den staatlichen Gesundheitsbehörden übernommen worden.

Doch Journalisten vom Schlage dieser fünf Apparatschkis erlauben sich zu entscheiden, wer der wahre Wissenschaftler ist, und machen aus deren Äußerungen kurzerhand Fakten. Die wissenschaftlichen Imperative, auf die der Journalismus sich zu berufen vorgibt, hat dieser Journalismus selbst produziert. Mal ganz abgesehen davon, dass die vermeintlichen Expertenfelsen immer mal wieder bekundet haben, improvisieren zu müssen, und sich offensichtlich in

Serie geirrt haben. Es hat zu keinem Zeitpunkt eine wissenschaftlich erarbeitete und im breiten Kreis von Wissenschaftlern diskutierte und abgestimmte Empfehlung zur Pandemiebekämpfung gegeben. Kurz gesagt: Politiker und Journalisten haben ohne jede wissenschaftliche Expertise entschieden, welcher Zuruf von welchem sogenannten Experten gerade als Faktum und damit als Wahrheit verkauft wird.

Im Übrigen haben ARD & Co sich nicht darauf beschränkt, nur „ihren" Experten zu folgen, sie haben aktiv und aufs Unverzeihlichste ihrer „Wahrheit" entgegenstehende Auffassungen anderer Wissenschaftler gemobbt. Journalistische Knirpse ohne nennenswerte Fachkenntnisse haben sich angemaßt, Leute wie John Ioannidis, Wolfgang Wodarg oder Sucharit Bhakdi zu „widerlegen" und in Misskredit zu bringen. Selbstverständlich stets den Verfügungen des Faktischen folgend und dann noch im höheren Auftrag: „Ein weiteres Argument aus dem Kreis der ARD-Verantwortlichen lautete, man könne es nicht ‚jedem Einzelnen überlassen, sich eine Meinung zu bilden, welcher Wissenschaftler recht hat', damit ‚überfordere' man das Publikum", überliefert Paul Schreyer aus dem Gespräch mit den ARD-Vertretern. Schöner kann man eigentlich kaum ausdrücken, dass und wie die Fakten von der Meinung vorsortiert werden. Man ahnt, warum Qualitätsjournalisten sich als Künder oder „Retter" der Wahrheit verstehen – weil sie zuvor den Pluralismus abgeschafft haben.

Ich hege den Verdacht, dass der real existierende Journalismus weniger sein Publikum als vielmehr sich selbst vor den Zumutungen einer pluralen Welt schützen will. Die ARD hat ja keine Lokalreporter in dieses Rennen geschickt, sondern Leute, die in ihren Kreisen als Speerspitzen der Branche gelten. Insofern darf man die gesammelten Sottisen, die sie ohne zu zögern und offensichtlich voller Überzeugung äußern, schon als Offenbarungseid des gesamten Mainstreams werten.

An Michael Meyen und Ken Jebsen hatte man zuvor geübt, darauf konnte man in der Corona-Krise aufbauen. Die vernichtende Trinitas aus Antisemit, Rechtspopulist und Querdenker schwebte längst über Meyen, als er im März 2020 seine ersten pandemischen Zweifel äußerte. Am 18. März erschienen gleich zwei Artikel aus seiner Feder auf *Rubikon*. Der Aufsatz „Die Medien-Epidemie" beschreibt, wie Corona die Medien gekapert hat. Bei so einem Thema konnten sie gar nicht widerstehen und haben es also auch gar nicht erst versucht. Aber dann haben die Medien die Politik gekapert: „Entscheidungsträger unterstellen, dass Massenmedien mächtig sind, und wollen entweder die Deutungshoheit zurückerobern oder scheuen jedes selbstständige Denken. Das Motto der Stunde: Die Medien sind voll mit Corona (sie sind es wirklich, weil wir das immerfort klicken, liken, retweeten), also müssen wir die Menschen davor schützen, ob sie wollen oder nicht."

Mit seinem zweiten Beitrag an diesem Tag verscherzt Meyen es sich mit der Wissenschaft. Unter der Überschrift „Die Expertokratie" beschreibt er, wie Wissenschaft zum Garanten des Journalismus wird:

> *„Nur: Eine Zahl ist eine Zahl und nicht die Realität. Das weiß jeder Wissenschaftler, der ‚im Feld' war und selbst Daten erhoben hat. Was immer wir messen, wird sozial hergestellt. Menschen legen fest, dass sie Schritte zählen, um ihre Existenz zu legitimieren, und nicht Furze oder Rülpser (sorry). Menschen legen fest, nach welchem Virus sie suchen und was passieren muss, damit sie ‚Gefunden!' rufen können."*

Das ist trivial, schlichtester Grundstoff moderner Rationalität – und doch schien es geboten, daran zu erinnern. Meyen hat als einer der Ersten die Konturen des neuen Wahrheitsregimes umrissen: ein szientistischer Absolutismus, über dessen Wahrheitsgehalt Medien richten und der als unumstößliche Expertise verkauft wird. Die Zutaten dieser Verschwörungstheorie entnehme man bitte dem Gespräch mit den ARD-Leuten.

Es war zu Beginn des Corona-Regimes außerordentlich schwer zu durchschauen, wie es möglich war, dass binnen weniger Wochen die geläufigen und einigermaßen bewährten Routinen wissenschaftlichen Erkennens, alltäglichen Verstehens und der öffentlichen Kommunikation vollständig außer Kraft gesetzt wurden. Mit dieser Meisterleistung hatte niemand rechnen können. Und es geschah so schnell, dass man im Nachhinein vermuten durfte, dieses Werk einzigartiger Zerstörung sei von langer Hand vorbereitet worden.

Nicht wenige entdeckten in der neuen „Denkordnung" eine Chance. Am 1. April 2020 musste Meyen den Beitrag einer Mitarbeiterin auf seinem Blog *Medienrealitäten* veröffentlichen. „Der hieß ‚Kritik der Kritik'. Das ging gegen mich. Ein Gegentext, den ich entsetzlich fand. Die Autorin forderte Gehorsam gegenüber Politik und Wissenschaft in Zeiten der Pandemie."[103] Meyens Replik auf diesen Text führte dazu, dass die Mitarbeiterin kündigte. Daraufhin protestierte der akademische Mittelbau seiner Fakultät. Man möge alle Mitarbeiter aus Meyens Reichweite bringen und alle Ressourcen seiner Arbeit kappen. Wer mit ihm noch zusammenarbeitete, riskierte seine Karriere zu gefährden. Mitte Mai sah er sich gezwungen, als Sprecher des Forschungsverbunds „Zukunft der Demokratie", den er selbst mitgegründet hatte, zurückzutreten.

Die Kommunikationswissenschaften waren traditionell eher konservativ ausgerichtet. 2017 hatte Meyen ein „Netzwerk Kritische Kommunikationswissenschaft" gegen erhebliche Widerstände aufgebaut. Bis April 2020 hatten sich alle Kollegen aus diesem Netzwerk von ihm abgewandt. Mit vielen war Meyen persönlich befreundet. Freundschaften wurden aufgekündigt, ebenso jede Zusammenarbeit. In Zeiten der Gefahr geraten Demokratie und Pluralismus zur Gefahr. Insofern war bereits jede Überlegung, ob die Gefahr denn so gefährlich sei, ein Angriff auf die Volksgesundheit. Natürlich hatten die medialen Kettenhunde Wind von der Sache bekommen und fleißig denunziatorische Artikel verfasst. Vermutlich wurden die Vorwürfe gegen Meyen aus seinem eigenen Institut an die Presse getriggert. Die Universitätsleitung hielt sich eher zurück. Die Kollegen, die er auf den Fluren traf, zeigten offen Hass und Wut.

> *„Die Presseberichte und der Wikipedia-Eintrag verfolgen mich auf Schritt und Tritt – in Vorlesungen und Seminaren, auf Tagungen oder bei anderen Zusammenkünften im System Wissenschaft, bei öffentlichen Auftritten und selbst in Leserbriefen, die auf Interviews mit mir reagieren. Warum gebt ihr diesem Menschen ein Forum? Lest ihr keine Zeitung? Warum informiert ihr euch vorher nicht? Wer mich für einen Vortrag einlädt, muss mit Druck von Innen (aus der Partei, der Schule, der Kultureinrichtung) und von Außen rechnen. Auch deshalb gefällt mir der Begriff Wahrheitsregime besser als Foucaults Metapher Wahrheitsspiele.“*[104]

Im Februar 2022 hat dann die *ZEIT* im großen Stil nachgelegt. In ihrem Studentenmagazin *ZEIT Campus* zieht ein Jungautor gegen Meyen zu Felde. Paul Schreyer hat sich der Mühe unterzogen, in dem Text Argumente zu finden, und erwartungsgemäß keine gefunden.[105] Beim Stand der Dinge genügte der medialen Zensurbehörde die Behauptung, dass Meyen ein Verschwörungstheoretiker sei und sich in den falschen Kreisen bewege – also Ken Jebsen, *Rubikon* etc. Acht Seiten Denunziationen eines Jungjournalisten, der vermutlich von einer großen journalistischen Karriere träumt.

Meyen tüftelt seit geraumer Zeit an einem alternativen Projekt: einer freien Akademie für Medien und Journalismus. An die Universität kommen Menschen, die anpassungsbereit sind. Sein Ideal wäre aber, die jungen Leute selbst zum Denken zu bringen, das heißt, dass sie verstehen lernen, selbst Produzenten zu sein, Akteure auf dem Feld der Deutungshoheit. Das ist etwas ganz anderes als die Ausbildung, die wir dem sogenannten Bologna-Prozess verdanken.

Da geht es stets um abfragbares Wissen, aber Journalismus, wie er ihn versteht, geht weit darüber hinaus. Doch er bleibt auch Handwerk. Es sei bewundernswert, was die Oppositionsmedien in den letzten beiden Jahren auf die Beine gestellt haben. Vor allem, wenn man bedenkt, dass viele der Autoren vorher kaum journalistische Erfahrungen hatten. Da könnte man noch so einiges verbessern.

2022 haben Michael und Antje Meyen eine *Freie Akademie für Medien & Journalismus* gegründet.[106] Wer sich da bewirbt, hat die Wahl zwischen einem zweisemestrigen Studiengang zum Erwerb journalistischer Fähigkeiten und einem „Lehrgang Informationsautonomie".

> *„Dieses Angebot richtet sich an Menschen, die unzufrieden sind mit den Leitmedien und wissen wollen, wie die Inhalte entstehen, was sie mit dem Publikum machen und wie man am besten damit umgehen kann. Es gibt zwei Formen: einen Onlinekurs sowie die Möglichkeit, in einer überschaubaren Gruppe (15 bis maximal 25 Menschen) über Medienqualität zu sprechen."*[107]

Der Studiengang in zwei Semestern steht prinzipiell jedem offen. Die Bewerbung besteht aus einem Bewerbungsschreiben, in dem der Kandidat seine Motive für das Studium erläutert, einem Probetext und einem Aufnahmegespräch. Antje und Michael Meyen schließen an die positiven Erfahrungen während ihres Journalistikstudiums in der DDR an und setzen auf praktische Übungen: „Trainiert werden sowohl der Arbeitsprozess (Recherche, Redaktion) als auch alle wichtigen Genres (Nachricht, Bericht, Artikel, Kommentar, Reportage, Porträt, Interview)." Zu Beginn jedes Semesters, Ende September und Ende April, wird ein zweieinhalbtägiges Präsenzseminar veranstaltet. Einmal wöchentlich findet abends ein zweistündiges Videoseminar statt. Es wird keine Studiengebühr erhoben. Nicht nur darin besteht der Unterschied zu den bekannten Journalistenschulen, in denen auch ein Weltbild antrainiert, in die ideologischen und politischen Gepflogenheiten der Branche eingewiesen wird. Während die Meyens einen Typ von Journalisten ausbilden wollen, der sich von der

Welt noch überraschen lässt, der versucht, eine Wirklichkeit abzubilden, die nicht bereits von smarten PR-Teams vorformuliert und bewertet wurde. Es geht weniger um Objektivität, die vermutlich immer unerreichbares Ideal und Postulat bleibt, sondern um das anhaltende Staunen über die Wirren des Realen und um die Kunstfertigkeit, davon mit journalistischen Mitteln Zeugnis abzulegen.

Mittlerweile ist ein einjähriger Studiengang beendet. Zwölf Studenten hatten sich angemeldet, acht haben den Abschluss gemacht. Ein Resultat steht fest: Antje und Michael Meyen haben sehr viel gelernt. Sie haben überraschende Erfahrungen gemacht. Etwa was den Umgang mit jungen Leuten angeht, deren Berufsziel nicht darin besteht, ZDF-Korrespondent oder *Spiegel*-Redakteur zu werden, sondern ihre eigene Stimme zu hören, einen eigenen Blick zu entwickeln. Michael Meyen hat im Laufe seiner vielen Jahre als Universitätsprofessor erlebt, dass seine Studenten, sobald sie mit den realen Praktiken des Journalismus in Berührung kamen, seine Visionen von Journalismus augenblicklich zu vergessen pflegten. Das Zertifikat, das die Absolventen der *Freien Akademie* erhalten, wird ihnen nicht helfen, bei der *Süddeutschen Zeitung* oder im WDR zu arbeiten. Eher im Gegenteil. Doch die Meyens wollen neue Leute für die alternativen Medien ausbilden. Viel Arbeit für zwei sowieso schon schwer beschäftigte Menschen. Der Lohn besteht darin, Schule zu machen.

Inzwischen sehe er die Erfahrungen der letzten Jahre auch durchaus positiv, sagt Michael Meyen heute.[108] Das alles habe auch zu einer Klärung beigetragen. Er sieht die Dinge illusionsloser und hat gelernt, seine Positionen klarer zu denken und zu formulieren. Privat hat sich ebenfalls fast alles verändert. Der alte Freundeskreis hat sich in Luft aufgelöst und aus dem passionierten Stadtmenschen, der keine Theaterpremiere verpasst und viele Vorträge besucht hat, ist ein Landbewohner geworden. Zwei Autostunden von München entfernt haben er und seine Frau Antje sich ein Haus gekauft. Sie trotzen dem Sirenengesang der Ruhe.

Kayvan Soufi-Siavash: „Die Revolution kann nur im Analogen stattfinden"

> *„Ich lebe schon so lange in der Todeszone. […] Wenn man glaubt, dass man über jedes Stöckchen springen muss, das einem hingehalten wird, geht man dabei kaputt oder man verzweifelt oder verbittert. Wie bei Dutschke, dem Freunde gesagt haben, wenn du jetzt nicht die Stadt verlässt, fängst du dir eine Kugel ein. […] Ich brauche einen Abstand vom Journalismus, sonst würde ich paranoid. Man muss aufhören, alles persönlich zu nehmen."*[109]

Vermutlich ist er an die Grenzen seiner Belastbarkeit gestoßen. Den Krieg gegen Ken Jebsen hat Kayvan Soufi-Siavash nicht ohne Blessuren überstanden. Seine Familie auch nicht. Ende 2020 verschwindet er für eine ganze Weile aus der Öffentlichkeit. In dieser Zeit hat er sich für einen Bruch entschieden. „Was können wir tun, ohne zu resignieren und ohne sich mit einem übermächtigen Gegner auf dessen Feld einzulassen? Ich verlasse das Feld. Ich baue etwas Neues auf."

Zunächst tritt er als Dirigent von *KenFM* in den Hintergrund und er stellt den Laden all denen zur Verfügung, die schon vorher dabei waren.[110] „Ich trete in den Hintergrund. Der Grund ist klar: Viele Leute haben gesagt, ich kann nicht zu *KenFM*, weil er ist ja Ken."[111] Ein anderer Grund dürfte darin bestanden haben, sich dem Visier seiner Jäger und Kontrolleure zu entziehen. Um den Bruch zu vollenden, erlischt die Marke *KenFM* und damit der Leuchtturm eines unabhängigen Journalismus. Ein Jahrzehnt lang war *KenFM* das Flaggschiff des medialen Undergrounds. Sein Gründer hat es versenkt, um es nicht seinen Feinden überlassen zu müssen. Der Kapitän geht von Bord, sagt er. Was vermutlich nicht ganz stimmt. *apolut* übernimmt das Erbe. Ken/Kayvan bricht zu neuen Ufern auf. Ganz angekommen ist er noch nicht.

„Wir hatten mal 500.000 Abonnenten. Dabei ist mir klar geworden, die Revolution kann nur im Analogen stattfinden." Der Bruch wird auch äußerlich sichtbar. Der akkurat gepflegte Jebsen, der vor der Kamera meist im Anzug auftrat, verschwindet, und stattdessen erscheint ein wildwüchsiger bärtiger Typ, der schon mal mit Ringelhemd und Wollmütze auftritt. Die Welt verändern, sagt Marx, den Menschen verändern, glaubt Arthur Rimbaud. Das alte Dilemma – vermutlich kommen alle feineren Seelen irgendwann in ihrem Leben auf diese Kreuzung.

Es gibt keinerlei Anzeichen, dass Jebsen das Projekt der Weltverbesserung aufgegeben hat, aber er scheint an eine existenzielle Grenze gekommen zu sein. „Die große Kunst besteht darin, nicht zynisch zu werden und angstfrei zu leben." Die letzten 15 Jahre hat er auf den Barrikaden gestanden. Er hatte eine Reichweite wie sonst keiner in den medialen Katakomben. Sein Publikum hat ihn verehrt und verehrt ihn noch. Seine Feinde haben seine Konfiguration umgeschrieben, wie man es kaum für möglich gehalten hätte. Ein undogmatischer Linker wurde vom Mainstream konsequent als Antisemit und neurechter Verschwörungstheoretiker geframed. Das muss man erst mal aushalten können. Dann hat man ihm die Grundlagen seiner Arbeit genommen. Offenbar war das der Moment eines inneren Kollapses – einer Selbstbefragung: Stehe ich wieder auf und kämpfe weiter wie bisher gegen „übermächtige Gegner" oder besinne ich mich auf das, was ich in den letzten Jahren in der Arena nicht tun, nicht sehen, nicht fühlen durfte oder konnte? Ken Jebsen ist in dieser Zeit besinnlich geworden: Er sucht die Heiterkeit der Vergänglichkeit, die Abenteuer der Innerlichkeit und lauscht der großen Oper der Stille.

Freigestellt von den Aufgaben eines erfolgreichen Unternehmenschefs, kümmert sich Kayvan jetzt um die Finanzierung einer neuen Plattform und eines Zentrums für Medienschaffende in Schweden.

„Das Erste, was du brauchst, sind neue Medien und andere Informationen. […] Wir sind in einem Nachrichtenkrieg. Ich baue an einer Plattform, praktisch das Beste aus Silicon Valley, aber man kann die nicht löschen, weil sie auf unseren Servern läuft. Das ist natürlich eine große Angelegenheit.“[112]

Die Plattform, an der er tüftelt, soll alle Plattformen der digitalen Gegenöffentlichkeit zusammenführen. „Wir müssen uns überlegen, wie kann Demokratie angelegt werden, sodass sie nicht mehr gekapert werden kann. Und der wichtigste Punkt dabei ist: Wir brauchen wirklich unabhängige Medien.“

Ursprünglich wollte er nach Österreich.[113] Die Pläne waren ausgearbeitet, die Finanzierung stand. Dann kam die Impfpflicht. Schließlich entdeckte er Schweden als Zufluchtsort für seinen neuen Campus. Offenbar hat er ein ausbaufähiges Anwesen entdeckt. Die Arbeiten laufen. Das Studio sendet schon. Im Moment hält Kayvan Soufi-Siavash sich noch mit Details über sein Projekt zurück. Es soll eine Art Rückzugsort für die Aktivisten der Gegenöffentlichkeit werden, ein Hightech-Labor mit permanentem Austausch und zugleich ein Ort der Besinnung. Digitale Festung und analoge Heimat.

Leuchtturm ARD

Jimmy Gerum, Jahrgang 1964, hatte viele Jahre erfolgreich als Filmproduzent gearbeitet. Das heißt, er hat sich um Organisation, Finanzierung und Vertrieb von Filmen gekümmert. Irgendwann hat ihn der Furor des Machens verlassen, und er kam ins Grübeln über den Zustand der Welt. Speziell die geopolitischen Probleme haben ihn nicht mehr losgelassen. Unvermeidlicherweise stieß er dabei auf die schiefe Rolle der Leitmedien. In seinen Augen vermitteln sie nicht bei schwierigen Konfliktlagen, sondern ergreifen Partei, trommeln für Eskalation. Bei Ausbruch der pandemischen Realitäten wurde die Rolle dieser Medien unübersehbar und nicht nur für Jimmy Gerum unerträglich. Zwar bewundert er das Aufkommen etlicher kritischer Plattformen und hochkompetenter Blogs im Netz, aber er bezweifelt, dass diese alternativen Medien so etwas wie eine allgemeine Öffentlichkeit für alle herstellen können. Zugespitzt gesagt: Der Protest bleibt in seinem medialen Dorf. Seiner Überzeugung nach müsste man den öffentlich-rechtlichen Rundfunk wieder auf den im Rundfunkstaatsvertrag (2020 abgelöst durch den Medienstaatsvertrag) definierten Auftrag verpflichten. Pluralismus, Staatsferne und Ausgewogenheit heißen bis heute offiziell die Leitmotive des öffentlich-rechtlichen Rundfunks und ihre Raison d'être. Zweifelsohne kommen diese Motive allenfalls in Sonntagsreden vor, aber spielen im täglichen Sendebetrieb keinerlei regulierende Rolle mehr. Im Gegenteil.

Die Fragen, die sich Jimmy Gerum stellen, lauten: Wie ist das möglich? Was kann man dagegen tun? So sind 2020 das Projekt „Leuchtturm ARD“ und die gleichnamige Plattform entstanden. Gerum ist kein Träumer. Selbstverständlich werden die Verantwortlichen in den öffentlich-rechtlichen Sendern keinesfalls den Dialog mit ihren Kritikern suchen. Aber seiner Ansicht nach gibt es Wege, diesen Dialog zu erzwingen. Es würde genügen, wenn eine erhebliche Menge an Zwangsgebührenzahlern eben diese Gebühren nicht mehr bezahlt und die Gründe für diesen Bezahlstreik öffentlich macht. Mittlerweile musste Gerum einräumen, dass seine Idee nicht funktioniert hat, „weil nur Tausende statt Millionen den Mut dafür aufgebracht haben".[114]

Dafür hat Jimmy Gerum eine große Zahl an Mitstreitern für eine andere Form des Protests gefunden: regelmäßige Mahnwachen vor den Funkhäusern und anderen öffentlichen Gebäuden in zahlreichen Städten. Nach seinen Angaben haben sich bislang etwa 300.000 Menschen daran beteiligt.

Bleibt die Frage, wie ein Erfolg aussehen könnte. Wer die öffentlich-rechtlichen Anstalten ein wenig von innen kennt, dürfte kaum auch nur Spurenelemente für eine Bereitschaft zum Dialog erkennen, von Selbstkritik oder innerer Erneuerung der Apparate ganz zu schweigen. An die Reformierbarkeit der Öffentlich-Rechtlichen hatte auch Michael Meyen lange geglaubt. Doch die Erfahrungen der letzten beiden Jahre hat dieser Glaube nicht überlebt. Heute wäre er nicht mehr dagegen, „den Laden komplett zu zerschlagen und von Grund auf neu aufzusetzen".[115] Es dürfte schwerfallen, in unseren Reihen jemanden zu finden, der das anders sieht.

Jimmy Gerum und seinen Mitstreitern von „Leuchtturm ARD" geht es in erster Linie um die Rettung der ursprünglichen Absichten eines öffentlich-rechtlichen Rundfunks. Offen bleibt dabei, ob eine Reform möglich oder ein völliger Neubeginn nötig ist. Ein breiter Bezahlstreik könnte ein erfolgreiches Mittel sein, eine größere Öffentlichkeit mit dem Totalversagen der öffentlich-rechtlichen Medien zu konfrontieren – und diese daran erinnern, wem die öffentlich-rechtlichen Anstalten gehören.

Michael Meyen hat ein Modell beschrieben, dass mit zwei Euro pro Monat an Rundfunkgebühren auskommt. Statt der acht Milliarden Euro heute stünden nur knapp 500 Millionen zur Verfügung. Das

Programm bestünde dann allerdings nur noch aus journalistischen Beiträgen: kein Sport, keine Filme, keine Unterhaltungsshows. Von den zwei Euro würde ein Euro in einen nationalen Sender fließen, der andere Euro in die lokale Berichterstattung. Das Programm wäre werbefrei, die redaktionelle Autonomie müsste garantiert sein. Aufsicht und Kontrolle übernehmen Publikumsräte, Begleitforschung und eine Ombudsstelle.[116]

In the Ghetto

Die Pandemiker müssen zittern vor ihren Kritikern. Warum sonst dämonisieren, pathologisieren und kriminalisieren sie sie mit aller Macht? Nicht wir haben die Diskussion verweigert, sondern sie. Die Missionare der Pandemie haben uns den Krieg erklärt und in den Untergrund verwiesen. Wir ahnen, warum. Es geht um weitaus mehr als um ein paar unterdrückte Informationen oder um eine unterschiedliche Einschätzung der Lage. Wir haben erlebt, wie ein neues Wahrheitsregime installiert wurde. Die schwierigen Wahrheiten – das war die große Errungenschaft der Moderne – sind abgelöst worden von einer machtgestützten Wahrheit, die medial vermittelt und medial eingeübt wurde. Ich glaube nicht, dass „dieser Verwandlungsprozess wie von selbst, aber eben trotzdem passiert“[117] ist, wie Ulrike Guérot schreibt. Es ist auch nicht mehr so wichtig zu wissen, von wem er seit Jahrzehnten in welchem Maße vorbereitet wurde und wann und wie „preparedness“ und Ereignis, wann Zucht und Zufall sich gepaart haben. Entscheidend ist, dass diese Transformation stattgefunden hat und zur normativen Kraft des Faktischen geworden ist. Und ab diesem Punkt stimme ich dann wieder Ulrike Guérot zu:

> *„Wir sind in einer anderen Welt! Aus freiem Willen und von satten Mehrheiten begleitet, liegt eine ganze Gesellschaft wie Gregor Samsa in Kafkas Erzählung* Die Verwandlung *als Käfer auf dem Rücken und weiß nicht mehr so recht, was eigentlich passiert ist. Außer, dass es jetzt eben so ist, wie es ist, und darum irgendwie gerechtfertigt werden muss. Vieles spricht dafür, dass die meisten im ‚Bann der Gegenwart‘ einer Hypnose verfallen sind und deswegen gerade nicht wissen oder darüber nachdenken wollen, was gerade geschieht.“*

Neulich sagte mir eine Freundin, sie habe zufällig eines meiner Gespräche aus der Reihe *The Great WeSet* auf *Manova* gesehen. Sie habe kaum etwas verstanden und das Ganze ziemlich wirr gefunden. Diese Freundin ist eine Bewohnerin der Oberwelt. Mir gewogen, aber nicht geneigt, meinen Argumenten zu trauen. Jedenfalls ist mir bei dieser Gelegenheit bewusst geworden, dass ich medial längst nicht einmal mehr versuche, den Mainstream zu erreichen. Mein Publikum und ich – wir teilen wie selbstverständlich eine Reihe von Grundannahmen. Das macht die Kommunikation fast abhörsicher. Unsere Feinde halten uns für gefährliche Spinner. Nach mehr als drei Jahren ist ihnen immer noch nicht mehr eingefallen als der Vorwurf der Verschwörungstheorie. In aller Hast hat man daraus eine Art Kainsmal gemacht. Manchmal bloß verwirrter Sünder, immer öfter aber Verbrecher.

Ich habe es bereits mehrfach gesagt: Wir haben die Mauern des Ghettos nicht errichtet, aber wir haben uns mittlerweile in diesem Paralleluniversum eingerichtet. Wir haben unsere eigene Öffentlichkeit geschaffen: ziemlich gut funktionierende Medien und jede Menge echter Qualitätsjournalisten. Der ursprüngliche Sinn des Querfunks bestand in der Selbstverständigung. Aus dem anfänglichen Zweifel entstanden ziemlich kompetente und komplexe Argumentationen und umfangreiche Datenbanken. Als Individuen wurden wir aus unseren bisherigen Realitäten gerissen, und durch die von uns geschaffene Öffentlichkeit fusionierten wir allmählich zu einer losen Gemeinschaft mit eigenen, neuen Normalitäten. Früh ahnend, dass wir unsere übermächtigen Gegner nicht mit Argumenten entwaffnen können, sondern vor allem mit dem solidarischen Ungehorsam einer großen Zahl verunsichern würden.

Zahlreiche Menschen wurden vom gesellschaftlichen Konsens ausgestoßen und haben zu einer Art Gemeinschaft gefunden. Diese Gemeinschaft hat eine einzige Säule, nämlich die kritische Haltung gegenüber den drei Zentralthemen unserer Tage: die Corona-Maßnahmen, der menschengemachte Klimawandel und der russisch-ukrainische Krieg. Im Moment verdeckt dieser Konsens noch die Heterogenität der Gemeinschaft. Wir sind keine Gemeinschaft, in der alle alle lieben, wir haben verschiedene Ansichten über die Details unseres Konsenses. Wir haben verschiedene Interessen und Lebensweisen. Das ist einfach ganz normal. Wir müssen es nur zur Kenntnis nehmen und Wege des Umgangs finden.

Ich habe Mitte 2023 in der Anmoderation zu einem Gespräch mit Oskar Lafontaine und Sven Brajer über die Selbstzerstörung der Linken darauf hingewiesen, dass die AfD die einzige Partei sei, die im parlamentarischen Raum annähernd meine Position zu den genannten Zentralthemen vertrete, ich aber ansonsten mit dieser Partei „nichts am Hut" habe. Das hat einen mittleren Sturm der Entrüstung ausgelöst. Ich würde mich wohl am allgemeinen AfD Bashing beteiligen – so oder ähnlich lauteten die meist schwer gereizt vorgetragenen Vorwürfe. Wenn es nicht möglich ist, seine Übereinstimmung mit der AfD in bestimmten Punkten und seine Distanz zu den meisten anderen politischen Positionen dieser Partei auszudrücken, ohne gleich neue Ausschlüsse zu provozieren, dann haben wir ein Problem.

Insofern begrüße ich den Beginn einer gewissen Differenzierung auf dem medialen Feld der Gegenöffentlichkeit. In ganz groben Umrissen skizziert: Es gibt auf der einen Seite erkennbar wertkonservative Medien wie etwa *Tichys Einblick*, *Achgut.com* oder auch den *Kontrafunk* und auf der anderen Seite deutlich kapitalismuskritische, sozialreformerische Plattformen wie etwa *NachDenkSeiten*, *Manova* und *multipolar*. Dazwischen finden sich entschieden neoliberale Interessen vertretende Seiten wie *Marc Steiner – Dein Geld kann mehr* oder *Mission money* oder *kettner-edelmetalle.de*. Man könnte sagen, das alte Links-Rechts Schema kehrt in reparierter Gestalt zurück. Es gibt aber in unserer Gegenöffentlichkeit keine Institutionen, in denen die weltanschaulichen Differenzen stellvertretend und mit den entsprechenden Regularien ausgetragen werden. Stattdessen werden Medien diese Aufgabe vorläufig übernehmen müssen. Das heißt, die Differenzen beim Namen zu nennen und gleichzeitig den Rahmen für solche Differenzen herzustellen.

Man kann nur staunen, in welchem Ausmaß alternative Medien in den letzten drei Jahren entstanden sind. Die *NachDenkSeiten* – 2003 unter anderem von dem früheren SPD-Politiker Albrecht Müller gegründet – kann man als hochprofessionelles multimediales Medienunternehmen bezeichnen. Das Spektrum der Veröffentlichungen reicht von profunden Artikeln über internationale Entwicklungen, glänzend recherchierten Hintergrundberichten, über umfangreiche Hinweise auf Berichte und Kommentare in anderen Medien, bis zu Gesprächen und Interventionen der „Hauskabarettistin" Lisa Fitz. Der *kontrafunk* – gegründet von dem ehemaligen öffentlich-rechtlichen Kulturjournalisten Burkhardt Müller-Ulrich – sendet seit Juni 2022 und bietet ein anspruchsvolles Rundfunkprogramm rund um die Uhr. Daneben gibt es eine Vielzahl von spezialisierten Plattformen etwa zu wissenschaftlichen, medizinischen oder juristischen Themen und eine noch größere Zahl an Bloggern, die munter in die Gegend funken und manchmal erstaunlich große Reichweiten haben wie zum Beispiel der Wirtschaftsjournalist Norbert Häring mit seiner Seite *geldundmehr.de*. Nicht zu vergessen der ausgesprochen kenntnisreiche „Russlandkorrespondent" Thomas Röper mit seiner Seite *anti-spiegel.ru*, der uns unermüdlich mit Informationen vor allem über Russland, aber auch globale Themen versorgt, die in den deutschen Medien kaum oder gar keine Erwähnung finden.

Einige Plattformen beziehen Einnahmen von Werbung auf *YouTube*-Kanälen wie zum Beispiel *Fair Talk*, gegründet von dem Autor und früheren Hörfunkjournalisten Jens Lehrich. Doch trotz großer Reichweite reicht das Geld aus der Werbung nicht für derart professionelle Videoproduktionen. In diesem wie auch in anderen Fällen gibt es im Hintergrund Sponsoren, die mit Geld, Equipment oder Arbeitskräften aushelfen. Die meisten Plattformen leben allerdings von freiwilligen Spenden. Die sollten vorzugsweise mittels Dauerauftrags überwiesen werden, das schafft eine gewisse Planungssicherheit.

Je mehr Plattformen allerdings davon leben, umso mehr Empfänger müssen sich den Kuchen teilen. Die Werbefinanzierung steht – der Mainstream lässt grüßen – ein wenig im Verdacht, Interessen der Auftraggeber wenigstens zu berücksichtigen. Außerdem können *YouTube* & Co stets die Hähne zudrehen. Sei es durch Werbeverbot, Löschen von Videos oder sogar das Schließen von Kanälen, wie es beispielsweise *KenFM* widerfahren ist. Aber auch das Geschäftsmodell Spenden hat Tücken. Beispielsweise dann, wenn den Plattformen die Gemeinnützigkeit aberkannt wird. Die *NachDenkSeiten* mussten deswegen eine Zeit lang um ihre Existenz fürchten.[118] Mit solchen Instrumenten können Behörden Kritikern das Leben erheblich erschweren. Den Gründer der *Querdenker* – Michael Ballweg – hat man wegen diverser vermeintlicher Veruntreuungs- und Steuerstraftatbeständen angeklagt. Er musste neun Monate Untersuchungshaft in Stuttgart Stammheim überstehen und wurde schließlich völlig mittellos entlassen.[119] Das Verfahren gegen ihn ist aber noch längst nicht abgeschlossen. Das Beispiel zeigt, Spenden können den Steuer- oder Strafverfolgungsbehörden Vorwände für folgenreiche Störmanöver bieten.

Spätestens seit sich die Gründer des *Corona-Ausschuss* Viviane Fischer und Reiner Fuellmich gegenseitig der privaten Verwendung von Spendenbeiträgen beschuldigten,[120] steht die Frage nach einem transparenten und geschützten Umgang mit den Spendengeldern im Raum. Aus genau diesem Grund hat das *Zentrum zur Aufarbeitung, Aufklärung, juristischen Verfolgung und Verhinderung von Verbrechen gegen die Menschheit* (ZAAVV), das auf den folgenden Seiten im Kapitel über das Recht vorgestellt wird, ein relativ aufwändiges Kontrollverfahren installiert.[121]

Alles in allem kann man sagen, die Finanzierung der rebellischen Medien mag im Moment noch funktionieren, aber sie steht auf wackeligen Beinen. Sie funktioniert übrigens auch insofern, als die meisten alternativen Medien auch freien Autoren ein Honorar bezahlen, das teilweise über den Honoraren des Mainstreams liegt.

Das ist nicht viel, aber es erlaubt professionelle Arbeitsmöglichkeiten.

Es gibt mittlerweile viele Anbieter auf dem Markt der Ghettofunker. Das bedeutet auch Konkurrenz, die sich nach meiner Erfahrung und Einschätzung in eher kollegialen Bahnen abspielt. Doch im Großen und Ganzen versteht man sich als eine Gemeinschaft von Einzelkämpfern. Es besteht aber durchaus die Gefahr, dass neben den bereits bestehenden Instrumenten der Zensur neue, noch schärfere dazukommen. Und wenn es der Gegenseite um den Aufbau quasitotalitärer Verhältnisse geht, wie vermutlich die meisten von uns glauben, dann muss man sich gegen neue Repressionen wappnen. Beispielsweise könnten mehrere Plattformen zusammen gemeinsame Server anschaffen, die nicht mehr ohne Weiteres abgeschaltet oder sonst wie gekapert werden können. Überhaupt wäre eine dichte und sichere Notfallvernetzung eine wichtige Aufgabe. Großartige journalistische Vernetzungsarbeit leisten die *NachDenkSeiten* und das Magazin *multipolar*, mit ihren teilweise ausführlichen Hinweisen auf Wort- und Videobeiträge anderer Medien.

In seinem Buch *Der Krieg vor dem Krieg* empfahl Ulrich Teusch den alternativen Medien, sich auf die eigene Agenda zu besinnen. „Es ist pure Zeitverschwendung, wenn rationale Kritiker dieses politischen Schmierentheaters jeder neuen propagandistischen Umdrehung, jeder neuen Tatarenmeldung, jedem neuen Täuschungsmanöver gewissenhaft nachspüren. […] Die Auseinandersetzung damit lohnt sich nicht.“[122] Das Buch erschien 2019. Und es kam anders, als Teusch wissen konnte. Nie wurde es wichtiger, die jetzt schier hemmungslose Propaganda der Leitmedien zu entlarven, all denen zur Sprache zu verhelfen, die in wenig splendider Vereinzelung zu ersticken oder irre zu werden drohen. Nie war die Meinung der Herrschenden bedrohter als heute, durch uns. Man mag es nun einen Kollateralschaden nennen oder nicht – wir haben unsere Agenda gefunden: The Great WeSet.

1 Gunnar Kaiser, *Der Kult. Über die Viralität des Bösen*, Rubikon Verlag, München 2022, S. 76

2 Siehe: Andreas Schwab, *Zeit der Aussteiger. Eine Reise zu den Künstlerkolonien von Barbizon bis Monte Verità*. Beck, München 2021

3 Von 2016 bis 2021 sind etwa 1,5 Millionen Deutsche ins Ausland emigriert. Im selben Zeitraum haben knapp 6 Millionen Ausländer Deutschland verlassen. https://de.statista.com/statistik/daten/studie/76972/umfrage/zahl-der-auswanderer-aus-deutschland/

4 https://www.freischwebende-intelligenz.org/p/wernichtaufwachenwill?s=r

5 So lautet der Titel eines Buches des Juristen Alexander Christ (Rubikon Verlag, München 2022).

6 Im Folgenden beziehe ich mich nur auf die Hauptausgabe um 20 Uhr.

7 In Wahrheit stammten einige dieser Bilder aus ganz anderen Zusammenhängen. Doch das interessierte später natürlich niemanden mehr. https://www.br.de/kultur/wieso-das-foto-des-militaerkonvois-in-bergamo-fuer-corona-steht-100.html

8 Folge 3, S. 5. Die Seitenzahl bezieht sich auf die schriftliche Transkription. https://www.ndr.de/nachrichten/info/Coronavirus-Update-Die-Podcast-Folgen-als-Skript,podcastcoronavirus102.html

9 Hendrik Streeck, *Hotspot. Leben mit dem neuen Corona-Virus*, Piper Verlag, München 2021, S. 122ff.

10 https://www.ndr.de/nachrichten/info/Coronavirus-Virologe-Drosten-im-NDR-Info-Podcast,podcastcoronavirus100.html [abgerufen am 1. September 2020]

11 Paul Schreyer, Wolfgang Schreyer, *Die Legende – was am 11. September geschah*, Verlag Das neue Berlin, Berlin 2006; *Inside 9/11. Neue Fakten und Hintergründe zehn Jahre danach*, Kai Homilius Verlag, Berlin 2011; *Faktencheck 9/11 – Eine andere Perspektive 12 Jahre danach*, Kai Homilius Verlag, Werder 2013

12 Westend Verlag, Frankfurt a. M. 2014

13 Alle Bücher sind im Westend Verlag erschienen.

14 https://multipolar-magazin.de/artikel/coronavirus-panikmacher-isolieren

15 Allein die Flensburger Nachrichten hatten sich erbarmt und am 29. Februar 2020 den Text gedruckt.

16 Wolfgang Wodarg, *Falsche Pandemien. Argumente gegen die Herrschaft der Angst*, Rubikon Verlag, München 2021, S. 20

17 https://multipolar-magazin.de/artikel/faktenchecker-gegen-wodarg [abgerufen 9. Dezember 2022]

18 *Das Erbe sind wir. Warum die DDR-Journalistik zu früh beerdigt wurde. Meine Geschichte*, Herbert von Halem Verlag, Köln 2020

19 Die Transkription seines Vortrags in München, der auch auf Video aufgezeichnet wurde, hatte Michael Meyen veranlasst, den Vorgang exakt zu dokumentieren. https://medienblog.hypotheses.org/files/2019/06/Zumach-2018.pdf; https://www.kommunisten.de/ueber-joomla/der-muenchausen-test/7563-andreas-zumach-israel-palaestina-und-die-grenzen-des-sagbaren

20 http://schlamassel.blogsport.de/2018/11/09/muenchner-antisemitismusstreit-2018-lmu-lehrbereich-bekennt-farbe/

21 Ebenda

22 Ebenda

23 Ebenda

24 Promedia Verlag, Wien 2023. Außerdem: Talk The Great WeSet, „Die Neuvermessung von links und rechts", 27. Mai 2023 auf *Manova*. Eine von mir moderierte Diskussion mit Oskar Lafontaine und Sven Brajer, https://www.youtube.com/watch?v=jR8xEGcHCT4

25 Westend Verlag, Frankfurt a. M. 2020. Thomas Röper schildert ein ganzes Netzwerk der Vorbereitung: *Inside Corona. Die Pandemie, das Netzwerk & die Hintermänner*, J. K. Fischer Verlag, Gelnhausen Hailer 2022

26 https://www.forbes.com/sites/susanadams/2021/05/12/bloomberg-adds-to-3-billion-in-johns-hopkins-gifts-150-million-to-boost-doctoral-student-diversity/

27 Von „Event 201" existieren verschiedene Videozusammenschnitte: https://www.youtube.com/watch?v=LBuP40H4Tko, https://www.youtube.com/watch?v=AoLw-Q8X174. Norbert Häring hat einige der entsprechenden Redebeiträge aus den Diskussion zusammengestellt: https://norberthaering.de/propaganda-zensur/event-201-fake-news/

28 https://www.centerforhealthsecurity.org/event201/recommendations.html

29 Im Wortlaut der Vereinbarung heißt es: „Wir arbeiten bei den Covid-19-Reaktionsbemühungen eng zusammen. Wir helfen Millionen von Menschen, in Verbindung zu bleiben, während wir gleichzeitig gemeinsam Betrug und Fehlinformationen über das Virus bekämpfen, maßgebliche Inhalte auf unseren Plattformen veröffentlichen und wichtige Updates in Abstimmung mit staatlichen Gesundheitsbehörden auf der ganzen Welt teilen. Wir laden andere Unternehmen ein, sich uns anzuschließen, während wir daran arbeiten, unsere Gemeinden gesund und sicher zu halten." https://mashable.com/article/google-facebook-twitter-coronavirus-fake-news

30 Uwe Krüger, *Mainstream. Warum wir den Medien nicht mehr trauen*, Beck Verlag, München 2016, S. 104 ff.

31 Kurt Gritzsch, *Inszenierung eines gerechten Krieges? Intellektuelle, Medien und der Kosovo-Krieg 1999*, Olms Verlag, Hildesheim 2010

32 „Das Internet ist schuld: Die Gesamtauflage der deutschen Tagespresse hat sich seit dem Jahr 2000 fast halbiert.". https://www.deutschlandfunkkultur.de/printmedien-und-digitalisierung-mit-strategie-gegen-die-100.html

33 2004 betrugen die Anzeigeneinnahmen noch 46,2 Prozent der Gesamterlöse bei den Printmedien; https://www.phil-fak.uni-duesseldorf.de/sozwiss/mewi2/reader/WS0405/Vorlesung/MS_Printmedien-WS04pdf.pdf. 2021 waren es gerade noch 25 Prozent; https://www.bdzv.de/alle-themen/marktdaten/zur-wirtschaftlichen-lage-der-deutschen-zeitungen-2022. In absoluten Zahlen betrugen im Jahr 2000 die Werbeerlöse allein bei den Tageszeitungen (mit Wochen- und Sonntagszeitungen) ca. 6,7 Milliarden Euro. 2021 waren es nur noch knapp 2 Milliarden.

34 Ullstein Verlag, Berlin 2017

35 https://www.spiegel.de/kultur/gesellschaft/bush-bin-laden-vergleich-roy-darf-so-etwas-wickert-nicht-a-160709.html

36 Kleber, S. 25 f.

37 Kleber, S. 35

38 Kleber, S. 58

39 Ausführlicher: Walter van Rossum, *Meine Pandemie mit Professor Drosten. Vom Tod der Aufklärung unter Laborbedingungen*, Rubikon Verlag, Neuenkirchen 2021, S. 65 ff.

40 Interview mit WvR, März 2022

41 https://www.ksta.de/kultur-medien/podcast-ueber-ken-jebsen-so-gefaehrlich-ist-der-verschwoerungsideologe-200658

42 Talk The Great WeSet, „Die neuen Medien", *Rubikon*, 2. April 2022, https://www.manova.news/artikel/die-neuen-medien

43 Gespräch mit WvR, März 2022

44 Gespräch mit WvR, März 2022

45 Gespräch mit WvR, März 2022

46 Deutsche Ausgabe: *Die öffentliche Meinung* (Neuausgabe), Westend Verlag, Frankfurt a. M. 2018

47 Lucas Graves, *Deciding What's True. The Rise of Political Fact-Checking in American Journalism*, Columbia University Press, New York 2016

48 Über die Hintergründe und die Finanzierung von Correctiv: Michael Meyen, „Die neuen Wahrheitsbeamten", https://medienblog.hypotheses.org/10001

49 Gotthold Ephraim Lessing, „Über das Wörtlein Tatsache", 1778

50 https://www.spiegel.de/wirtschaft/soziales/arbeitslosenstatistik-arbeitsagentur-laesst-zaehlung-von-arbeitslosen-ueberpruefen-a-1262854.html

51 https://www.bpb.de/themen/arbeit/arbeitsmarktpolitik/305621/wie-wird-arbeitslosigkeit-gemessen; https://www.tagesschau.de/wirtschaft/hg-arbeitslosenzahlen-101.html

52 G. Blamberger, A. Freimuth, P. Strohschneider (Hg.), *Vom Umgang mit Fakten. Antworten aus Natur-, Sozial- und Geisteswissenschaften*, Fink Verlag, München 2018, S. 8. Bedauerlicherweise haben sich die Autoren dieses lesenswerten Buchs zum Ausbruch eines bis dahin unvorstellbaren Szientokratismus nur zwei Jahre nach Erscheinen nicht geäußert. Vermutlich eine Folge „der Macht".

53 Ulrich Teusch, *Lückenpresse. Das Ende des Journalismus, wie wir ihn kannten*, Westend Verlag, Frankfurt a. M. 2018

54 Talk The Great WeSet, „Unsere Parallelgesellschaft", *Rubikon*, 5. Februar 2022, https://www.manova.news/artikel/unsere-parallelgesellschaft

55 https://www.ardaudiothek.de/sendung/cui-bono-wtf-happened-to-ken-jebsen/89991466/

56 „Zwangsfinanzierte Hetze", *Rubikon*, 21. Juli 2021, https://www.manova.news/artikel/zwangsfinanzierte-hetze

57 Kleber, a. a. O., S. 36

58 https://www.dwdl.de/nachrichten/89265/buhrow_will_kleineren_ardsendern_beim_kontrollausbau_helfen/?utm_source=&utm_medium=&utm_campaign=&utm_term=

59 Peter Scholl-Latour, *Der Fluch der bösen Tat. Das Scheitern des Westens im Orient*, Propyläen Verlag, Berlin 2014, S. 275

60 https://www1.wdr.de/unternehmen/der-wdr/profil/programmauftrag/aufgabe_programmrichtlinien100.pdf

61 Hannes Hofbauer hat in seinem Buch *Zensur. Publikationsverbote im Spiegel der Geschichte* (Promedia Verlag, Wien 2022) diese Jagd detailliert beschrieben.

62 Aus den „Richtlinien" von *Google/YouTube*: „Auf YouTube sind keine Inhalte erlaubt, die medizinische Fehlinformationen zu COVID-19 verbreiten, die im Widerspruch zu medizinischen Informationen der Weltgesundheitsorganisation (WHO) oder lokaler Gesundheitsbehörden stehen."; https://support.google.com/youtube/answer/9891785?hl=de

63 https://www.euractiv.de/section/eu-innenpolitik/news/kommission-wuenscht-sich-demonetarisierung-von-desinformation/

64 https://www.die-medienanstalten.de/ueber-uns

65 https://www.ma-hsh.de/files/infothek/Merkblatt_Medienanstalten_Journalistische_Sorgfalt_Internet.pdf

66 Der Medienstaatsvertrag ist im November 2020 in Kraft getreten und hat den bis dahin geltenden Rundfunkstaatsvertrag abgelöst.

67 https://www.presserat.de/pressekodex.html

68 https://www.ma-hsh.de/files/infothek/Merkblatt_Medienanstalten_Journalistische_Sorgfalt_Internet.pdf

69 https://www.tagesschau.de/investigativ/ndr-wdr/verfassungschutz-kenfm-101.html

70 https://www.spiegel.de/panorama/spiegel-tv-ueber-jebsen-hildmann-naidoo-die-posterboys-der-aluhuete-a-4a6f8e6e-2044-418a-b260-a02792901cfb

71 Talk The Great WeSet, „Die neuen Medien", *Rubikon*, 2. April 2022, https://www.manova.news/artikel/die-neuen-medien

72 Hannes Hofbauer untersucht in seinem Buch *Zensur* einige Beispiele.

73 https://netzpolitik.org/2021/netzwerkdurchsetzungsgesetz-studie-zeigt-schwaechen-bei-gesetz-gegen-hassrede-auf/#netzpolitik-pw

74 Die Unternehmen im Einzelnen: https://transition-news.org/die-trusted-news-initiative-tni-koordinierte-die-gleichschaltung-der-medien

75 It is the only forum in the world of its kind designed to take on disinformation in real time. https://www.bbc.co.uk/beyondfakenews/trusted-news-initiative/

76 https://gadmo.eu/

77 https://www.rubikon.news/artikel/unheimliche-allianz

78 Das für seine fabelhaften Dokumentationen bekannte Magazin *Spiegel* hat dankenswerterweise eine Liste all seiner Beiträge zum Thema erstellt, darin sind über 500 Titel angezeigt. Ein Wunderwerk medialen Recyclens; https://www.spiegel.de/thema/verschwoerungstheorien/

79 Die Bundesregierung hat ein Grundlagenwerk veröffentlicht: https://www.bundesregierung.de/breg-de/themen/umgang-mit-desinformation/umgang-verschwoerungstheorien-1790886

80 https://conspiracytheories.eu/projects/pact-populism-and-conspiarcy-theory/

81 Suhrkamp Verlag, Berlin 2018. Noch bevor Corona die geläufige Verständigung durchdrang, attestierten Fachkollegen dem Autor eine bescheidene Denkungsart: „Insgesamt entsteht der Eindruck, dass das Werk mit heißer Nadel gestrickt wurde und dem Autor nicht genügend Zeit blieb, um auf elementare Begriffsarbeit, Tiefenschärfe und logische Stringenz zu achten. Lesenswert ist es aber allein schon deshalb, weil es aktuell eine zentrale Referenz in der deutschsprachigen wissenschaftlichen Diskussion über Verschwörungstheorien bildet und vermutlich auch künftig bilden wird." Andreas Anton, Alan Schink, „Rezension zu Michael Butter (2018). ‚Nichts ist, wie es scheint.' Über Verschwörungstheorien". In: *Zeitschrift für Anomalistik*, Bd. 19, 2019, S. 471–486

82 Norbert Häring, „Tolles neues Buch! ‚Nichts ist, wie es scheint' – Wie man nicht zum Verschwörungstheoretiker wird", 17. März 2018, https://norberthaering.de/news/butter-verschwoerungstheorie/

83 „Sturm der Lüge", *Spiegel*, 20/2020

84 Thomas Röper, *Inside Corona. Die Pandemie, das Netzwerk & die Hintermänner*, J. K. Fischer Verlag, Gelnhausen Hailer 2022

85 Paul Schreyer, *Chronik einer angekündigten Krise. Wie ein Virus die Welt verändert*, Westend Verlag, Frankfurt a. M. 2020, S. 33

86 Michael Meyen, „Die neuen Wahrheitsbeamten", https://medienblog.hypotheses.org/10001

87 „In der heutigen Auseinandersetzung um die Verträge des Silicon Valley mit dem US-Militär und den Geheimdiensten konzentriert man sich auf Facebook, Google und Amazon – während Pierre Omidyars eBay völlig ignoriert wurde. Aber Omidyar war an vorderster Front dabei, den globalen privat-öffentlichen Überwachungsapparat des Silicon Valley aufzubauen. In den letzten zehn Jahren hat Omidyar still und leise daran gearbeitet, das privatisierte Überwachungsstaatsmodell von eBay über den Online-Verkauf hinaus auf Wahlen, Medien, Transport, Bildung, Finanzen und die Regierungsverwaltung auszudehnen. Sein Vehikel dafür: die Omidyar-Gruppe, ein Investitionsvehikel, das Hunderte von Start-ups, Unternehmen und gemeinnützige Organisationen auf der ganzen Welt finanziert." So Yasha Levine in seinem Buch Surveillance valley: The secret history of the Internet. Zit. nach Rafael Lutz, „Wer die Bekämpfung von ‚Fake-News' finanziert"; https://www.heise.de/tp/features/Wer-die-Bekaempfung-von-Fake-News-finanziert-4768361.html

88 https://www.poynter.org/about/

89 https://www.poynter.org/international-fact-checking-network-transparency-statement/

90 *Facebook* hat allein im April 2020 50 Millionen Beiträge als fragwürdig markiert; https://www.spiegel.de/netzwelt/web/coronavirus-facebook-markiert-50-millionen-beitraege-als-fragwuerdig-a-483a0c02-b8d6-4e1e-96d3-48768f0251af

91 International Fact-checking Network Comparative Income Statement: 2019–2021; https://docs.google.com/spreadsheets/d/1SnpXCGCn8hTc40HqWCJXzc-rfnCfu9ZdHogRQvKrDfA/edit#gid=921231792

92 https://www.poynter.org/coronavirusfactsalliance/

93 Paul Schreyer, „Medien aussortieren". In: *multipolar*, 30. März 2022, https://multipolar-magazin.de/artikel/medien-aussortieren

94 https://www.achgut.com/artikel/vernichtendes_zeugnis_fuer_newsguard

95 https://www.achgut.com/artikel/newsguard_gespenstertruppe_mit_phantomwissen

96 Daraus entstand das Buch *Die Tagesshow. Wie man in 15 Minuten die Welt unbegreiflich macht* (Kiepenheuer & Witsch Verlag, Köln 2007)

97 https://www.openpetition.de/petition/online/ard-sondersendung-wie-gefaehrlich-ist-corona

98 https://blog.bastian-barucker.de/petition-fuer-eine-corona-debatte/

99 https://blog.bastian-barucker.de/videokonferenz-mit-den-oeffentlich-rechtlichen-medienanstalten/

100 https://medienblog.hypotheses.org/9747 und: Michael Meyen, *Die Propaganda-Matrix. Der Kampf für freie Medien entscheidet über unsere Zukunft*, Rubikon Verlag, München 2021, S. 41ff.

101 https://multipolar-magazin.de/artikel/im-dialog-mit-der-ard

102 https://gbdeclaration.org/view-signatures/

103 Gespräch mit WvR, März 2022

104 https://multipolar-magazin.de/artikel/das-neue-wahrheitsregime

105 https://multipolar-magazin.de/artikel/ein-professor-soll-weg

106 https://www.freie-medienakademie.de/studiengang

107 https://www.freie-medienakademie.de/lehrgang

108 Gespräch mit WvR, März 2022

109 Talk The Great WeSet, „Unsere Parallelgesellschaft", Rubikon, 5. Februar 2022, https://www.manova.news/artikel/unsere-parallelgesellschaft

110 https://www.youtube.com/watch?v=rzvjHEFSF5A

111 https://www.youtube.com/watch?v=rzvjHEFSF5A

112 https://www.youtube.com/watch?v=rzvjHEFSF5A

113 „Die natürliche Wandlung des Ken Jebsen", Videogespräch mit Heiko Schrang, 10. März 2022, https://www.youtube.com/watch?v=si3wFJOtcCU

114 https://leuchtturmard.de/

115 Gespräch mit WvR, März 2022

116 Michael Meyen, „Mit zwei Euro in die Freiheit. Wie wir den Journalismus besser machen können". In: Ch. Gringmuth, M. Grimmenstein-Balas et al., *Die Zukunft beginnt heute. Impulse für einen gesellschaftlichen Wandel*, Band 1, Driediger Verlag, Georgsmarienhütte 2022, S. 79-101

117 Ulrike Guérot, *Wer schweigt, stimmt zu. Über den Zustand unserer Zeit und darüber, wie wir leben wollen*, Westend Verlag, Frankfurt a. M. 2022, S. 77

118 https://www.nachdenkseiten.de/?p=90509

119 Hier ein aufschlussreiches Interview mit Michael Ballweg: https://www.youtube.com/watch?v=Jj1DkBnrGnU

120 https://datenarche.de/db/media/corona-ausschuss-serie-stellungnahme-von-viviane-fischer-zu-den-vorgaengen-im-ausschuss/

121 https://zaavv.com/de-de/ueber-uns

122 Ulrich Teusch, *Der Krieg vor dem Krieg. Wie Propaganda über Leben und Tod entscheidet*, Westend Verlag, Frankfurt a. M. 2019, S. 194

[redacted]

II. RECHT

„Die alte Welt liegt im Sterben,
die neue ist noch nicht geboren.
Es ist die Zeit der Monster."

Antonio Gramsci

Orgien der Unverhältnismäßigkeit

„Das ist meine Geschichte. Im März 2020 habe ich mein erstes Interview gegeben. Ich stellte Vergleiche zwischen der Schweinegrippe und der sich in China ausbreitenden Corona-Epidemie an und verwies auf die Hintergründe dieser von langer Hand geplanten Pandemien. Daraufhin erntete ich schon einen großen ‚Shitstorm' über die Medien, der meinen Ruf erheblich schädigte.

In der Zwischenzeit setzten dann immer mehr, zum Teil völlig unsinnige Maßnahmen zum Infektionsschutz ein. Bei der Verordnung der Maskenpflicht, vor allem bei Kindern, war für mich als Arzt die ‚rote Linie' überschritten. Da sich immer mehr Patienten bei mir meldeten und ihre Beschwerden äußerten, stellte ich für meine Patienten Atteste aus, die ihnen bescheinigten, aus gesundheitlichen Gründen keine Masken tragen zu können. Ähnlich wie Hunderte und Aberhunderte Ärzte in Deutschland wurde auch ich nun verdächtigt, ein sogenannter ‚politisch motivierter Straftäter' zu sein, nur weil ich meinen ärztlichen Auftrag ernst nahm und angefangen hatte, diese Maskenbefreiungsatteste auszustellen. Wir Ärzte im Widerstand bekommen einer nach dem anderen Razzien, Berufsverbote, Kontensperrungen bei unseren jahrelangen Hausbanken und Kündigungen. Die Presse tut ein Restliches dazu.

So war es auch bei mir. Am 13. Januar 2021 stürmte in der Früh um sechs Uhr ein circa 30-köpfiges Polizeieinsatzkommando mein Haus und meine Praxis. Zeitgleich wurde meine Sekretärin besucht. Später auch meine frühere Gehilfin und mindestens sechs meiner Patienten. Gerade für Familien mit Kindern stellt so eine Razzia mit schwer bewaffneten, schwarz vermummten Polizisten einen großen Schock dar. Man forderte vor Ort eine Pfändungssumme von 32.000 Euro und nahm mir meine Computer, Handys, Festplatten, Steuerordner und Patientenakten weg. Im April wurde die Pfändungssumme auf 145.000 Euro erhöht und mir ein Berufsverbot durch die Staatsanwaltschaft erteilt, ohne dass es eine Verhandlung oder Anhörung gegeben hätte. Wieder leistete die Presse ganze Arbeit, meinen Ruf weiter zu demontieren. Mein Anwalt konnte nach 13 Wochen das Berufsverbot rückgängig machen, es blieb aber bei einem Verbot, Maskenbefreiungsatteste auszustellen. Da bei manchen meiner Kollegen inzwischen erneut Razzien durchgeführt wurden, überkam mich die Angst vor weiteren Besuchen der Raubritter der Regierung. Eine weitere Traumatisierung wollte ich meiner Familie und mir nicht mehr zumuten, deshalb meldete ich mich krank und berufsunfähig. Nach circa elf Monaten konnte ich durch den Verkauf einer Immobilie meine Konten wieder freischalten lassen und die Pfändungssumme hinterlegen. […] Wie gegen Schwerstverbrecher geht der Staat gegen Ärzte vor, die – ihrer Berufsordnung folgend – sich schützend vor Patienten stellen."[1]

Das ist die Geschichte des Arztes Rolf Kron aus Kaufering. In der Folge ließ die Staatsanwaltschaft wissen, das Gerichtsverfahren solle im November/Dezember 2022 stattfinden, anberaumt waren acht Tage, an denen weit über 100 Zeugen vernommen werden sollten. Dazu kam es aber nicht. Der Termin wurde wegen Krankheit eines Prozessbeteiligten verschoben. Zu dem neuen Prozesstermin im Februar und März 2023 lud die zuständige Richterin „nur" 52 Zeugen ein. Doch auch dieser Termin musste wegen Krankheit verschoben werden. Mag sein, dass das der Justiz nicht ganz ungelegen kam. Womöglich waren doch Zweifel an dem bisherigen Vorgehen aufgekommen, denn die neuere Rechtsprechung ist deutlich vorsichtiger in Hinsicht auf den Tatbestand geworden, der Rolf Kron zur Last gelegt wird.

Mittlerweile dürften sich seit 2020 viele Hunderte staatlicher Überfälle auf ähnliche Weise in der Bundesrepublik zugetragen haben. So hat das im September 2021 gegründete *Zentrum zur Aufarbeitung, Aufklärung, juristischen Verfolgung und Verhinderung von*

Verbrechen gegen die Menschheit aufgrund der Corona-Maßnahmen (ZAAVV) eine „Fallerfassung" eingerichtet, die alle Vorgänge dieser Art registriert. Davon später mehr. Hier nur zwei weitere Beispiele aus Bayern, die ebenfalls Mediziner betreffen: Die 70-jährige Ärztin Dr. Gudrun Ströer wurde im August 2022 vom Amtsgericht Garmisch-Partenkirchen zu zwei Jahren Freiheitsstrafe ohne Bewährung und zu einer Geldstrafe verurteilt, außerdem wurde ein dreijähriges Berufsverbot verhängt. Sie soll in 309 Fällen Atteste zur Befreiung von der Maskenpflicht ausgestellt haben, „ohne einen der Patienten untersucht zu haben".[2] Der Gynäkologe Dr. Ronald Weikl aus Passau wurde zu einer Gefängnisstrafe von einem Jahr und acht Monaten auf Bewährung und zu einer Geldstrafe von 50.000 Euro verurteilt. Die Staatsanwaltschaft hatte sogar eine Haftstrafe von dreieinhalb Jahren gefordert.[3]

Was ist der Praxis- und Hausdurchsuchung bei Rolf Kron vorausgegangen? Offenbar ist der Arzt auffällig geworden, weil er früh zu den sogenannten Corona-Maßnahmen kritisch Stellung bezogen hat. Außerdem hatte er öffentlich seine Bereitschaft erklärt, Maskenatteste auszustellen. Es gab viele Kollegen, die das, sei es aus Überzeugung oder aus Angst vor Repressionen, ablehnten, weshalb sich wahrscheinlich auch deren Patienten an ihn wandten. Und Kron hat zahlreiche Atteste ausgegeben – nach eigenen Angaben sollen es etwa 5.000 gewesen sein. Seiner Überzeugung entsprechend, dass das Tragen von Masken grundsätzlich die Gesundheit beeinträchtigt und keinerlei erkennbaren Nutzen hat. Insofern dürfte es sich weder um einen gewerbsmäßigen Betrug noch um Täuschung handeln.

Bei Ausbruch der Pandemie galt nach damaligem medizinischem Erkenntnisstand das Tragen von Masken für medizinische Laien als potenziell gesundheitsgefährdend, und zwar unabhängig davon, ob bei einer Person bestimmte Vorerkrankungen etwa der Atemwege vorliegen oder nicht.[4] Und, mindestens ebenso wichtig, es gab im Gesetz keinen Katalog der Indikationen, unter welchen Umständen ein Attest zu Recht oder zu Unrecht ausgestellt worden ist. Zu klären wäre folglich vielmehr, ob eine „politische" Verordnung zum Tragen von Masken Ärzte darauf verpflichten kann, gegen die bis dahin geltende medizinische Evidenz und gegen die eigene ärztliche Überzeugung zu handeln.

Was ist dann geschehen? Im November 2021 hat man § 278 des Strafgesetzbuchs verschärft. Die alte Fassung lautete:

> *Ausstellen unrichtiger Gesundheitszeugnisse*
>
> *Ärzte und andere approbierte Medizinalpersonen, welche ein unrichtiges Zeugnis über den Gesundheitszustand eines Menschen zum Gebrauch bei einer Behörde oder Versicherungsgesellschaft wider besseres Wissen ausstellen, werden mit Freiheitsstrafe bis zu zwei Jahren oder mit Geldstrafe bestraft.*

In der neuen Fassung wurde dann ein Absatz hinzugefügt:

> *(2) In besonders schweren Fällen ist die Strafe Freiheitsstrafe von drei Monaten bis zu fünf Jahren. Ein besonders schwerer Fall liegt in der Regel vor, wenn der Täter gewerbsmäßig oder als Mitglied einer Bande, die sich zur fortgesetzten Begehung von unrichtigem Ausstellen von Gesundheitszeugnissen verbunden hat, Impfnachweise oder Testzertifikate betreffend übertragbare Krankheiten unrichtig ausstellt.*

Selbst ein Laie ahnt, wie schnell der Vorwurf der Zugehörigkeit zu einer „Bande" konstruiert werden kann, vermutlich genügt ein allgemeiner Hinweis auf irgendwelche Beziehungen zu den sogenannten Querdenkern, und schon wäre der Tatbestand des „besonders schweren Falls" erfüllt. Eine typische „Lex corona".[5] Zuvor genügte es, dass der Arzt einen medizinisch relevanten Umstand attestiert – ohne Angabe von Gründen.[6] Das fiel unter die ärztliche Schweigepflicht. Auch das hat man in Corona-Zeiten geändert. Atteste alter Ordnung ließen sich nur überprüfen, indem der „Medizinische Dienst" der Krankenkassen hinzugezogen wurde – etwa im Falle von

Krankschreibungen –, oder es hätte eine amtsärztliche Untersuchung angeordnet werden müssen.

Rolf Kron hat nie bestritten, Maskenatteste ausgestellt zu haben. Es hätte genügt, ihn zu befragen. Das hat man tunlichst unterlassen und stattdessen das aggressivste Ermittlungsinstrument gewählt. Juristisch gilt eine Hausdurchsuchung als Eingriff in die vom Grundgesetz geschützte Privatsphäre[7], insofern ist eine richterliche Anordnung Voraussetzung. Das gilt natürlich erst recht bei einer Praxisdurchsuchung, weil bei dieser zwangsläufig auch in die Privatsphäre anderer, unverdächtiger Personen eingegriffen wird. Bei Rolf Kron genügten aber nicht die Durchsuchung von Haus und Praxis, sondern es wurden zudem mindestens acht Wohnungen von wie auch immer in Verdacht geratenen Personen durchsucht. Bei der Praxisdurchsuchung wurden neben Unterlagen aller Art, Computern und Handys auch sämtliche Patientenakten beschlagnahmt.

Nun gibt es eine Maskenpflicht erst seit 2020. Deshalb wird man keinen Präzedenzfall im engeren Sinne finden. Aber es stellt sich die Frage, bei welchen Verdachtsfällen man ein solches Großaufgebot an Haus- und Praxisdurchsuchungen und Beschlagnahmungen normalerweise für erforderlich zu halten pflegte. Besonders schwer wiegt dabei die Beschlagnahmung von Patientenakten, deren Vertraulichkeit eigens gesetzlich geschützt und zu der jeder Arzt verpflichtet ist. Dass wegen der Beschlagnahme von Computern und fast sämtlicher Unterlagen der Betrieb der Praxis auf unabsehbare Zeit unmöglich sein würde, haben der anordnende Richter und die ausführenden Behörden nicht nur willentlich in Kauf genommen, sondern vermutlich sogar beabsichtigt. Unverkennbar ist der juristische Grundsatz der Verhältnismäßigkeit nicht nur nicht berücksichtigt, sondern ausdrücklich außer Kraft gesetzt worden. Die Kostüme des Rechtsstaates aber verhüllen nicht das Unrecht.

Offenbar geht es in einem Fall wie dem von Rolf Kron nicht allein um die Konstruktion eines besonders schweren Tatbestands im Sinne von § 278 Absatz 2 StGB, sondern darüber hinaus um den Nachweis einer „politisch motivierten Straftat". Vielleicht weil es den Absatz 2 in § 278 StGB zum Zeitpunkt der Ermittlungen gegen Kron noch gar nicht gab. Welche Ergebnisse hätten Praxis- und Hausdurchsuchungen im Sinne des Verdachts ergeben können? Vermutlich suchte man nach Schriften oder Unterlagen maßnahmenkritischen Inhalts oder nach Beziehungen zu maßnahmenkritischen Gruppen. Beides ist (noch nicht) strafbar. Patientenunterlagen, in denen dokumentiert wäre, dass der befreite Patient keine Krankheiten hatte, die die Befreiung begründet hätten, beweisen gar nichts. Ebenso wenig das Fehlen von Akten über eine bestehende Arzt-Patient-Beziehung. Von einer Praxisdurchsuchung waren von vornherein keine nennenswerten Ergebnisse zu erwarten.

Das führt zu dem Grundsatz der Verhältnismäßigkeit. Darüber schreiben die beiden Richter Peter Schlieter und Thomas Barisic in einem Fachartikel:

> *„Der Verhältnismäßigkeitsgrundsatz ist dabei auf zwei Ebenen anzuwenden: Erstens muss die Intensität des Eingriffs zum Gewicht der Straftat, die es zu verfolgen gilt, in einem angemessenen Verhältnis stehen. § 278 StGB sieht die Strafandrohung einer Geldstrafe oder einer Freiheitsstrafe bis zu zwei Jahren vor. Dies entspricht der Strafandrohung etwa für eine Sachbeschädigung oder eine tätliche Beleidigung, die allgemein eher als Bagatelldelikte betrachtet werden. Das BVerfG spricht übrigens von einer die Unverhältnismäßigkeit einer Durchsuchung indizierenden Geringfügigkeit der zu ermittelnden Straftat, wenn diese keine höhere Strafandrohung als fünf Jahre aufweist (BVerfG, Beschl. v. 29.01.2015 – 2 BvR 497/12, Rn. 19).*
>
> *Die zweite Ebene, auf der die Verhältnismäßigkeit zu prüfen ist, ist das Verhältnis zwischen der Intensität des Eingriffs und dem Grad des Tatverdachts. Dies ist das eigentliche Korrektiv zu dem niedrigen Verdachtsgrad, der nach dem Wortlaut des § 102 StPO eine Durchsuchung auslösen kann. In ständiger Rechtsprechung stellt das BVerfG zu dieser Problematik ausdrücklich klar (u. a. BVerfG, Beschl.*

v. 16.12.2014 – 2 BvR 2393/12, Rn. 23 m. w. N.): ‚Die Durchsuchung muss schließlich vor allem in angemessenem Verhältnis zu der Schwere der Straftat und der Stärke des Tatverdachts stehen.'"[8]

An das Gebot der Verhältnismäßigkeit seien bei der Durchsuchung von Arztpraxen noch einmal höhere Maßstäbe anzulegen, weil bei Patientenakten ein besonderer gesetzlicher Schutz berücksichtigt werden müsse. Allein aus diesen Gründen kommen die Autoren zu dem Schluss, dass Durchsuchungen bei Ärzten wegen des Verdachts der Ausstellung unrichtiger Maskenatteste in der Regel rechtswidrig sind.

Je mehr man sich mit den Umständen der Ermittlungen gegen Rolf Kron beschäftigt, umso mehr entsteht der Eindruck einer „politisch motivierten" Strafverfolgung, was juristisch einer Rechtsbeugung entspräche. Das Gleiche gilt natürlich auch für die Aberhunderte von Fällen, in denen den Ermittlern vergleichsweise kleine Fische ins Netz gingen. Bei den meisten Ärzten, gegen die in ähnlicher Weise vorgegangen wurde, handelte es sich um „Straftaten", in denen wegen höchstens 15 bis 20 „unrichtigen"[9] Attesten ermittelt wurde. Praxisdurchsuchungen, Beschlagnahmung von Patientenakten und elektronischen Geräten gehörten dabei zuverlässig zum Repertoire der Ermittler. Ganz unabhängig vom Ergebnis der Durchsuchungen konnten diese einigermaßen sicher davon ausgehen, durch ihr Vorgehen berufliche Existenzen schwer zu schädigen oder zu vernichten. Selbst wenn wie im Fall Kron 5.000 Atteste standardmäßig mit 17 Euro honoriert worden sein sollten, so kommt man noch lange nicht auf die Pfändungssumme von 145.000 Euro. Und wie Kron zu Recht bemerkt: Den Rest erledigte die Presse, die stets zuverlässig geifernd zur Stelle war.

Am 11. August 2022 habe ich Rolf Kron angerufen, um mich nach dem Stand des Verfahrens zu erkundigen. Auf meine Frage, wie es ihm denn gehe, antwortete er seufzend: „Heute kam der hundertsoundsovielte gelbe Brief" – eine Zustellungsurkunde des Gerichts – mit der Mitteilung, dass er in zweiter Instanz freigesprochen wurde (auch in der ersten lautete das Urteil Freispruch), allerdings hat die Staatsanwaltschaft Revision eingelegt. So wird es also zu einer dritten Verhandlungsrunde wegen einer absurden Beschuldigung kommen. Gegenstand des Prozesses in dritter Auflage ist nämlich: das Zeigen des Hitlergrußes. Kron hatte auf einer Demonstration die Repressionen gegen die Maßnahmenkritiker mit denen der Nazis verglichen. In diesem Sinne war der ausgestreckte Arm gewiss keine Ergebenheitsadresse an die Nationalsozialisten, ganz im Gegenteil. Am 1. Juni 2023 habe ich Rolf Kron neuerlich angerufen, um mich nach dem Fortgang der Dinge zu erkundigen. Mittlerweile verzeichnet er den Eingang der 126. Zustellungsurkunde. Am 26. April hätte der Prozess wieder aufgerollt werden sollen. Wurde dann aber aus unbekannten Gründen auf Oktober 2023 verschoben. Das macht die deutsche Justiz noch nicht zu Faschisten. Diese Behauptung wäre ebenso absurd, wie Kron die geringste Nähe zu Faschisten zu unterstellen. Das wurde schließlich bereits von zwei Gerichtsinstanzen entschieden. Doch die Systematik, mit der man den Mann terrorisiert, lässt auf andere als rechtsstaatliche Interessen schließen.

Der Sinn solcher dramatisch unverhältnismäßigen Ermittlungen dürfte in den allgemeinen Einschüchterungseffekten liegen: Ärzte, die sich in welcher Weise auch immer gegen die Corona-Maßnahmen stellen, werden gnadenlos verfolgt. Und man darf sagen: Mission accomplished. Die meisten Ärzte haben sich dem Regime gebeugt. Und die, die ihrem ärztlichen Gewissen treu blieben, mussten jederzeit mit Verfolgung rechnen. Das beschreibt zum Beispiel der niedergelassene Arzt Gunter Frank in seinem Buch *Das Staatsverbrechen*[10] eindringlich. Wer mit *Google* nach den „Ärzten für Aufklärung“ sucht, stößt erst mal auf zwanzig Mobbing-Links über jene ärztlichen Verschwörungstheoretiker, bevor er endlich auf die gesuchte Adresse der kritischen Mediziner stößt.[11] Die „Heidelberger Ärzteerklärung“, die von den *Ärzten für Aufklärung* aufgesetzt wurde, haben immerhin über 1.000 Menschen mit voller Namensnennung unterzeichnet. Darin heißt es unter anderem: „Die Grundsätze verantwortungsvoller Medizin und guten ärztlichen Handelns wurden unserer Meinung nach in der Corona-Krise 2020 - 2022 gebrochen, obwohl sie im Nürnberger Kodex und im allgemeinen Völkerrecht verbindlich festgelegt sind.“[12]

Das Gebot der „Verhältnismäßigkeit“ im juristischen Sinne ist im Grundgesetz Artikel 1 Absatz 3 sowie Artikel 20 Absatz 3 ausdrücklich verankert. Demnach bedeutet Verhältnismäßigkeit, dass staatliche Maßnahmen einen legitimen Zweck verfolgen und dafür geeignet und erforderlich sein müssen. In jedem besonderen Fall ist zu erwägen, in welchem Verhältnis die Vorteile einer Maßnahme zu ihren Nachteilen stehen. Das Gebot der Verhältnismäßigkeit gilt für alle drei Gewalten. Offenkundig hat der pandemische Alarmismus genügt, dieses Gebot auf allen Ebenen außer Kraft zu setzen. Insofern haben wir es mit einem fortlaufenden und flächendeckenden Verfassungsbruch zu tun.

Auf der anderen Seite hatten sämtliche Organe der Rechtspflege meistens überhaupt kein Problem damit, millionenfache Rechtsbrüche nicht bloß zu übersehen, sondern sie auch noch zu schützen. Das gilt insbesondere für die Impfungen. Beate Bahner, Fachanwältin für Medizinrecht, hat in ihrem Buch *Corona-Impfung*[13] ausführlich die juristischen Aspekte der Corona-Impfung erläutert. Zu jeder ärztlichen Behandlung gehört die Aufklärungspflicht durch den Arzt. In § 630e des Bürgerlichen Gesetzbuches (BGB) heißt es:

> *(1) Der Behandelnde ist verpflichtet, den Patienten über sämtliche für die Einwilligung wesentlichen Umstände aufzuklären. Dazu gehören insbesondere Art, Umfang, Durchführung, zu erwartende Folgen und Risiken der Maßnahme sowie ihre Notwendigkeit, Dringlichkeit, Eignung und Erfolgsaussichten im Hinblick auf die Diagnose oder die Therapie. Bei der Aufklärung ist auch auf Alternativen zur Maßnahme hinzuweisen, wenn mehrere medizinisch gleichermaßen indizierte und übliche Methoden zu wesentlich*

unterschiedlichen Belastungen, Risiken oder Heilungschancen führen können.

(2) Die Aufklärung muss

1. mündlich durch den Behandelnden oder durch eine Person erfolgen, die über die zur Durchführung der Maßnahme notwendige Ausbildung verfügt; ergänzend kann auch auf Unterlagen Bezug genommen werden, die der Patient in Textform erhält,

2. so rechtzeitig erfolgen, dass der Patient seine Entscheidung über die Einwilligung wohlüberlegt treffen kann,

3. für den Patienten verständlich sein.

Außer diesen allgemeinen Grundsätzen ärztlicher Aufklärung des BGB gibt es seit dem 1. Juni 2021 eine Coronavirus-Impfverordnung. In § 1 Absatz 2 heißt es über die besondere ärztliche Aufklärungspflicht bei Corona-Impfungen:

Der Anspruch nach Absatz 1 Satz 1 (Anspruch auf Schutzimpfung gegen das Coronavirus SARS-CoV-2) umfasst die Aufklärung und Impfberatung der zu impfenden Person, die symptombezogene Untersuchung zum Ausschluss akuter Erkrankungen oder Allergien, die Verabreichung des Impfstoffes, die Beobachtung der sich an die Verabreichung des Impfstoffes unmittelbar anschließenden Nachsorgephase und erforderliche medizinische Intervention im Fall des Auftretens von Impfreaktionen.

Die Aufklärung und Impfberatung der zu impfenden Person beinhalten

1. die Information über den Nutzen der Schutzimpfung und die Coronavirus-Krankheit-2019 (COVID-19),

2. die Erhebung der Anamnese einschließlich der Impfanamnese sowie der Befragung über das Vorliegen möglicher Kontraindikationen,

> *3. die Feststellung der aktuellen Befindlichkeit zum Ausschluss akuter Erkrankungen oder Allergien,*
>
> *4. Hinweise auf mögliche Nebenwirkungen und Komplikationen der Schutzimpfung,*
>
> *5. die Informationen über den Eintritt und die Dauer der Schutzwirkung der Schutzimpfung,*
>
> *6. Hinweise zu Folge- und Auffrischimpfungen,*
>
> *7. Empfehlungen über Verhaltensmaßnahmen im Anschluss an die Schutzimpfung.*

Zur Erinnerung: Die Aufklärung hat mündlich zu erfolgen. Insofern kann das Informationsblatt des Robert Koch-Instituts (RKI)[14] zur Corona-Impfung allein formal die Aufklärung nicht ersetzen – vom Inhaltlichen mal ganz abgesehen[15]. Sogar in der Fassung vom 22. Mai 2022 unterschlägt das RKI-Informationsblatt fast sämtliche seinerzeit bereits bekannten unerwünschten Nebenwirkungen[16] und fabuliert von einer Wirksamkeit, die selbst mit den sowieso nur spärlichen vorliegenden Daten in keiner Weise korrelieren. Man kommt nicht umhin, eine bewusste Irreführung seitens dieser Behörde zu unterstellen. Ferner hat das RKI ein einseitiges Formblatt zur Anamnese erstellt, auf dem zehn Stichworte abgefragt werden, die mit Sicherheit nicht den gesetzlichen Anforderungen an eine Anamnese entsprechen – schon gar nicht im Fall eines „experimentellen Impfstoffs". Hat der Patient das Formblatt ausgefüllt, darf er sein Einverständnis mit der Impfung auf einem gesonderten Blatt unterschreiben. Damit bestätigt er dann auch: „Ich habe den Inhalt des Aufklärungsmerkblattes zur Kenntnis genommen und hatte die Möglichkeit zu einem ausführlichen Gespräch mit meiner Impfärztin/meinem Impfarzt."[17] Mit einem Aufklärungsblatt, das nicht aufklärt, und einem klapperdürren Anamneseformular tut das RKI so, als habe man den Gesetzen Genüge geleistet. Wie dann in den Impfzentren oder auf Ikea-Parkplätzen („Piks mit Bratwurst") im Minutentakt geimpft wurde, hatte nicht mal mehr im Ansatz etwas mit den gesetzlichen Anforderungen zu tun. Und irgendwie scheinen die passionierten Impfärzte auch noch zu glauben, sie wären von aller Haftung befreit. Denen sei dringendst die aufmerksame Lektüre des erwähnten Buchs von Beate Bahner empfohlen.

Auf einen speziellen Fall von Arzthaftung hat der Bielefelder Jurist Professor Martin Schwab hingewiesen, und zwar bei der „einrichtungsbezogenen Impfpflicht" für medizinisches Personal. Jemand, der vor die Wahl gestellt wird, „Impfung oder raus aus dem Job" oder gar „Impfung oder Pleite", kann niemals wirksam in eine Impfung einwilligen. „Denn eine Einwilligung unter existenzbedrohendem Druck ist gar keine Einwilligung! Es gibt seit dem 10.12.2021, also seitdem § 20a IfSG in Kraft ist, keinen Arzt mehr, der einen Angehörigen von Gesundheitsberufen legal impfen kann."[18]

Ähnlich könnte man auch das Gebot der Maske als systematische und fortgesetzte Körperverletzung verstehen. Wie gesagt, bestand bis zur Erklärung der „Epidemischen Lage von nationaler Tragweite" im März 2020 ein breiter Konsens über die Wirkung von Masken gegen Viren: Es ist kein Nutzen nachweisbar, die Textur sämtlicher Masken, die von Menschen im Alltag getragen werden können, ist viel zu durchlässig für Viren. Zugleich bestand ebenfalls ein breiter Konsens, dass das Tragen von Masken erhebliche Auswirkungen auf die Gesundheit haben kann:

> *„Studien belegen, dass es beim Tragen von medizinischen Masken bei gesunden Erwachsenen sowohl unter körperlicher Belastung als auch in Ruhe zu einer messbaren, signifikanten Beeinträchtigung pulmonaler Parameter kommt. […] Die Veränderungen der Blutgase gehen mit einem Anstieg der Atem- (Georgi et al. 2020) und Herzfrequenz (Georgi et al. 2020; Beder et al. 2008) einher (kardiale Kompensation). Diese Veränderungen werden begleitet von in den unterschiedlichsten Studien beschriebenen maskenspezifischen Beschwerden: Kurzatmigkeit bzw. Luftnot, Erschöpfung,*

Hitzegefühl, Kopfschmerz, Schwindel und Konzentrationsstörungen, um die häufigsten zu nennen (Fikenzer et al. 2020; Georgi et al 2020).

Bei Vorerkrankungen insbesondere pulmonaler oder kardialer Art können diese Veränderungen durchaus auch klinisch relevant werden (Kyung et al. 2020). So kann es passieren, dass die kardiale Kompensation der pulmonalen, maskenbedingten Einschränkungen bei Patienten mit z. B. herabgesetzter Herzleistung nicht mehr möglich ist (Fikenzer et al. 2020).

Außerdem können auch subklinische Veränderungen, die über längere Zeit bestehen bleiben, langfristig schädlich sein. Geringe Steigerungen von Kohlendioxid in der Einatemluft haben einen krankheitsfördernden Effekt und verursachen Kopfschmerzen, eine Irritation der Atemwege bis hin zum Asthma sowie Blutdruck- und Herzfrequenz-Steigerungen mit gefäßschädigendem Ausmaß und auch neuropathologischen und kardiovaskulären Folgen (Azuma et al. 2018)."[19]

Nur ein Auszug aus der langen Liste möglicher und wahrscheinlicher Folgen des Maskentragens. Man hat also die evidente Schädlichkeit von Masken den bestenfalls diffusen Behauptungen ihrer Nützlichkeit untergeordnet. Der im Juni 2022 veröffentlichte „Bericht des Sachverständigenausschusses" zur Evaluation der Rechtsgrundlagen sowie Maßnahmen der Pandemiepolitik spiegelt in einem gewissen Maß die Unklarheit über den Nutzen von Maßnahmen:

„Diese Studienergebnisse müssen jedoch aufgrund der unvermeidbaren Einschränkungen einer Beobachtungsstudie (auf selbstberichteter Maskenverwendung basierend) mit Vorsicht interpretiert werden. Wie bereits angemerkt, liegen bislang keine klassisch randomisierten, kontrollierten klinischen Studien zum Direktvergleich chirurgischer und FFP2-Masken und dem Risiko einer SARS-CoV-2-Infektion vor. Die dargestellten Befragungsstudien sowie Labor- und

epidemiologische Studien deuten jedoch auf einen zusätzlichen Nutzen von FFP2-Masken hin, sofern sie ordnungsgemäß getragen und mit anderen Maßnahmen kombiniert werden. In einem Review des ECDC wird allerdings berichtet, dass ‚die identifizierten Studien, in denen medizinische Gesichtsmasken mit Atemschutzmasken in Gesundheitseinrichtungen verglichen wurden, widersprüchliche Ergebnisse zeigten, von denen einige für und andere gegen partikelfiltrierende Halbmasken sprachen'. In Risikosettings empfiehlt die Deutsche Gesellschaft für Krankenhaushygiene e.V. (DGKH) jedoch, der FFP2-Maske den Vorrang vor der chirurgischen Maske zu geben, da eng anliegende, idealerweise der Gesichtsform angepasste und von geschultem Personal getragene FFP2-Masken einen besseren Schutz bieten als medizinische Masken."[20]

Hier wird also ausdrücklich auf einen positiven Effekt bei „geschultem Personal" hingewiesen. Unerwähnt bleibt jedoch, dass auch das geschulte Personal FFP2-Masken nur in begrenztem zeitlichem Umfang tragen darf.[21] Zu ergänzen wären auch Hinweise auf eine Vielzahl von Studien, die ohne Einschränkungen jeglichen Nutzen von Masken bestreiten. Und schließlich scheinen die Sachverständigen die evidente Beeinträchtigung der Gesundheit durch das Tragen von Masken zu vergessen. Immerhin formulieren sie in ihrem erwartungsgemäß im Großen und Ganzen eher affirmativen und seltsam ratlosen Gutachten[22] die praktischen Grenzen jeder theoretisch potenziellen Nützlichkeit:

„Eine weitere Einschränkung ist, dass die meisten publizierten Studien von einem korrekten Tragen der FFP2-Maske durch die befragten Personen ausgehen. In der Praxis liegt die FFP2-Maske jedoch bei vielen Menschen häufig nicht eng genug an, sodass die Luft beim Ausatmen wie bei einem Ausströmventil mit hohem Druck in die Umgebung gelangt. Eine schlechtsitzende Maske hat auch keinen, ggf. sogar einen negativen Effekt."

Thomas-Michael Seibert, bis 2011 Vorsitzender einer Straf- und Zivilkammer am Landgericht Frankfurt a. M. und emeritierter Professor für Rechtstheorie an der Universität Frankfurt, schreibt dazu: „Wenn man aber weiß, dass unrichtig getragene Masken keine Wirkung entfalten, dann verwehren sich nur noch Realitätsleugner dem Schluss, dass Betroffene, die sie nicht tragen wollen, sie auch unrichtig tragen werden."[23]

So gesehen darf man sagen, die Maskenpflicht beruht auf wissenschaftlich wenig fundierten Indikationen. Und davon ausgehend kann dann die Frage gestellt werden, wie die Maskenpflicht unter strafrechtlichen Gesichtspunkten zu bewerten ist.

> *„Wer Menschen dazu anhält, sich eine Mund-Nasen-Bedeckung zum Schutz vor Coronaviren (Maske) aufzusetzen, kann den Straftatbestand der Nötigung und – jedenfalls soweit es um häufig wiederholtes oder langanhaltendes Tragen geht – den der Körperverletzung in mittelbarer Täterschaft, in bestimmten Konstellationen (z.B. Lehrer gegenüber minderjährigen Schülern) auch den der Misshandlung von Schutzbefohlenen und als Amtsträger den der Körperverletzung im Amt erfüllen."*[24]

„Körperverletzung durch Masken?" – dieser Frage ist ein Autorenteam aus renommierten Juristen, Ärzten und Naturwissenschaftlern nachgegangen und kommt zu dem Schluss, dass „in aller Regel der Tatbestand der fahrlässigen Körperverletzung gegeben" sei, „weil der Täter hätte erkennen können und müssen, dass Masken potentiell gesundheitsschädlich sind, und es zu seiner Sorgfaltspflicht gehört hätte, sich hierüber zu informieren. Entsprechende Studien gibt es bereits spätestens seit den 2000er Jahren." Ein Schutz vor der Weitergabe von Viren sei „weder plausibel noch erwiesen". Die neueste, im Februar 2023 veröffentlichte Studie stammt von der über alle Zweifel erhabenen *Cochrane* Organisation in London. *Cochrane Deutschland* fasst auf seiner Seite die Ergebnisse folgendermaßen zusammen:

> *„Für den Masken-Teil des Reviews untersuchten die Autor*innen als relevantes Endergebnis (Endpunkt) die Häufigkeit einer grippeähnlichen Erkrankung (influenza-like illness oder ILI) beziehungsweise einer entsprechenden laborbestätigten Erkrankung mit Influenza oder COVID-19. Für beide Endpunkte spreche die verfügbare Evidenz aus RCTs für einen geringen oder gar keinen Effekt, so die Autor*innen des Reviews: ‚Die gepoolten Ergebnisse der RCTs zeigten keine eindeutige Verringerung der Virusinfektionen der Atemwege durch die Verwendung von medizinischen/chirurgischen Masken.‘ Die Vertrauenswürdigkeit der Evidenzgrundlage für diese Ergebnisse schätzen sie dabei nach dem etablierten GRADE-Verfahren als ‚moderat‘ ein (auf einer vierstufigen Skala von ‚sehr niedrig‘ über ‚niedrig‘ und ‚moderat‘ bis ‚hoch‘).“*

Eine weitere Analyse des Reviews fasst Studien zusammen, die den relativen Nutzen von FFP-Masken mit jenem von medizinischen Masken (OP-Masken) vergleichen. Hier zeigen sich weder für selbst berichtete Atemwegserkrankungen noch für laborbestätigte Infektionen belastbare Unterschiede.“[25]

Anwälte für Aufklärung: „Das System ist offenbar nicht mehr in der Lage, ideologisch oder emotional belastete Themen vorurteilsfrei zu lösen."

Alexander Christ hatte die metaphorischen Hosen voll, als im März 2020 dicke Pandemiewolken aufzogen. Er begann, die Familie zu terrorisieren. Seiner reizenden, doch energischen Gattin Mella ging das entschieden zu weit. Sie hatte keine Angst vor der Seuche, nur Sorge um die Verfassung ihres Mannes. Sie empfahl ihm, sich gefälligst genauer zu informieren. Und so kam es: Der erfolgreiche Berliner Anwalt mit Wohnsitz im Sauerland zog sich ein paar Tage lang zurück und las, was er zum Thema finden konnte. Mit dem Ergebnis: „Da stimmte nichts. Damit verschwand die Angst."[26] Und damit begann die Suche nach der Wahrheit. Und die Suche nach Gesinnungsgefährten – besonders nach Kollegen, „die von ähnlichen Zweifeln befallen waren". Doch die Branche neigt nicht zum offenen Widerstand, und so dauerte es eine Weile, bis er solche Anwälte kennenlernte. Und zwar auf einer Demo vor dem Bundesverfassungsgericht in Karlsruhe im Dezember 2020. Da traf Christ einige Kollegen, die sich bereits zusammengetan hatten.

Der Verein *Anwälte für Aufklärung* (AfA) wurde im Juli 2020 unter anderem von dem Kölner Rechtsanwalt Gordon Pankalla gegründet. In der knappen Selbstbeschreibung auf der Internetseite heißt es:

> *„Wir sind eine Vereinigung unabhängiger Anwälte und haben uns zum Zwecke der Förderung des demokratischen Staatswesens in einem Verein zusammengeschlossen. Der ausschließliche Maßstab für unser Wirken ist die freiheitlich-demokratische Grundordnung auf dem Boden des Grundgesetzes der Bundesrepublik Deutschland. Die Würde des Menschen ist unantastbar."*[27]

Tatsächlich bewegt die Gründer und den Verein bis heute der Verlust der Rechtsstaatlichkeit im Zeichen der Corona-Politik. Dabei geht es den *Anwälten für Aufklärung* einerseits um eine Art Selbstverständigung der Mitglieder untereinander, andererseits um eine Wirksamkeit nach außen durch Publikationen und Veranstaltungen.

Februar 2022, Bad Zwischenahn. Hier findet eines der regelmäßigen Treffen der AfA statt. Ein Hauch von Klandestinität umschwebt die Zusammenkunft. Wer nicht Mitglied ist, muss sich zunächst um eine Teilnahme bewerben. Falls man eine Zusage erhält, kann man sich in einem bestimmten Hotel anmelden. Dieses Hotel ist aber nicht der Tagungsort. Der wird erst bei Ankunft mitgeteilt und liegt in der Regel ein paar Kilometer vom Hotel entfernt. Diese Maßnahmen dienen dem Schutz vor Störungen von außen. Schließlich gibt es jede Menge aufgewiegelter Bürger, denen man eingetrichtert hat, Kritiker der Corona-Politik seien durchgeknallte Rechtsextremisten – eigentlich genügt bereits das Wort „Querdenker“, um das Temperament der Rechtgläubigen zu erhitzen.

Aber es geht auch darum, den Teilnehmern eine gewisse Anonymität zu verschaffen. Die während der Veranstaltung gehaltenen Vorträge werden aufgezeichnet und dann im Netz veröffentlicht. Wer nicht als Teilnehmer im Publikum erkannt werden will, kann an Tischen im Schatten der Kameras sitzen. Von den ungefähr 120 AfA-Mitgliedern sind bei den etwa alle zwei Monate stattfindenden Treffen meist nur etwa 40 zugegen, aber es nehmen oft über 100 weitere Personen teil. Die *Anwälte für Aufklärung* verstehen sich als eine Art Knotenpunkt ähnlicher Gruppierungen wie etwa der *Ärzte für Aufklärung* oder der *Kritischen Richter und Staatsanwälte.*

Die Veranstaltung im Februar 2022 beginnt am Freitagabend – diesmal in einer ehemaligen Scheune mit Restaurantbetrieb. Den Eröffnungsvortrag hält Erich Hambach über die Pläne für einen neuen Lastenausgleich. Der nächste Tag beginnt mit einem Vortrag des Mediziners Professor Paul Cullen über die absehbaren Schäden der Corona-Impfung. Cullen gehört zu den Autoren der Seite

7argumente.de. Er betreibt in Münster ein medizinisches Labor und ist insofern relativ unabhängig von irgendwelchen staatlichen Auftraggebern. Doch er macht seinen Zuhörern eindringlich klar, dass „wir Älteren die Sache in die Hand nehmen müssen", die jüngeren Kollegen, die ihre Karriere noch vor sich und eine Familie zu versorgen hätten, „werden systematisch fertiggemacht" – und er nennt gleich eine Reihe von Namen als warnende Beispiele. Er selbst hatte gerade ein Ausschlussverfahren überstanden – betrieben vom AStA der Universität Münster, wo er als außerplanmäßiger Professor Vorlesungen hält.[28] Im Anschluss an Cullens Auftritt folgt ein Videovortrag des Ökonomen Ernst Wolff über den „Digitalfinanziellen Komplex". Schließlich bietet der emeritierte Hannoveraner Finanzwissenschaftler Stefan Homburg einige Einblicke in sein kurz zuvor erschienenes Corona-Tagebuch.[29] Am Sonntagmorgen wird noch ein digitaler Workshop angeboten.

Ähnlich gestalten sich auch die anderen von den *Anwälten für Aufklärung* organisierten Treffen, die aus genannten Gründen an stets anderen Orten stattfinden. Neben den Vorträgen bieten die Zusammenkünfte ausreichend Gelegenheit zum Austausch. Denn wie erwähnt sind längst nicht alle Teilnehmer AfA-Mitglieder, die Mehrzahl sind Interessierte, übrigens keineswegs nur Juristen, und Menschen, die Kontakt suchen. Darin besteht auch der tiefere Sinn dieser recht aufwendig organisierten Treffen.

Auf ihrer Website publiziert die AfA nicht nur juristische Beiträge zum Thema Corona, sondern auch politische und wissenschaftliche Kommentare. So analysierte beispielsweise die Sozialökonomin Petra Kolberg das Versagen der Gewerkschaften in der Corona-Krise.[30] Von Zeit zu Zeit veröffentlicht der Verein ein gedrucktes Magazin mit einem Themenschwerpunkt. So widmete sich Ausgabe 1 den Problemen rund um die „Corona-Impfung". Und Ausgabe 3 handelte von „Berufsverbote(n) im Gesundheitswesen und Krisen-Psychologie".

Die *Anwälte für Aufklärung* begleiten auch eine Klageaktion der Fachanwältin für Medizinrecht Beate Bahner. Zunächst geht es darum, die Impfstoffhersteller auf Herausgabe sämtlicher Informationen über Zusammensetzung, Wirksamkeit und bekannte Nebenwirkungen sowie Wechselwirkungen „und sämtliche weiteren Erkenntnisse, die für die Bewertung der Vertretbarkeit schädlicher Wirkungen von Bedeutung sein können“[31], zu verpflichten.

„Ich habe die *Anwälte* gesucht, aber ich hätte nicht gedacht, dass ich so lange suchen müsste. Ich hätte auch nicht gedacht, dass ich mich in diesem Ausmaß engagieren und mich so weit aus dem Fenster lehnen würde“, erklärt Alexander Christ im Sommer 2022. Wenige Monate zuvor ist sein Buch *Corona-Staat* erschienen, das das Zeug zum Standardwerk über die juristischen, aber nicht nur juristischen Verwerfungen der Corona-Zeit hat. In einem Interview mit dem Magazin *multipolar* sagt Christ:

> *„Ich schäme mich als Rechtsanwalt in erster Linie für das, was die Rechtsprechung in den vergangenen zweieinhalb Jahren produziert hat, weitgehend Standardfloskeln und keine fundierte juristische Qualität. Als Bürger dieses Landes schäme ich mich dafür, dass die Geister des Totalitarismus und der Unterdrückung von zu schützenden Minderheiten oder Gruppen, die nicht für sich allein entscheiden können, wie die Alten in den Pflegeheimen oder die Kinder in den Schulen, in Deutschland immer noch wach sind und wieder zurückkommen, wenn ungehemmte Politiker nach ihnen rufen.“*[32]

Sein Buch erzählt auch die Geschichte eines erfolgreichen Berliner Anwalts für Arbeitsrecht, der das Vertrauen in den Rechtsstaat verloren hat und zum Rebellen wurde.

> *„Einen effektiven Rechtsschutz habe ich nicht feststellen können, und ich habe mir während der Recherche zu meinem Buch über 380 Urteile im Volltext komplett durchgelesen und viele hundert weitere Urteile in Leitsätzen oder in Auszügen angesehen. Das Recht hat vor allem die Aufgabe, den Bürger vor dem Staat zu schützen oder zwischen den Bürgern, in Rechtsstreitigkeiten untereinander, zu*

vermitteln und eine faire, möglichst gerechte Lösung in einem Streit herbeizuführen. Es hat also vor allem einen streitschlichtenden, ausgleichenden Charakter. Im Falle von Corona-bezogenen Streitigkeiten aber hatte das Recht eher einen streitfördernden Grundton, hier hat sich das Recht in Unrecht gewandelt, indem es vom Staat zur Bekämpfung seiner Bürger benutzt, ja missbraucht wurde."[33]

Doch dieser Stand der Dinge hat eine längere Vorgeschichte. Alexander Christ kennt zwei Gruppen kritischer Juristen: Die eine glaubt, dass der Rechtsstaat seit Längerem nicht mehr richtig funktioniert. Und die andere meint, dass erst mit Corona etwas gekippt ist. „Ich gehöre zur ersten Gruppe." Er nennt zwei Beispiele:

„Nehmen wir mal das Familienrecht. Es ist sehr schwer, gegenüber den Ehepartnern Gerechtigkeit umzusetzen oder gegenüber den Kindern. Da hat man es oft mit jungen, sehr jungen Familienrichterinnen zu tun. Das führt dazu, dass bei einem Sorgerechtsstreit der Mann immer der Böse ist. Dazu gehört, dass in solchen Verfahren meistens etliche weibliche Verfahrensbeteiligte vor Gericht auftreten – Lehrerinnen, Psychologinnen, Sozialarbeiterinnen.

Dabei kommt regelmäßig – besonders in Berlin – eine linksgrüne Sichtweise zum Tragen, dass nämlich Kinder am besten bei der Mutter aufgehoben sind. Das Problem ist, dass dabei nicht nach juristischen Grundsätzen unabhängig entschieden wird, sondern es wird über diesen Rechtsfall ideologisch etwas drübergelegt und danach entschieden."

Das andere Beispiel stammt aus dem Arbeitsrecht.

„Da gibt es in der Rechtsprechung eine Fraktion, die grundsätzlich auf Arbeitgeberseite steht, und eine andere, die grundsätzlich auf Seiten der Arbeitnehmer steht. Das Problem bei solchen ideologisch oder emotional belasteten Fällen ist, dass kaum mehr unabhängige Meinungsbildungsprozesse stattfinden mit entsprechenden Urteilen.

> *Das System ist offenbar nicht oder nicht mehr geeignet, ideologisch oder emotional belastete Themen vorurteilsfrei zu lösen."*

Das Amtsgericht Köln hat im Juni 2023 eine Ukrainerin zu einer Geldstrafe verurteilt, weil sie es gewagt hatte, öffentlich zu behaupten, Russland sei kein Aggressor und Putin habe wohl keine Alternative gehabt. Das Gericht war der Auffassung, mit ihren Äußerungen habe die Friedensaktivistin den „öffentlichen Frieden gestört". Mit diesem Urteil hat das Gericht schamlos die Grenzen des Rechtsstaates überschritten. Es ist nicht überliefert, ob auch nur ein Abgesandter des „Wertewestens" oder andere Ritter des Rechtsstaates gegen diese dramatische Störung des öffentlichen Friedens und des Rechtsfriedens zu Felde gezogen sind.

Zentrum zur Aufarbeitung, Aufklärung, juristischen Verfolgung und Verhinderung von Verbrechen gegen die Menschheit aufgrund der Corona-Maßnahmen (ZAAVV)

Im April 2021 stellt Rechtsanwalt Ralf Ludwig in einer Rede auf einer Demonstration in Stuttgart zum ersten Mal die Idee eines Vereins vor, dessen Ziele sich in seinem Namen ausdrücken. Bereits wenige Monate später, im September, findet das Gründungstreffen des Vereins statt. Gründungsmitglieder sind Clarsen Ratz, Alexander Christ, David Schneider-Addae-Mensah, Ralf Ludwig und Kirsten König.

Die Aufgaben, die der Verein sich stellt, sind vielfältig und komplex. Zunächst die „Aufarbeitung": Dabei geht es um eine Erfassung von konkreten Ereignissen. Dafür hat das ZAAVV einen umfangreichen Fragebogen entwickelt, der Betroffenen ermöglichen soll, ihre Erfahrungen im Zusammenhang mit den Corona-Maßnahmen darzustellen. Die elektronisch erfassten Bögen ermöglichen eine systematische und chronologische Auswertung individueller Berichte. Dokumentiert werden sollen das Ausmaß der täglichen Nötigung, brutale Polizeiübergriffe, Zahl und Art von Hausdurchsuchungen, berufliche Repressionen, persönliches Leid und die Lage der Alten und Sterbenden und nicht zuletzt die Situation der Kinder. Darüber hinaus soll ein physisches Archiv entstehen, in dem Dokumente und Zeugnisse unterschiedlichster Art gesammelt werden.

Die „Aufklärung" will das Ausmaß und die Hintergründe des entstandenen Unrechts einem breiten Publikum vermitteln – zum Beispiel durch Publikationen, Vorträge oder auch im Rahmen von Workshops. Es geht aber auch darum, über die Bedeutung des Begriffs „Verbrechen gegen die Menschlichkeit" aufzuklären und die Menschen für diesen Straftatbestand zu sensibilisieren. Bei der

„juristischen Verfolgung von Verbrechen gegen die Menschheit" stehen die Täter im Visier.

Verantwortlich im Sinne des Völkerstrafrechts (Artikel 25 Absatz 3 c Römisches Statut) ist, wer „zur Erleichterung eines solchen Verbrechens Beihilfe oder sonstige Unterstützung bei seiner Begehung oder versuchten Begehung leistet".[34] Dazu dürften sehr viele Menschen gehören, aber wer kann tatsächlich juristisch als Täter zur Verantwortung gezogen werden angesichts der großen Zahl von Mitläufern? Und es geht nicht nur um politisch Verantwortliche, sondern auch um Hunderte von Experten, die sich vor laufenden Kameras zu Propheten der Pandemie gemacht haben und deren Expertise sich im Nachhinein meistens als reiner Blödsinn erwiesen hat. Vorsatz oder Irrtum?

Nehmen wir als Beispiel den Intensivmediziner Professor Gernot Marx, der als Vorsitzender der DIVI (*Deutsche interdisziplinäre Vereinigung für Intensiv- und Notfallmedizin*) nachweislich bei fast allen seinen öffentlichen Auftritten zum Thema „Auslastung der Intensivstationen" schlicht gelogen hat. Dieser Lobbyist hat ununterbrochen wider besseres Wissen Panik geschürt und dabei finanzielle Interessen verfolgt. Womit die nächsten potenziellen Täter ins Visier rücken: die Medien, die Panik konsequent zu ihrem Geschäftsmodell gemacht haben. Hier und da mag es sich um journalistische Irrtümer gehandelt haben. Doch in ihrer Gesamtheit hätte es die Pandemie und ihre Maßnahmen nicht ohne diese Medien gegeben. Und ohne sie hätte es auch nicht diese krankhafte Spaltung der Gesellschaft gegeben. An der Einäscherung dessen, was man vor ein paar Jahren noch Pluralismus genannt hat, hat fast jeder Journalist tätig mitgewirkt. Dabei haben sie weder vor Denunziation und Rufschädigung noch vor Hetze aller Art Halt gemacht.

Der Journalismus des Mainstreams hat nicht nur seine journalistischen Prinzipien über Bord geworfen, sondern auch seine ethischen Selbstverpflichtungen. Es genügt, an den Pressekodex des Deutschen Presserats zu erinnern. Der umfasst 16 Ziffern, und jede von ihnen wurde ab Anfang 2020 umstandslos Makulatur. Damit hätte sich der Mainstream-Journalismus bereits selbst ans Messer geliefert. Doch wen könnte man dafür anklagen? Und vorerst lässt das ZAAVV unklar, welche Instanzen für eine juristische Verfolgung der begangenen Straftaten überhaupt infrage kommen. Es sind die bekannten Probleme, wenn weite Teile der staatlichen Institutionen und eine Mehrheit der Gesellschaft gegen ihre eigenen Regeln oder Gesetze verstoßen haben. Trotzdem müssen die Verbrechen beim Namen genannt werden. Die Schuld darf nicht vergessen werden.

Und darum geht es auch bei der Aufgabe „Verhinderung von Verbrechen gegen die Menschheit“:

> *„Vielmehr schließt der Aspekt der Verhinderung das Hinwirken auf veränderte Prozesse bei der juristischen Verfolgung von Menschenrechtsverletzungen ein, insbesondere die Schaffung eines erweiterten Strafzumessungsinstrumentariums, das berücksichtigt, dass Strafe nur in äußerst geringem Umfang generalpräventiv wirken und das Leid der Opfer nur in geringem Maße lindern kann, und stattdessen Folgendes ermöglicht bzw. berücksichtigt:*
>
> *Den Tätern vor Augen zu führen, was ihre Taten bei den Opfern ausgelöst haben;*
>
> *Den Opfern verständlich machen, warum der Täter so gehandelt hat;*
>
> *Anreiz zur Vertuschung verringern;*
>
> *Aufarbeiten, inwiefern der Täter auch gleichzeitig Opfer ist (z. B. erpresst wurde);*
>
> *Hinwirken auf eine größtmögliche Einsicht des Täters als Voraussetzung für das Entstehen einer intrinsischen Motivation zur Wiedergutmachung;*
>
> *Ausgleich mit den Opfern, sowohl seelischer als auch finanzieller Natur.“*

Die Gründer des ZAAVV beabsichtigen übrigens ausdrücklich keine Einrichtung eines wie auch immer gearteten Untersuchungsausschusses.

Vom 9. bis 11. Juni 2023 fand in der Nähe von Frankfurt a. M. ein Kongress des ZAAVV statt, genauer gesagt handelte es sich um ein Arbeitstreffen der Fördermitglieder. Davon gab es zu diesem Zeitpunkt 1.300. Jedes achte Fördermitglied hat an der Veranstaltung teilgenommen.[35] Ende Juni veröffentlichte der Verein eine Zusammenfassung der Ergebnisse. Es ging bei diesem Treffen darum, „in vier Arbeitsgruppen Vorschläge und Aufgaben zu finden, zu entwickeln und zu formulieren, an denen das ZAAVV und seine Fördermitglieder in den nächsten Monaten und Jahren arbeiten sollen. Diese Ergebnisse wurden durch systemisches Konsensieren priorisiert, allerdings gab es so gut wie keine Aufgaben und Vorschläge, die einen Gruppenwiderstand größer als 3 bzw. eine Zustimmungsquote unter 70 % hatten."[36]

Die vier Arbeitsgruppen hatten sich jeweils einem der vier Themen des Vereins gewidmet: Aufarbeitung, Aufklärung, Verfolgung und Verhinderung. Die meisten Vorschläge und Aufgaben galten dem Bereich der Untersuchung und Dokumentation der Corona-Maßnahmen. Die Aufgaben, denen sich das ZAAVV widmen soll, reichen von der Erfassung von Corona-Straf- und -Bußgeldverfahren über Impfschäden und Untersuchungen über der Rolle der Medien und einzelner Journalisten bis zum Versagen der Aufsichtsbehörden und der Ärztekammern. Zudem wurde eine ganze Reihe wünschenswerter Aktivitäten benannt: von der juristischen und finanziellen Unterstützung von Inhaftierten über einen GEZ-Boykott bis zur Unterstützung alternativer Medien. Zu guter Letzt sollen auch noch „Visionen für die zukünftige gemeinsame Lebensart" entwickelt werden. Das Resümee der Desiderate zieht sich so über zehn Seiten. Fast allem könnte man zustimmen. Realistisch betrachtet müsste das ZAAVV dafür allerdings zu einer finanziell und personell gut ausgestatteten Behörde werden. Es wäre leicht, über diesen uferlosen

Idealismus zu spotten. Man könnte diese umfangreiche Zusammenfassung aber auch als eine Art Menükarte verstehen, deren wichtigste Punkte man mit den vorhandenen und möglichen Bordmitteln korreliert, während man den „unerledigten“ Rest als eine Art Geist der gesamten Operation betrachtet. So wie es einen Geist des Grundgesetzes gibt, der mehr als die Summe seiner Artikel ist.

Angesichts des Ausmaßes der Aufgaben heißt es in einem internen Rundschreiben, dass man jetzt erst mal 5.000 neue Fördermitglieder brauche. Das wird wahrscheinlich nicht reichen. Aber das ZAAVV hat sich bereits jetzt zu einer der wichtigsten „Institutionen“ des Great WeSet entwickelt.

Kritische Richter und Staatsanwälte: „Ein politischer Blindflug, ein juristischer Blindflug"

Thomas Barisic ist Pressesprecher des *Netzwerks Kritische Richter und Staatsanwälte* (KRiStA) – in seiner Freizeit, hauptberuflich arbeitet er als Amtsrichter für Familienrecht und Strafrecht in Rheinland-Pfalz. Nach seinem Studium war er einige Jahre in Gießen wissenschaftlicher Mitarbeiter an der Universität, dann arbeitete er eine Zeit lang in Hamburg als Wirtschaftsanwalt, schließlich entschied er sich für den Staatsdienst. Bis 2020 sah er sich als typischen Vertreter seiner Zunft:

> *„Wer diesen Beruf ergreift, hat ein ganz tiefes Vertrauen in den Staat und auch in das Bundesverfassungsgericht (BVerfG). Bei den Entscheidungen des BVerfG bin ich regelmäßig vor Ehrfurcht erstarrt. Es gibt sehr viele Entscheidungen, die sind einfach großartig. Deshalb ist man Überzeugungstäter. Sie glauben an den Staat und das Recht und daran, dass die Entscheidungen besonders aus Karlsruhe richtig sind."*[37]

Obwohl er sich als unpolitisch verstand, kamen ihm schon früh Zweifel, was den Sinn und die Rechtmäßigkeit der Corona-Maßnahmen betraf.

> *„Ich hatte schon Anfang 2020 ein komisches Gefühl bei den Lockdowns und vielen anderen Maßnahmen. Es wurde massiv in Grundrechte eingegriffen, und zwar durch ein Gremium – diese Ministerpräsidentenkonferenz –, das im Grundgesetz überhaupt nicht vorgesehen ist. Da wurde irgendein Freistil praktiziert, man sperrt die Menschen ein, fährt die Wirtschaft in Teilen an die Wand und alle schreien Hurra, keiner muckt auf. Und ich dachte, das kann*

> *doch alles nicht wahr sein. Ich habe einfach die Logik nicht mehr gesehen. Je länger das ging, umso klarer wurde, dass Corona nicht die angekündigte tödliche Jahrhundertseuche war."*

Es hat dann noch eine Weile gedauert, bis Thomas Barisic Kollegen traf, mit denen er seine Skepsis teilen konnte. Der Richter Dr. Pieter Schlieter hatte Ende 2020 beim Bundesverfassungsgericht in Karlsruhe eine annähernd 200 Seiten starke Verfassungsbeschwerde gegen die Neufassung des Infektionsschutzgesetzes und mehrere Corona-Verordnungen erhoben.[38] Obwohl Schlieter in dieser Sache als Privatmann auftrat, führte die Verfassungsbeschwerde eines Richters zu einem gewissen medialen Echo. Unter anderem die *Welt* veröffentlichte im März 2021 ein längeres Interview mit ihm.[39]

„Dieses Interview habe ich gelesen", erzählt Barisic, „und ich weiß noch, ich saß in der Mittagspause in meinem Büro und dachte: Mein Gott, wie toll, da spricht einer das aus, was du seit Monaten denkst. Das war für mich der Startpunkt." Und da sich einige Kollegen ebenfalls von den Standpunkten Schlieters angesprochen fühlten, entstand KRiStA, das *Netzwerk Kritische Richter und Staatsanwälte.* Allein der Umgang mit jener Verfassungsbeschwerde wurde vielen zum Anlass, mit den Göttern in Karlsruhe zu hadern.

> *„Lange ist erst einmal nichts passiert. Nach einer Sachstandsanfrage gab es dann eine schnelle Reaktion in Form eines Dreizeilers, der dekretierte, dass die Verfassungsbeschwerde nicht zur Entscheidung angenommen wurde. Begründet wurde die Nichtannahme mit der Nichtausschöpfung des Rechtswegs. Erschütternd dabei ist, dass das Bundesverfassungsgericht in seiner eigenen ständigen Rechtsprechung bislang hier klar vorliegende Ausnahmen – nämlich bei Verfassungsbeschwerden gegen Straf- und Bußgeldnormen – zu dieser Regel zugelassen hat. Und das Abrücken von dieser ständigen Rechtsprechung wurde – trotz umfangreicher Gegendarstellung – mit keinem Wort begründet."*[40]

In den Augen von Thomas Barisic ist das BVerfG von einigen Grundsätzen abgewichen, die früher eigentlich in Stein gemeißelt waren. Aber das Gericht hat für diesen Kurswechsel keine juristischen Begründungen geliefert. Der Rechtsstaat mag im Großen und Ganzen auch weiterhin funktionieren, aber in „Bezug auf die Corona-Maßnahmen und deren rechtliche Bewertung habe ich erhebliche Zweifel, ob die meisten hiervon mit dem Grundgesetz vereinbar sind. Insbesondere die Prüfung der Verhältnismäßigkeit erfolgt auf der Grundlage von Annahmen, die nicht mehr zutreffen. Wir haben daher massive Zweifel an der Rechtmäßigkeit vieler Maßnahmen."[41] Erkennbar hat das oberste deutsche Gericht wenig Interesse gezeigt, in entscheidenden Fragen seines Amtes zu walten.

> *„Es mutet äußerst seltsam an, dass wir ein Gericht haben, das im Moment über die elementarsten Fragen von Leben und Beruf entscheiden soll und dies überwiegend einfach ablehnt. Ohne Begründung. Aus meiner Sicht ist es in einer Situation wie der heutigen verheerend, in der wir gesetzgeberische Entscheidungen erleben, die massiv in das Leben von Menschen eingreifen – siehe beispielsweise die einrichtungsbezogene Impfpflicht. Dass dann eine Verfassungsbeschwerde, die mit sehr viel Mühe, Einsatz und mitunter viel Geld erhoben wird, mit einem Dreizeiler beantwortet werden darf, erstaunt."*[42]

Dann kamen die ersten Urteile. „Die lasen sich wie Kopien der RKI-Dokumente. Das kann eigentlich nicht sein – gerade im Hinblick auf die Verhältnismäßigkeit. Das ist für uns ein ganz wunder Punkt. Das wird in ganz weiten Teilen einfach nicht gemacht." Die Prüfung der Verhältnismäßigkeit beantwortet die Frage, welchen legitimen Zweck man erreichen will. Ist das Mittel überhaupt geeignet, diesen Zweck zu erreichen? Als Nächstes wird die Frage nach der Erforderlichkeit gestellt, das heißt, es muss das mildeste aller geeigneten Mittel gewählt werden. Eine solche Abwägung ist zwingend vorgeschrieben, und die Maßstäbe, die dabei greifen, sind rechtlich ziemlich genau definiert. „Doch je länger die Pandemie gedauert hat, desto mehr musste man sich fragen, was ist eigentlich der legitime Zweck. Keiner hat mehr die Frage gestellt: Worum geht es hier eigentlich?"

Ein gutes Beispiel dafür bietet der Beschluss des Bundesverfassungsgerichts vom 27. April 2022 zur „einrichtungs- und unternehmensbezogenen Nachweispflicht", also der Impfpflicht für Angehörige bestimmter Berufe.[43] Thomas Barisic kritisiert im Wesentlichen drei Punkte:

> *„Das fängt bei dem Umstand an, dass es keine mündliche Verhandlung gegeben hat, obwohl dies angesichts der politischen und auch menschlichen Brisanz des Themas geboten gewesen wäre. Weiter unterlässt das höchste Gericht eine vertiefte Auseinandersetzung mit dem faktischen Dilemma, dass die Impfung bereits statistisch dazu führt, dass Menschen an den Folgen der Impfung sterben werden. Hier hätte das Gericht sich zwingend mit der eigenen Rechtsprechung aus 2006 zum Flugsicherheitsgesetz und den dort entwickelten Grundsätzen auseinandersetzen müssen. Damals betonte das Gericht ein Verbot, den Menschen zum bloßen Objekt staatlichen Handelns zu machen.*
>
> *Im jüngsten Beschluss wird diese Problematik weitestgehend ausgeblendet, obwohl eine vertiefte Auseinandersetzung sich geradezu aufdrängt. Der Beschluss gibt dem Gesetzgeber im Grunde eine Art Freifahrtschein für unklare Lagen an die Hand, indem das Bundesverfassungsgericht die Prüfung der Verhältnismäßigkeit anhand einer bloßen Vertretbarkeitskontrolle genügen lässt. Eine vertiefte Auseinandersetzung unterbleibt. Schließlich geht das Gericht aus unerfindlichen Gründen noch immer davon aus, dass die Impfung einen relevanten Fremdschutz bietet. Diese pauschale Annahme widerspricht zahlreichen Stimmen aus der Wissenschaft, beziehungsweise setzt sich nicht mit ihnen auseinander."*[44]

Auf diesen Punkt werden wir später in dem Kapitel über das Bundesverfassungsgericht genauer zurückkommen.

Man könnte meinen, das seien typisch juristische Differenzen, die normalerweise innerhalb des Rechtssystems geklärt werden. Genau das ist aber nicht geschehen. Stattdessen reagierte man auf bestimmte juristische Einwände mit mehr oder minder offener Repression. „Von den Justizministerien der Länder wurde unglaublich viel von oben nach unten durchgegeben – vor allem ein gewisser Alarmismus, der sich schnell verselbstständigt hat. […] Es wird ein enormer Konformitätsdruck erzeugt, und der führte in meinen Augen zu höchst problematischen Entscheidungen. Warum dann plötzlich eine komplette Einheitlichkeit in der Rechtsprechung herrscht – darüber kann ich auch nur spekulieren."

Berüchtigt wurden die Reaktionen auf den Beschluss eines Weimarer Familienrichters. Im April 2021 untersagte Richter Christian Dettmar zwei Weimarer Schulen, den Schülerinnen und Schülern vorzuschreiben, Mund-Nasen-Bedeckungen aller Art (insbesondere qualifizierte Masken wie FFP2-Masken) zu tragen. Grundlage für die Entscheidung waren mehrere Sachverständigengutachten, die das Gericht zuvor eingeholt hatte. Damit hat das Gericht genau das getan, was es in solchen familiengerichtlichen Amtsverfahren tun soll: Es hat den Sachverhalt von Fachleuten begutachten lassen. „Es ist einfach normal, dass man sich als Richter den Sachverstand, den man selbst nicht hat, von außen ranholt. Das passiert sonst im Moment einfach nicht. Man schaut auf das RKI, das Paul-Ehrlich-Institut, und dann benutzt man Textbausteine." Dettmar hat also aufgrund der eingeholten Gutachten seine Entscheidung getroffen.

> *„Es gab sofort viel Kritik an der Entscheidung. Es wurden mehrere Strafanzeigen erstattet, unter anderem wegen des Vorwurfs der Rechtsbeugung. Eine dieser Strafanzeigen kam nach meiner Kenntnis gar aus den Reihen der Politik in dem betreffenden Bundesland. Im Zuge der Ermittlungen kam es dann sogar zu*

Durchsuchungsmaßnahmen unter anderem bei diesem Richter. Andere Richter werden es sich im Anschluss gut überlegt haben, ob sie gegen sogenannte feststehende Grundsätze oder Erkenntnisse entscheiden.“[45]

Insgesamt sind in diesem Zusammenhang 14 (!) Wohnungen und Büros durchsucht worden, unter anderem von zwei Gutachtern in dem Prozess: Professor Ulrike Kämmerer, Biologin an der Uniklinik Würzburg, und Professor Christof Kuhbandner, Professor für Pädagogische Psychologie in Regensburg.[46] Nicht zu vergessen, der Leiter eines Chors, in dem Christian Dettmar gelegentlich zu singen beliebte.

Es mag sogar gute Gründe gegeben haben, die Entscheidung zu kritisieren. Rein juristische Gründe, die besagten, dass der Fall gar nicht in die Zuständigkeit eines Familiengerichts gehörte. Nach dieser Auffassung wäre das Thema Maskenpflicht in Schulen die Angelegenheit eines Verwaltungsgerichts. Das wurde aber nicht auf dem Instanzenweg geklärt, sondern die Staatsanwaltschaft hat ein Ermittlungsverfahren wegen Rechtsbeugung gegen Dettmar eingeleitet.[47] Doch die allgemeine Aufregung galt weniger solchen formalen Fragen – trotz der absurd unverhältnismäßigen Reaktion der Staatsanwaltschaft –, sondern vielmehr dem Inhalt der Entscheidung und den ihr zugrunde gelegten Gutachten. Dettmars Urteilsbegründung umfasste immerhin 170 Seiten.[48]

„Und keine mir bekannte Stimme, die sich dagegen positioniert hat in der Öffentlichkeit, hat sich jemals inhaltlich mit diesen Gutachten auseinandergesetzt. Man hat sich nicht damit beschäftigt, ob die Ergebnisse der Gutachten vielleicht richtig sein könnten. […] Aber das Signal, das davon ausgeht, ist verheerend. Stellen Sie sich einmal vor, ein solcher Sachverhalt wäre in einem anderen Land passiert, beispielsweise Russland, Nordkorea, China. Hier hätten sich sehr viele Stimmen gefunden, die gesagt hätten: Was passiert denn da? Ist die Unabhängigkeit der Justiz in Gefahr?“

Im Januar 2023 bestätigte das Richterdienstgericht am Landgericht Meinigen, dass Christian Dettmar vorerst nicht als Richter arbeiten darf.[49]

Tatsächlich erhöhte dieses Vorgehen den Verdacht, dass es bei der Justiz nicht mit rechten Dingen zuging.[50] Und das wiederum erhöhte die Zahl der Mitglieder bei KRiStA erheblich.

> *„Je absurder die Maßnahmen wurden, umso mehr Zulauf haben wir bei KRiStA. Unser Telegram-Kanal, den wir sehr spät gegründet haben, hat knapp 9.500 Abonnenten. Wir werden wahrgenommen, und wir werden sogar vom Wissenschaftlichen Dienst des Bundestags angesprochen. Wir sagen nichts über die Mitgliederzahlen, aber doch so viel: Wir sind schon ein ganz beachtlicher Haufen geworden. Wir sind in allen Bundesländern vertreten und haben Mitglieder aus fast allen Rechtsbereichen."*

KRiStA ist keine revolutionäre Organisation auf der Suche nach einem neuen Rechtssystem, „sondern wir wollen nur, dass das Rechtssystem wieder so funktioniert, wie es eigentlich funktionieren soll". Was unter den herrschenden Umständen allerdings bereits als unbotmäßig gehandelt wird. Der Verein dient zunächst der Selbstverständigung seiner Mitglieder, die sonst in der Einsamkeit des Zweifels womöglich verzweifelten. Etwa zweimal im Jahr treffen sich die kritischen Richter und Staatsanwälte. Darüber hinaus veröffentlicht das Netzwerk zahlreiche Stellungnahmen zur aktuellen Rechtsprechung. In der Regel stammen diese Publikationen von renommierten Juristen, wenden sich aber durchaus an ein größeres Publikum.

Thomas Barisic ist sich natürlich darüber im Klaren, dass das Netzwerk aufmerksam beobachtet wird. Deshalb werden bei der Aufnahme eines neuen Mitglieds auch längere Gespräche geführt, um sicherzugehen, dass es sich tatsächlich um einen kritischen Kollegen handelt und nicht um einen Informanten irgendeines Dienstes. Ihm ist auch klar, dass sein Engagement nicht gerade karriereförderlich sein dürfte. Trotzdem nimmt er regelmäßig an genehmigten Demonstrationen teil. „Ich werde in Kollegenkreisen schon kritisch beäugt. Ich war immer unpolitisch. Bevor man sein Gesicht in die Öffentlichkeit hält, sollte man sich schon Gedanken machen." Er schätzt, dass etwa fünf Prozent seiner Zunft von ähnlichen Zweifeln geplagt werden, doch nur ein Bruchteil davon bekennt sich öffentlich dazu. Den meisten Mitgliedern dürfte es wie ihrem Sprecher gehen:

> *„Ich hätte nie gedacht, dass ich so massiv ins Zweifeln komme. Gerade was das BVerfG angeht, dass ich derart fundamental anderer Ansicht bin. Dass im breiten Strafrecht bei Ordnungswidrigkeiten mit Kanonen auf Spatzen geschossen wird, hätte ich nicht für möglich gehalten. […] Ich frage mich eigentlich jeden Tag, wo stehen wir in einem Jahr? Wie geht das Ganze weiter?"*

Thomas Barisic und seine Mitstreiter befinden sich im kritischen Diskurs mit dem Rechtsstaat, dem sie gerne gedient haben. Natürlich kann der Konflikt nicht allzu offen ausgefochten werden. Staatsanwälte als Beamte haben eine gewisse Loyalitätspflicht, und auch Berufsrichter müssen sich stets so verhalten, dass das Vertrauen in die Unabhängigkeit und Unparteilichkeit nicht gefährdet wird. Dennoch oder vielleicht deshalb sehen die Mitglieder von KRiStA die Notwendigkeit von Öffentlichkeit, die im Zweifel auch als Schutzschild dienen könnte. Aus diesem Grund haben sie sich entschlossen, im September 2022 in Halle ein öffentliches Symposium zu den Fragen zu veranstalten, die ihnen unter den Nägeln brennen. Und sie haben prominente Experten als Redner gewinnen können: nämlich den Staatsrechtler Professor Dietrich Murswiek, den Kommunikationstheoretiker Professor Michael Meyen, Professor Carsten Schütz, Direktor des Sozialgerichts Fulda, und den Psychoneuroimmunologen Professor Christian Schubert. Die Veranstaltung war ausverkauft, der Saal überfüllt, die Debatten verliefen konzentriert und respektvoll – das hatte man lange nicht auf diesem Niveau erlebt.

Kritische Polizisten

„Ein besonderer Aspekt ist der Versuch aus der ‚Corona-Protestler'-Szene heraus, auf die Exekutive des Staates Einfluss zu nehmen, darunter auch gezielt auf Polizeibeamtinnen und -beamte. Hierfür haben sich im Internet mittlerweile eigene Netzwerke und Foren etabliert. Dabei spielt unter anderem die sogenannte Polifa (‚Polizisten für Aufklärung'; Telegram und eigene Internetseite) eine wesentliche Rolle. Auf deren Kanälen wird die Legitimität des derzeitigen Regierungshandelns in Zweifel gezogen.

In der Folge werden Polizeibeamtinnen und -beamte zur Verweigerung des Befolgens von Dienstanweisungen (‚Befehlsverweigerung') aufgerufen. Die Form der hier betriebenen Unterwanderungsstrategie ist für die Funktionsweise des Rechtsstaates in höchstem Maße gefährlich, wenn neben dem ‚Anregen zum Nachdenken' verschwörungsideologisch geprägte Inhalte und Narrative innerdienstlich weiterverbreitet werden und der Staat dabei als illegitim dargestellt wird – da er durch die sogenannten ‚Eliten' ‚unterwandert' beziehungsweise ‚ausgehöhlt' sei. Die Verbreitung entsprechender Propaganda in dienstlichen Kreisen kann ein Dienstvergehen darstellen, so dass jeder Einzelfall geprüft wird."

So heißt es im „Sonderbericht zu Verschwörungsmythen und ‚Corona-Protestlern'"[51] des Verfassungsschutzes Nordrhein-Westfalen, der im Sommer 2022 veröffentlicht wurde. Wer nach der „sogenannten Polifa" in Netz sucht, wird vermutlich vor allem auf eine Publikation mit dem Titel *Polizei-Fach-Handbuch* stoßen. Aber nicht die hat der Verfassungsschutz NRW im Visier, sondern den Verein *Polizisten für Aufklärung*, dessen Website *echte-polizisten.de* heißt. Die Internetseite *vereinpolifa.de* gibt es schon lange nicht mehr. *Polizisten für Aufklärung* wurde im Dezember 2020 von Karl Hilz,

Michael Fritsch, Bernd Beyerlein und Lars Oberndorf gegründet. Hilz war 40 Jahre lang im Dienst der bayrischen Polizei tätig und wurde als engagierter Rentner vom Bayerischen Landesamt für Verfassungsschutz beobachtet.[52] Er starb im November 2021. Michael Fritsch, Kriminalhauptkommissar in Hannover, wurde im April 2021 aus dem Polizeidienst entlassen. Bernd Beyerlein war bis zu seiner Suspendierung im Oktober 2021 Dienstgruppenleiter der Polizeiinspektion in Weißenburg (Bayern). Er ist noch heute im Vorstand des von ihm mitgegründeten Vereins. Lars Oberndorf, heute erster Vorsitzender der *Polizisten für Aufklärung*, ist studierter Kriminologe, der an verschiedenen Stellen im Polizeidienst gearbeitet hat und seit einiger Zeit freiberuflich in der Erwachsenenbildung tätig ist. Über die Anfänge des Vereins erzählt er:

> *„Das war nur eine Handvoll von Kollegen, die sich quasi geoutet hat. Diese Kollegen haben sich Gedanken gemacht über die Verhältnismäßigkeit. Da man sehr schnell gemerkt hat, dass die Gewerkschaften die Kollegen bei Problemen nicht mehr unterstützen, haben sich die Kollegen erst einmal auf der persönlichen Ebene vernetzt. Und aus dieser grundsätzlichen Kritik an der Verhältnismäßigkeit, an der fehlenden Unterstützung durch die Gewerkschaften, aber auch wegen der fehlenden Debattenräume und weil man mit anderen Kollegen nicht offen darüber reden konnte, ohne gleich Repression befürchten zu müssen, ist die Idee entstanden, diesen Verein zu gründen."*

Die Selbstbeschreibung der kritischen Polizisten auf ihrer Website steht in erstaunlichem Kontrast zur Beschreibung der Verfassungsschützer:

> *„Im Verein Polizisten für Aufklärung engagieren sich Menschen aus den Bereichen Polizei, Militär, Rettungsdiensten, Justiz und Feuerwehrleute sowie Mitarbeiter anderer staatlicher Institutionen mit dem Ziel, die freiheitliche demokratische Grundordnung zu wahren*

und zu verteidigen. Diese ist ebenso wie die Würde des Menschen unantastbar. Beide Prinzipien besitzen eine Ewigkeitsgarantie.“[53]

Oberndorf kann eigentlich nicht mehr allzu viel erschüttern, aber bei dem Sonderbericht des Verfassungsschutzes NRW gerät er an den Rand seiner Contenance.

„Das, was der Verfassungsschutz gemacht hat mit diesem Sonderbericht, erfüllt unserer Meinung nach die Straftatbestände üble Nachrede und Verleumdung. Das ist eine ganz perfide Verleumdungsstrategie und nichts anderes. Da werden wir auch noch Anzeige erstatten, aber erst will ich dem Verfassungsschutz noch mal ein Gespräch anbieten. Ich glaube zwar nicht, dass das erfolgsversprechend sein wird, aber ich würde es zumindest probieren.“[54]

Eine noble Geste, doch was soll man mit Staatsschützern diskutieren, die die Delegitimierung des „derzeitigen Regierungshandelns“ für einen Verfassungsverstoß halten? Die Formulierung ist übrigens entlarvend: Die Verfassungsschützer schützen weder Staat noch Verfassung, sondern das derzeitige Regierungshandeln.

Interessant auch, dass unsere Regierungsschützer möglichst jeden Hinweis darauf vermeiden, dass es sich bei den *Polizisten für Aufklärung* in der Regel um Polizisten handelt. Und die unverhohlene Drohung, dass jede Kritik an den „Eliten“ auch als Dienstvergehen verfolgt wird. Man versteht, warum Lars Oberndorf von einer „scheißgefährlichen Entwicklung“ spricht.

„Das ist so was von gefährlich. Also der Verein steht eigentlich kurz vor Terroristen, um das mal ganz deutlich zu sagen. Aus Sicht des Verfassungsschutzes heißt es zum Beispiel, dass wir aus der Corona-Protestler- und -Leugner-Szene kommen und gegründet wurden, um zum Beispiel die Polizei zu unterwandern. Das ist komplett falsch. Das Grundnarrativ stimmt einfach nicht, dass wir aus der Corona-Protestler-Szene gegründet wurden, um speziell staatliche

Sicherheitsstrukturen zu unterwandern und auszuhöhlen. Perfiderweise wird uns unterstellt, Polizisten zur Befehlsverweigerung aufzufordern, um damit das Vertrauen in die Regierung zu unterwandern oder sogar um das System zu stürzen. Was für ein Blödsinn!"

Tatsächlich wurde der Verein von Polizisten oder ehemaligen Polizisten gegründet, „weil sie eben nicht das Gefühl hatten, dass die Gewerkschaft sie unterstützt, weil sie nicht das Gefühl haben, dass die Maßnahmen verhältnismäßig sind, und sie das Gefühl haben, dass hier mindestens seit 2020 etwas ganz schlimm schiefläuft. Sie haben eigentlich das getan, was man von einem Staatsbürger in Uniform erwartet. Also genau andersrum. Die Verfassungsfeinde sind nicht wir, die Verfassungsfeinde sitzen ganz woanders."

Beispielsweise beim Verfassungsschutz, dem offenbar entgangen ist, dass Befehlsverweigerung im deutschen Recht und auch im Polizeirecht unter bestimmten Umständen durchaus vorgesehen ist. Ebenso wie die sogenannte Remonstration[55]. „Staatsbürger in Uniform" hieß mal das stolze Programm, das dem beamteten Polizisten oder Soldaten die Möglichkeit einräumte, nach eigenem Gewissen zu handeln und blinden Gehorsam zu verweigern. In diesem Sinne wäre ein Polizist, der nach geltendem Recht evident unverhältnismäßigen Einsatzbefehlen nicht Folge leistet, eine Zierde des Systems und nicht seine Bedrohung. Das mag im Einzelfall kompliziert sein, doch mit einiger Sicherheit ist die pauschale Androhung von Disziplinarmaßnahmen verfassungswidrig.

Was für ein Getöse um einen Verein, der sage und schreibe 53 Mitglieder hat. Obwohl, nicht nur nach Auskunft von Lars Oberndorf, ein nicht unerheblicher Teil der Polizisten Zweifel an den Maßnahmen hegen dürfte, die sie exekutieren sollen. Doch offensichtlich scheuen sie sich, damit an die Öffentlichkeit zu gehen.

„Ich bin seit über 25 Jahren bei einer Landespolizei im Einsatz und seit Längerem in der sogenannten mittleren Führungsebene beheimatet. Die letzten beiden Jahre sind die bisher schwierigsten

> *meiner Berufslaufbahn, da ich – nach einer gewissen Zeit der Unsicherheit und persönlichen Meinungsbildung durch Eigenrecherche – noch nie so wenig hinter dem Inhalt meiner Arbeit gestanden habe wie derzeit, wenn es um das Thema ‚Pandemiebekämpfung' geht. Intern habe ich mit Anordnungen von Vorgesetzten und ‚Hygieneregeln' zu kämpfen, die teilweise absurd sind und einen geregelten Dienstablauf immer wieder stark behindern."*

So heißt es in dem offenen Brief eines Polizisten, der unter Pseudonym veröffentlicht wurde. Und er schreibt weiter:

> *„Mich erschreckt diese völlige Unverhältnismäßigkeit der Maßnahmen, diese nahezu kritiklose Umsetzung und mangelnde Remonstration, insbesondere hochrangiger Polizeiführer. […] Ich spreche seit 20 Monaten sehr viel mit Kollegen, streite mich auch hin und wieder (konstruktiv), versuche zu argumentieren und stoße auf unterschiedliche Reaktionen. Jedoch ist entgegen dem Bild von der geschlossenen Staatsmacht durchaus eine heterogene Meinung erkennbar. Leider meist nur privat, denn ein Faktor wiegt unheimlich schwer, und der verhindert fast vollständig jeglichen Widerstand: das Berufsbeamtentum, die Dienstpflicht und die große Abhängigkeit der Kollegen vom Staat. Der Umgang des Dienstherren mit den kritischen Geistern schreckt nahezu alle Kollegen ab, über persönliche Meinungsäußerungen intern im geschützten Rahmen hinaus weitere Schritte zu wagen."*[56]

Lars Oberndorf schätzt, dass an die 20 Prozent der aktiven Kollegen von Zweifeln an Sinn und Rechtmäßigkeit ihrer Corona-Einsätze heimgesucht werden.

Die *Polizisten für Aufklärung* sind für einen Systemsturz personell eher unterbesetzt. Im Übrigen sehen sie ihre Aufgaben vor allem im Praktischen und im Kollegialen. Das war ja auch der Anlass zur Gründung: „Ansprechpartner bei dienstlichen Gewissenskonflikten sein" – wie es auf ihrer Website heißt. Es geht um die Unterstützung von Kollegen, gegen die Disziplinarmaßnahmen eingeleitet worden sind. „Wir sind keine Anwälte, aber wir versuchen zu unterstützen – auch mit unseren Netzwerken, die mittlerweile recht groß sind. Dabei geht es übrigens nicht nur um Polizisten, das können auch Leute von der Feuerwehr sein, aus der Justiz oder sogar ganz externe. Das macht den größten Teil des operativen Tagesgeschäfts aus." Lars Oberndorf zählt durchschnittlich fünf bis zehn Anfragen dieser Art pro Woche. „Und da hängen teilweise Karrieren und ganze Schicksale dran. Manchmal rufen auch Leute an, bei denen man das Gefühl hat, dass sie fast schon suizidgefährdet sind. Wir versuchen, um es mal ganz platt ausdrücken, das Versagen staatlicher Stellen zu kompensieren." Über diese Arbeit dringt natürlich wenig nach außen.

> *„Wir sind in einer Art Sandwich-Position. Auf der einen Seite versuchen wir zwar die Exekutive an ihre Verantwortung zu erinnern, wir versuchen aber auch logischerweise Verständnis für die Exekutive zu wecken. Und das sehen natürlich viele in der Bewegung sehr kritisch aufgrund ihrer Erfahrungen. Wir versuchen zu vermitteln. Wir teilen zum Beispiel keine Videos von Polizeigewalt oder von vermeintlicher Polizeigewalt, die wir nicht verifizieren können. Wir betreiben kein Polizeibashing, wir sind ja keine Polizeigegner. Und das nehmen uns auch manche aus der Bewegung krumm, da sind wir zwischen den Stühlen. Und bei der Polizei sind wir eh in vielen Bereichen nicht sonderlich gut angesehen, weil es einfach von Anfang an diese Entmenschlichung durch Sprache nicht nur zum Nachteil der Bewegung, sondern auch zum Nachteil unseres Vereins gegeben hat. Auch in den verschiedenen Verbandszeitschriften der Polizei oder der Gewerkschaft. Und das macht ja was mit den Menschen, wenn man über zwei Jahre liest, was das für gefährliche Menschen sind, die für die Delegitimierung des Staates seien."*

Bei der zweiten Säule des Vereins geht es allerdings gerade um Öffentlichkeit, nämlich um Aufklärung durch Texte und Bekanntmachung auf der Seite des Vereins oder um Auftritte bei

Demonstrationen. Darüber hinaus verfolgen die *Polizisten für Aufklärung* eine Reihe unterschiedlicher Projekte. Beispielsweise erstattet der Verein zahlreiche Anzeigen, meist wegen Volksverhetzung und übler Nachrede. Auch wenn die Staatsanwaltschaften regelmäßig die Klagen nach § 159 der Strafprozessordnung einstellen. Es geht darum, das Unrecht zu dokumentieren. Denn irgendwann wird es zur Aufarbeitung kommen müssen. Und selbst wenn alle kritischen Zweifel an der Schwere der Pandemie sich als falsch erweisen sollten, dann bleiben die Maßnahmen doch im großen Stil grob verfassungswidrig. In diesem Sinne werden auch sämtliche Durchsuchungsbeschlüsse gesammelt und analysiert. Das Ergebnis soll möglichst bald veröffentlicht werden.

Die *Polizisten für Aufklärung* sind mit zahlreichen anderen Vereinen vernetzt,[57] und sie streben nach internationaler Vernetzung:

> *„Wir arbeiten seit Langem daran, eine internationale europäische Gewerkschaft zu gründen. Wir hatten eigentlich jeden Donnerstag ein internationales Zoom-Meeting gehabt. Da sind dann wirklich sämtliche Äquivalente aus dem Ausland vertreten, ob das Österreich ist, ob die Schweiz, die Niederlande, Belgien, Serbien, Portugal, Italien, Spanien. Also sehr viele und teilweise auch Leute außerhalb der Europäischen Union. Alles Leute von der Polizei, vom Militär und so weiter. Wir sind sogar schon recht weit bei der Gründung eines internationalen Gewerkschaftsbunds vorangekommen. Das Problem ist nur, es gibt nach wie vor kein EU-weites Gewerkschafts- oder Vereinsrecht. Das ist leider noch eine Bremse."*

Verfassungsschutzrelevante Delegitimierung des Staates

Seit April 2021 hat der Verfassungsschutz ein neues Beobachtungsfeld kreativ erschlossen: die „Verfassungsschutzrelevante Delegitimierung des Staates".[58] Damit hat die Behörde letzte Zweifel ausgeräumt, Hüterin des Grundgesetzes zu sein, und sich stattdessen als Organ eines quasitotalitären, mindestens aber autoritären Überwachungsstaates präsentiert.[59] Die Erfinder jenes neuen Aufgabenbereichs machen keinen Hehl daraus, dass es bei den neuerdings zu Überwachenden um sogenannte Corona-Protestler geht. Der Verfassungsschutz Nordrhein-Westfalen unterscheidet in gleich zwei „Sonderberichten" zwischen „Corona-Protestlern" und „Corona-Leugnern".[60] „Während insbesondere im Jahr 2020 die Leugnung der Pandemie im Mittelpunkt des Protestgeschehens stand, rückt nun der – aus unterschiedlichen Motivlagen gespeiste – Widerspruch gegen Maßnahmen zur Eindämmung der Pandemie im (sic!) zentralen Fokus", differenziert der „Sonderbericht" aus dem Jahr 2022.[61] Tatsächlich stand stets die Kritik an den Maßnahmen im Vordergrund. Wohl nur sehr wenige dieser Kritiker dürften die Existenz des Coronavirus bezweifelt haben, wohl aber die übertriebene Darstellung seiner Gefährlichkeit. Die dramatischen Zahlen, die das RKI und die Medien damals verbreiteten, mussten längst dramatisch korrigiert werden.

Ähnlich tiefschürfend unterscheidet der Verfassungsschutz des Bundes das Legitime vom Illegitimen:

> *„Mit dem Beginn der Coronapandemie und der Durchsetzung staatlicher Beschränkungsmaßnahmen zur Bekämpfung der Lage kam es in Deutschland zu gesellschaftlichen Diskussionen und legitimen Protestaktionen gegen diese Maßnahmen. In einigen Fällen gingen*

> *die öffentlich geäußerten Meinungen oder Aktionen von Personenzusammenschlüssen und Einzelpersonen jedoch über einen solchen legitimen Protest hinaus und wiesen tatsächliche Anhaltspunkte für verfassungsfeindliche Bestrebungen auf.*"[62]

Niemand wird sich an gesellschaftliche Diskussionen und schon gar nicht an „legitime" Protestaktionen erinnern können. Mit Spannung erwartet man deshalb die Expertise über den Grenzverlauf zwischen legitimen und illegitimen Diskussionen oder Protestaktionen. Erste Konturen hatten bereits die Trolle von Innenminister Reul in NRW skizziert. Im Sonderbericht 2021 unterscheiden sie messerscharf zwischen den Corona-Leugnern, die leugnen dürfen, und denen, die es nicht dürfen. Und das geht so: „Nicht jede Form von ‚Corona-Leugnung' ist per se verfassungsfeindlich. Zwar mag sie obskur, sektiererisch oder abwegig erscheinen. Realitätsverweigerung ist jedoch ein Teil der Meinungsfreiheit und im öffentlichen Diskurs zu dulden. Die Leugnung der Existenz des Virus ist daher grundsätzlich von dem Recht auf Meinungsfreiheit geschützt."

Doch nach den Bekloppten kommen die Gefährlichen: Das sind die, „von denen hinter der Diskussion um Corona-Schutzmaßnahmen antidemokratische und menschenfeindliche Botschaften verbreitet werden oder sogar gewalttätiges Handeln eingefordert wird, das sich gegen den Staat und gegen die im Grundgesetz verankerten Werte und Normen richtet".[63]

Gleichzeitig mit der Realisierung der „Maßnahmen", die mit der radikalsten Aussetzung von Grundrechten seit Bestehen der Bundesrepublik einherging, wurden jeder Zweifel, jede Kritik an dieser Politik umgehend pathologisiert oder kriminalisiert, Kritiker auf eine bis dahin nicht vorstellbare Weise ausgegrenzt und mit persönlichen und beruflichen Konsequenzen bedroht. Und den Androhungen folgten tausendfach reale Sanktionen. Genau diesem Muster folgt der Sonderbericht. Vermutlich aus intimer Kenntnis seines Ursprungs.

Kurzum, da es keine legitimen Diskussionen gab, kommen die

Verfassungsschützer konsequent gleich auf die illegitimen Kritiker zu sprechen: „Die Akteure dieses Phänomenbereichs zielen dabei darauf ab, wesentliche Verfassungsgrundsätze außer Geltung zu setzen oder die Funktionsfähigkeit des Staates oder seiner Einrichtungen erheblich zu beeinträchtigen." In einem „Phänomenbereich" können naturgemäß nur Chimären auftreten. Ich jedenfalls habe im Laufe der Jahre keinen einzigen „Akteur" kennengelernt, dem es um etwas anders gegangen wäre als die uneingeschränkte Geltung des Grundgesetzes und der Grundrechte und die Wiederherstellung eines funktionierenden Rechtsstaates. Um nur an das finstere Walten eines der übelsten Akteure zu erinnern: Ken Jebsen lief mit dem Text der deutschen Verfassung durch Berlin und rief: „Ich will das Grundgesetz zurück."

Doch weiter im Anklagetext des Verfassungsschutzes:

> *„Sie [die Akteure des Phänomenbereichs, WvR] machen demokratische Entscheidungsprozesse und Institutionen von Legislative, Exekutive und Judikative verächtlich, sprechen ihnen öffentlich die Legitimität ab und rufen zum Ignorieren behördlicher oder gerichtlicher Anordnungen und Entscheidungen auf."*

Das Recht ist eine verwirrende Angelegenheit und die Realität auch, doch manches ist manchmal ziemlich einfach und klar. Das Grundgesetz schützt ausdrücklich fast alle Meinungsäußerungen, sogar die dummen, die falschen, die törichten und ausdrücklich die kritischen. Ich fürchte, es sind sogar die meisten der unerträglichen Beschimpfungen und Beleidigungen der Maßnahmenkritiker durch Politik, Medien und „Experten" grundgesetzlich geschützt. Alle Ausnahmen von diesem Grundrecht auf Meinungsfreiheit sind in Gesetzen deutlich beschrieben. Handelt es sich bei unserer Kritik etwa um solche nicht vom Grundgesetz geschützten Meinungsäußerungen? Unsere Verfassungsschützer versuchen sich als dilettantische Verschwörungstheoretiker und machen aus der Kritik jetzt die dunkle Machenschaft der „Delegitimierung". Doch – und auch das ist wiederum furchtbar simpel – Kritik an Regierungshandeln ist unvermeidlicherweise „delegitimierend“. Es genügte, sich bestimmte Bundestagsdebatten anzuhören: Da geht es delegitimierend hin und her. „Diese Regierung führt das Land in den Abgrund … Sie, meine Damen und Herren von der Opposition, betätigen sich als 5. Kolonne Moskaus.“

Vielleicht gibt es sogar kaum Delegitimierenderes als die gängige Rhetorik unserer Demokratiedarsteller. Und so gesehen könnte man der Beschreibung des Verfassungsschutzberichts glatt folgen:

> *„Diese Form der Delegitimierung erfolgt meist nicht durch eine unmittelbare Infragestellung der Demokratie als solcher, sondern über eine ständige Agitation gegen und Verächtlichmachung von demokratisch legitimierten Repräsentantinnen und Repräsentanten sowie Institutionen des Staates und ihrer Entscheidungen. Hierdurch kann das Vertrauen in das staatliche System insgesamt erschüttert und dessen Funktionsfähigkeit beeinträchtigt werden.“*

Mission accomplished! Das Vertrauen in diesen Staat ist insgesamt erheblich erschüttert, doch das liegt ursächlich gewiss nicht an denen, die der Verfassungsschutz jetzt beobachtet. Es ist wahr, wir haben die Rechtsstaatlichkeit vieler Entscheidungen angezweifelt, zum Beispiel das Wirken jener zu Beginn der Pandemie installierten Bund-Länder-Kommission, die ohne Parlamentsbeschluss mal kurz die Geltung der Grundrechte in die Hände von ein paar Landräten oder Bürgermeistern oder leicht wahnsinnigen Gesundheitsministern legte. Nach damals geltender Rechtslage waren unsere Einwände nicht ganz unfundiert. Wie aber dann die damals geltende Rechtslage mit wenig rechtsstaatlichen Mitteln umdefiniert wurde, das wäre vielleicht sogar eine Angelegenheit für einen echten Verfassungsschutz oder ein funktionierendes Verfassungsgericht geworden. Mit Sicherheit war unsere Kritik delegitimierend, aber das ist nicht unsere Schuld, und sie stand und steht unter dem Schutz der Meinungsfreiheit. Die Behauptung des Verfassungsschutzes – „Eine derartige

Agitation steht im Widerspruch zu elementaren Verfassungsgrundsätzen wie dem Demokratieprinzip oder dem Rechtsstaatsprinzip" – ist schlicht pompöser Unfug.

Dass Misstrauensbekundungen gegen den Staat und seine Repräsentanten nicht ausreichen, um eine neue Spezies von Verfassungsfeinden zu definieren, scheint sogar den Verfassern des Berichts zu dämmern. Deshalb folgt die „verfassungsschutzrelevante" Nachrüstung mit Abkömmlingen aus den traditionellen „Phänomenbereichen": „So war das Protestspektrum immer wieder Vereinnahmungsversuchen aus dem rechtsextremistischen Milieu und aus der Szene der ‚Reichsbürger' und ‚Selbstverwalter' ausgesetzt." Mag sein, dass es solche Versuche gegeben hat. Mir allerdings hat das „rechtsextremistische Milieu" nicht die Ehre eines solchen Versuchs erwiesen. Ich kenne auch niemanden, bei dem man es versucht hätte. Ich habe keine Kontakte zum rechtsextremen Milieu, auch wenn *Google* beim Aufruf meines Namens stets einen Zusammenhang mit der AfD vorschlägt. Das hat nichts mit den „normalen" Algorithmen einer Suchmaschine zu tun, sondern mit gekauften Programmierern, die fundierte politische Kritik rechtsextrem umcodieren.

Doch nicht dieses kalkulierte Mobbing irritiert den Verfassungsschutz, sondern fantasierte Entwicklungen: Obwohl die Unterwanderung von rechts außen „nur zum Teil erfolgreich" war, „zeigten sich mit fortdauernder Pandemielage und entsprechend fortlaufend angepassten staatlichen Gegenmaßnahmen zunehmend besorgniserregende Tendenzen im Protestgeschehen. Verschwörungsmythen, häufig mit Elementen antisemitischer Ressentiments, werden in weiten Teilen der Protestszene inzwischen selbstverständlich verbreitet." Mittlerweile hat man die guten alten Verschwörungstheorien durch Verschwörungsmythen ersetzt – zweifelsohne um den Anschein jeglicher Rationalität zu tilgen. Offenbar hoffen die Chefdenker des Verfassungsschutzes, damit erübrige sich auch eine rationale Definition dieser Textsorte.[64] Es ist allerdings etwas anderes, wenn sich der mediale Mainstream über Verschwörungstheorien in krampfigem

Gegrinse zu ergehen beliebt, als wenn eine Staatsschutzbehörde daraus eine Art Delikt zusammenfantasiert. Wenigstens den Versuch der Herstellung eines „Sachbezugs" wird man wohl verlangen dürfen.

Man sollte allerdings die zweifellos vorhandene Dummheit nicht mit dem Willen zur Dummheit verwechseln, der hier ebenfalls eindeutig am Werke ist. Dazu zählt etwa die dreiste Behauptung antisemitischer Ressentiments von „Corona-Protestlern" wahlweise „Corona-Leugnern". Es wäre ein Leichtes, den Vorwurf des Antisemitismus zurückzuweisen und, im Gegenzug, dieser Konstruktion einen Vorsatz zu unterstellen. Dazu genügte es schon, an all die Verstrickungen der Verfassungsschutzbehörden von Bund und Ländern mit der rechtsextremen und rechtsterroristischen Szene zu erinnern.

Man kann geradezu zuschauen, wie der Verfassungsschutz vorsätzlich an der Delegitimation einer bestimmten Kritik am Regierungshandeln arbeitet. Nebenbei bemerkt: Mit solchen Kontextkonstruktionen nebst allerlei ungenauen Bezügen wird jegliche Kritik auf Knopfdruck kriminell. Insofern bleibt einem kaum etwas anderes übrig, als hinter den Behauptungen des Verfassungsschutzes einen systematischen Anschlag auf die Meinungsfreiheit zu vermuten. So sieht es auch der emeritierte Freiburger Staatsrechtler Prof. Dietrich Murswiek:

> *„Der Verfassungsschutz aber verwechselt Kritik an der Regierung mit Kritik am Demokratie- und am Rechtsstaatsprinzip. […] Mit diesem Vokabular weicht er die Grenzen juristisch fassbarer Bestrebungen gegen die freiheitliche demokratische Grundordnung auf und ermächtigt sich selbst dazu, oppositionelle Bestrebungen als extremistische Bestrebungen zu bewerten. Im demokratischen Staat gehört es zum Wesen der Opposition, Kritik an der Regierung zu üben. Es ist das verfassungsrechtlich verbürgte Recht der – parlamentarischen und der außerparlamentarischen – Opposition, alles zu kritisieren, was die Regierung macht – ob diese Kritik berechtigt ist oder nicht. Ob sie berechtigt ist oder nicht, entscheidet nicht der*

Verfassungsschutz, sondern das entscheidet jeder für sich, insbesondere an der Wahlurne. […] Solche hoheitlichen Eingriffe in den Prozess der öffentlichen Meinungsbildung sind mit dem Demokratieprinzip und mit der Meinungsfreiheit unvereinbar."[65]

So gesehen ist der Argumentation des Verfassungsschutzes nicht mit der Verfassung vereinbar. „Auf diesem Narrativ aufbauend, wird Widerstand gegen staatliche Maßnahmen und Entscheidungen propagiert", äußert der Verfassungsschutz folgerichtig. Dass wir allerdings zu Gewalt und „in Einzelfällen sogar zu Mord" aufrufen, das gehört dann wieder zu den sattsam bekannten und womöglich strafbaren Unterstellungen unserer Staatsschützer. Bei sämtlichen „Beweisen" zu diesem Punkt fehlen in den beiden Verfassungsschutzberichten nachprüfbare Quellenangaben. In Sachen Antisemitismus genügt es den Verfassungsschützern, wenn in einer Aufzählung von Namen der Name Rothschild erwähnt wird: „Der Verweis auf die Familie ‚Rothschild' ist ein Indikator für ein antisemitisches Weltbild."[66] Das nenne ich eine unverzeihliche Verharmlosung des Antisemitismus.

Sehr gut, ja akribisch belegt sind hingegen die Aufrufe zur Dehumanisierung der sogenannten Impfgegner und deren unverblümte Diffamierung. Gesammelt wurden sie in dem *Archiv für Corona-Unrecht* „Ich habe mitgemacht".[67] Selbst Aufrufe zur Gewalt fehlen nicht in diesen öffentlich getätigten Äußerungen. So meinte zum Beispiel die *taz*-Fachredakteurin für Meinung Susanne Knaul: „Wenn es mit Zuckerbrot nicht geht, muss die Peitsche ran."[68] Und schilderte in ihrem Kommentar anschaulich die Peitschen, die ihr so vorschweben.

„Impfgegner sind Bekloppte", befand das ehemalige Staatsoberhaupt Joachim Gauck.[69]

„Eine Gruppe von asozialen Vollidioten", ließ der Schauspieler und Oscar-Preisträger Christoph Waltz wissen.[70]

Der Demokratieforscher Wolfgang Merkel diagnostizierte: „Ich glaube, dass die asoziale Gemeinschaftsschädlichkeit der Impfgegner von den politischen Entscheidungsträgern und analogen Medien nicht hinreichend vermittelt worden ist."[71]

„Mehr Diktatur wagen", stipulierte der Schriftsteller Thomas Brussig in einem Gastbeitrag für die *Süddeutsche Zeitung*.[72]

„Wer die Wirkung der Impfung bestreitet, handelt völlig verantwortungslos und ruft negative, gesellschaftliche Konsequenzen hervor" schimpfte Bremens Oberbürgermeister Andreas Bovenschulte und empfahl, „zu boostern, bis die Nadel glüht".[73]

In dem Archiv von „Wir haben mitgemacht" sind mittlerweile über 1.700 solcher Hetz-Zitate, die sich gegen Kritiker der Corona-Maßnahmen wenden, gesammelt. Es sind erschütternde Zeugnisse der Niedertracht. Sachkenntnisse unauffindbar.

Die Rhetorik dieser Herrschaften schließt jede Diskussion aus. Insofern sind gewisse Vergleiche schier unvermeidlich: „Auch andere Angehörige der verfassungsschutzrelevanten Protestszene nahmen wiederholt Gleichsetzungen mit den diktatorischen Regimen des Nationalsozialismus und der DDR vor", heißt es im Verfassungsschutzbericht, und weiter: „Hierdurch soll die Rechtmäßigkeit der Corona-Schutzmaßnahmen in Zweifel gezogen und der Rechtsstaat im Allgemeinen diskreditiert werden."[74] Das ist fast wahr. Nur diskreditieren wir nicht den Rechtsstaat im Allgemeinen, sondern diesen bröselnden Rechtsstaat im Besonderen. Denn der Bericht des Verfassungsschutzes legt durchaus einen Vergleich mit „diktatorischen Regimen" nahe.

Am 21. März 1933 erließ die seinerzeit neue deutsche Regierung, noch keine zwei Monate im Amt, eine „Verordnung zur Abwehr heimtückischer Diskreditierung der nationalen Regierung". Deren § 3 Absatz 1 lautete:

> *Wer vorsätzlich eine unwahre oder gröblich entstellte Behauptung tatsächlicher Art aufstellt oder verbreitet, die geeignet ist, das Wohl des Reichs oder eines Landes oder das Ansehen der Reichsregierung oder einer Landesregierung oder der hinter diesen Regierungen*

stehenden Parteien oder Verbänden schwer zu schädigen, wird, soweit nicht in anderen Vorschriften eine schwere Strafe angedroht ist, mit Gefängnis bis zu zwei Jahren und, wenn er die Behauptung öffentlich aufstellt oder verbreitet, mit Gefängnis nicht unter drei Monaten bestraft.

Und auch Vergleiche mit der DDR entbehren nicht der „gesetzlichen" Grundlage. Es genügt ein Blick auf § 220 Absatz 1 des Strafgesetzbuches der DDR von 1968 über „Staatsverleumdung":

(1) Wer in der Öffentlichkeit

1. *die staatliche Ordnung oder staatliche Organe, Einrichtungen oder gesellschaftliche Organisationen oder deren Tätigkeit oder Maßnahmen;*
2. *einen Bürger wegen seiner staatlichen oder gesellschaftlichen Tätigkeit, wegen seiner Zugehörigkeit zu einem staatlichen oder gesellschaftlichen Organ oder einer gesellschaftlichen Organisation verächtlich macht oder verleumdet, wird mit Freiheitsstrafe bis zu zwei Jahren oder mit Verurteilung auf Bewährung, Haftstrafe, Geldstrafe oder mit öffentlichem Tadel bestraft.*

Bei der Konstruktion der „Verfassungsschutzrelevanten Delegitimierung des Staates" muss man sich fragen, ob § 220 des Strafgesetzbuches der DDR nicht geradezu Modell gestanden hat. Im Sonderbericht des NRW-Verfassungsschutzberichts heißt es nämlich:

Kennzeichnend sind folgende Aspekte:

- *Agitatorische Verächtlichmachung ohne Sachbezug gegen den Staat und seine Repräsentanten und deren demokratisch legitimierte Entscheidungen, beispielsweise Gleichsetzungen mit Diktaturen wie dem NS- oder DDR-Regime. Hierzu zählen ebenfalls Gewalt- und Morddrohungen.*
- *Blockade- und Sabotageaktionen gegen staatliche Einrichtungen sowie lebenswichtige Infrastruktur- und*

> *Versorgungseinrichtungen mit möglichen erheblichen Beeinträchtigungen der Funktionsfähigkeit von Bund und Ländern.*
>
> - *Bezug auf und Verbreitung von Verschwörungsmythen, mit dem Ziel, den Staat durch eine Elitenfeindlichkeit oder ein Freund-Feind-Denken als illegitime Organisation darzustellen."*[75]

Mit erkennbarem Vorsatz ignorieren Minister Reul und seine Schergen unsere Argumente und konstruieren eine allgemeine Staatsfeindlichkeit mit einem behaupteten rechtsextremistischen, antisemitischen und gewaltbereiten Hintergrund. Das ist so offensichtlich kriminell wie verfassungswidrig. „Die Verfassungsschutzberichte sind nicht das Werk einer Regierung, die glaubt, das Beste für die Menschen getan zu haben, sondern das Werk einer Regierung, die genau weiß, dass sie fatale Fehler gemacht hat und dass sie dafür zur Verantwortung gezogen wird", vermutet der Jurist Professor Martin Schwab.[76]

Während der Lektüre der genannten Verfassungsschutzberichte wird man von einem quälenden Reibegeräusch gepeinigt: ausgelöst einerseits von der unfassbaren Dümmlichkeit dieser Texte, andererseits von der Monstrosität der Absicht. Ein atemberaubender Mix aus wirren Behauptungen und dem Jargon einer autoritären Gesinnungsüberwachung.

Seit der Bundestagswahl 2021 liegt der Innenministerin der sogenannten Ampelkoalition aus SPD, Grünen und FDP, Nancy Faeser, der Schutz der Demokratie besonders am Herzen. Deshalb hat sie Ende 2022 den Entwurf des sogenannten Demokratiefördergesetzes dem Kabinett vorgelegt, der umgehend angenommen wurde. Dem ersten Anschein nach soll es all die unterstützen, die sich als Individuen oder auch Vereine für den Schutz der Demokratie einsetzen, denn – so heißt es im Gesetzesentwurf: „In den vergangenen Jahren ist das Modell einer offenen, pluralistischen und vielfältigen Gesellschaft in einem gewaltengeteilten, demokratischen

Rechtsstaat zunehmend unter Druck geraten."[77] Dem kann man ohne Weiteres zustimmen. Doch Nancy Faeser meint weder die Grundrechtseinschränkungen der letzten Jahre noch die rigiden Beschneidungen des Pluralismus und die Hatz auf Andersdenkende. Das Feindbild, das dieser Gesetzesentwurf im Visier hat, sieht so aus:

> *„In den vergangenen Jahren haben insbesondere die rechtsextremistischen Straf- und Gewalttaten immer weiter zugenommen. Daneben zeigen unter anderem Rassismus, Antisemitismus, Antiziganismus, Islam- und Muslimfeindlichkeit, Queerfeindlichkeit, Frauenfeindlichkeit, Sexismus, Behindertenfeindlichkeit und Extremismen wie Rechtsextremismus, islamistischer Extremismus, Linksextremismus sowie Hass im Netz, Desinformation und Wissenschaftsleugnung und die gegen das Grundgesetz gerichtete Delegitimierung des Staates die Vielzahl demokratie- und menschenfeindlicher Phänomene auf. Durch sie wird das friedliche und respektvolle Zusammenleben in unserem Land in besorgniserregender Art und Weise beschädigt.*
>
> *Sie betreffen nicht nur Einzelne, sondern greifen die demokratisch verfasste, offene, pluralistische, freie und vielfältige Gesellschaft als Ganze an. Dabei nehmen die Verbreitung von Verschwörungsideologien, Desinformation und Wissenschaftsleugnung, eine sich zunehmend radikalisierende Szene (etwa vor dem Hintergrund der öffentlichen Coronamaßnahmen), die neue Bündnisse zwischen verschiedenen radikalisierten Milieus schafft, aber auch Hass und Hetze im Internet sowie multiple Diskriminierungen und Bedrohungen immer weiter zu."*[78]

Diese Litanei vermeintlicher neuer Bedrohungen enthält einen Katalog neuer Staatsfeinde, deren Auffassungen nicht mehr vom Grundgesetz geschützt werden sollen. Geschichtsvergessen, wie die Regierung samt der ihr angehörenden Innenministerin Faeser offenbar ist, hat sie glatt übersehen, dass ein Großteil der vermeintlich neuen

Untugenden Programm der Regierungspolitik der letzten Jahrzehnte war. Einmal abgesehen von dieser Blindheit kann es einen nur gruseln, dass in einem solchen Gesetzesentwurf eine Vielzahl von Gruppen kriminalisiert wird ohne jegliche Legaldefinition.[79]

Mit anderen Worten: Dieses Gesetz erklärt beispielsweise mich und vermutlich die Mehrzahl derer, die dieses Buch gerade lesen, zu Demokratie- und also Staatsfeinden. Das wäre nicht wirklich neu, neu ist die verstörende Perfidie, wie diese Ausmusterung im Namen von „Demokratieförderung, Vielfaltgestaltung, Extremismusprävention und politischer Bildung" ins Volk getragen werden soll. Nicht nur der Verfassungsschutz beobachtet jetzt meine niederträchtige Wissenschaftsleugnung, mein verkommenes Verschwörungstheoretikerdasein und mein desinformatives Walten, sondern meine Mitbürger werden sogar finanziell unterstützt, wenn sie bei dieser Sorte demokratischer Gefahrenabwehr mitmachen. Der Gesetzesentwurf erläutert:

> *„Dazu gehören unter anderem auch Maßnahmen der zivilgesellschaftlichen Beratungs-, Präventions- und Ausstiegsarbeit, des ‚Empowerments' von Selbstorganisationen und Betroffenengruppen im Sinne der Selbstbefähigung, Selbstermächtigung und Selbstbestimmung sowie Maßnahmen zum Schutz vor Angriffen auf Engagierte."*

Die gute Nachricht: Eine Bewaffnung der neuen Bürger-gegen-Bürger-Wehr ist noch nicht vorgesehen. Karolin Ahrens macht in einem Kommentar zu dem Gesetzentwurf noch auf ein weiteres pikantes „Detail" aufmerksam. „Die Gesetzgebungskompetenz für die Gefahrenabwehr liegt grundsätzlich gemäß Art. 30 und Art. 70 GG ausschließlich bei den Ländern."[80] Das Demokratiefördergesetz sieht hingegen eine Verlagerung der Gefahrenabwehr auf die Bundesebene vor – also nichts anderes als die Schaffung einer Bundeszentrale für politische Propaganda.

Bereits 2013 beschrieb der österreichische Politikwissenschaftler Ingolfur Blühdorn in seinem Buch *Simulative Demokratie* den Wandel der Demokratie zur Farce.

> *„Längst ist in den westlichen Stammländern der Demokratie offensichtlich, dass die Versprechen, die in diesem Begriff liegen, wohl unerfüllt bleiben werden: Die Politik verliert gegenüber der Macht der Märkte dramatisch an Boden; vermeintlich demokratische Systeme sind fest in der Hand machtvoll organisierter Interessen und haben mit Volkssouveränität – wenn es die je irgendwo gab – immer weniger zu tun. Unaufhaltsam schreiten soziale Ungleichheit sowie die Entmündigung und Verdinglichung der Bürger als bloße Verwaltungsgegenstände oder ‚human resources' voran – wobei freilich jeder Schritt der Entmündigung als emanzipatorischer Gewinn kommuniziert wird."*[81]

Das Bundesverfassungsgericht

Am 11. März 2022 veranstaltet der Verein *Anwälte für Aufklärung* eine Demonstration vor dem Bundesverfassungsgericht (BVerfG) in Karlsruhe. Da stehen zahlreiche Rechtsanwälte und noch mehr Beschäftigte aus dem Gesundheitswesen. Es geht im Allgemeinen um die Wiederherstellung des Rechtsstaates und der Gewaltenteilung, im Besonderen um die ausstehende Entscheidung des BVerfG zur sogenannten „einrichtungsbezogenen Impfpflicht“ – also um die Impfpflicht für Angehörige verschiedener Berufe, namentlich das medizinische Personal. Mehrere Redner machen ihrer Enttäuschung über die bisherigen Entscheidungen des BVerfG in Sachen Corona Luft. Darunter die Fachanwältin für Medizinrecht Beate Bahner, der Sprecher der *Anwälte für Aufklärung* Alexander Christ und der Rechtswissenschaftler Martin Schwab.[82]

Professor Schwab hält eine Rede zum Thema „Stephan Harbarth und die Krise des Bundesverfassungsgerichts“. Er spricht den seit Juni 2020 amtierenden Präsidenten des BVerfG Stephan Harbarth persönlich an. Beide hatten zusammen studiert und zur selben Zeit bei Peter Hommelhoff in Heidelberg promoviert. Harbarth arbeitete nach seinem Studium zunächst für eine Wirtschaftskanzlei und stieg wenig später zum Gesellschafter der Schilling, Zutt & Anschütz Rechtsanwalts AG auf. Von 2009 bis 2018 saß er für die CDU im Deutschen Bundestag. Etwas überraschend kam dann seine Nominierung zum Richter beim Bundesverfassungsgericht. Der Bundestag wählte ihn am 22. November 2018. Nur einen Tag später ernannte der Bundesrat ihn zum Vizepräsidenten des obersten deutschen Gerichts und zum Vorsitzenden der 1. Kammer. Im Juni 2020 wurde er Präsident des Bundesverfassungsgerichts. Nicht nur dieser offenkundig politisch forcierte rasante Aufstieg in eines der höchsten Staatsämter sorgte für

Irritationen. Es kam immer wieder zu kritischen Fragen hinsichtlich der Verquickung von politischen, juristischen und auch wirtschaftlichen Interessen. So vertrat seine Sozietät die Volkswagen AG beim Dieselskandal, obwohl Harbarth gleichzeitig nicht nur Mitglied des Bundestags war, sondern auch Obmann der CDU/CSU-Fraktion im Ausschuss für Recht und Verbraucherschutz des Bundestags. Die Karriere von Stephan Harbarth ist ein prominentes Beispiel dafür, wie es um die viel beschworene Gewaltenteilung in der Praxis steht.

Doch Martin Schwab verteidigt sogar seinen einstigen Kommilitonen in seiner Brandrede vor dem BVerfG, er attestiert ihm glänzenden juristischen Sachverstand und bekennt, dass er Harbarth als unabhängigen Charakter eingeschätzt habe, der auch ohne Parteibuch das Zeug zum Verfassungsrichter gehabt hätte. Leider aber habe er dieses Vertrauen nicht bestätigt: „Du hast zusammen mit Deinen Kolleginnen und Kollegen das Bundesverfassungsgericht in die schlimmste Krise seiner Geschichte gestürzt.“[83]

Der Sturz beginnt nicht mit einem Abendessen bei der Bundeskanzlerin, sondern findet darin seinen deutlichsten Ausdruck. Am 30. Juni 2021 folgten Harbarth und seine Senatskollegin Susanne Baer einer Einladung von Angela Merkel ins Bundeskanzleramt. Ebenfalls anwesend: das gesamte Bundeskabinett. Eines der Themen bei dieser Zusammenkunft höchster Repräsentanten des Staats handelte von „Entscheidungen unter Unsicherheitsbedingungen“. Mit anderen Worten: Man wollte sich über die Probleme juristischer und politischer Blindflüge verständigen und zur „Amtshilfe“ verabreden. Zu den „Entscheidungen unter Unsicherheitsbedingungen“ gehörten fast alle Verfügungen des Pandemie-Regimes.

Nehmen wir als Beispiel die Einschätzung der Gefahrenlage durch das Robert Koch-Institut (RKI) am 17. März 2020. „Das RKI schätzt die Gefährdung für die Gesundheit der Bevölkerung in Deutschland derzeit insgesamt als hoch ein.“[84] Bis dahin galt die Gefährdung als „mäßig“.[85] Was hatte die Einschätzung verändert? Eine Begründung für die Verschärfung wurde nicht genannt. Das RKI sprach lediglich davon, dass es zu lokalen Engpässen im Gesundheitswesen kommen könnte und dass man „auch tödliche Krankheitsverläufe" registrieren würde. Am 17. März 2020 waren das laut RKI zwölf Todesfälle, der Altersmedian der Verstorbenen lag bei 83 Jahren.

Die Feststellung des RKI vom 17. März wurde zur Grundlage radikaler Veränderungen im Leben der deutschen Bevölkerung für die kommenden Jahre. Danach galt fast drei Jahre lang der permanente Ausnahmezustand. „Doch wie kam die Behörde überhaupt zu ihrer Einschätzung, die Gefährdungsstufe auf ‚hoch' heraufzusetzen? Welche Argumente wurden abgewogen? Welche Gremien und Personen waren beteiligt? Wie verlief der Diskussionsprozess? Gab es überhaupt einen? All diese Fragen sind bis heute – von allgemeinen Floskeln abgesehen – unbeantwortet", schreibt Paul Schreyer in seinem Artikel „Die entkoppelte Regierung".[86]

Die Höherstufung der gesundheitlichen Gefahrenlage durch das RKI löst nicht automatisch bestimmte Entscheidungen aus, bildet aber die Voraussetzung dafür, dass der Bundestag eine „Epidemische Lage nationaler Tragweite" feststellen kann. Das hat das Parlament am 25. März 2020 getan und gleichzeitig das „Gesetz zum Schutz der Bevölkerung bei einer epidemischen Lage von nationaler Tragweite" verabschiedet, das am 27. März in Kraft trat. Gesetzliche Kriterien für die Feststellung einer epidemischen Lage gab es damals nicht. Erst im November 2020 wird eine Art allgemeiner Rahmen für eine solche Feststellung nachgeliefert.[87] Für den gesundheitlichen Notstand hat das Grundgesetz keine speziellen Regelungen vorgesehen. Doch es hat für solche Fälle einen verbindlichen und strengen Rahmen gesetzt. Wie bei anderen Notstandssituationen auch gilt die sogenannte Wesensgehaltsgarantie, die besagt, dass die Grundrechte in ihrem Wesensgehalt auch im Ausnahmezustand nicht angetastet werden dürfen. Kein Notstand entbindet Legislative, Exekutive oder Rechtsprechung von den Geboten des Grundgesetzes.[88]

Das „Erste Gesetz zum Schutz der Bevölkerung" vom 27. März 2020 räumt dem Bundesgesundheitsminister außerordentliche

Befugnisse ein. Er wird autorisiert, auf der Grundlage von Verordnungen (und ohne Zustimmung des Bundesrats) weitreichende Maßnahmen zu ergreifen. Allerdings hatten Bund und Länder bereits am 22. März Maßnahmen beschlossen, die tief in die Grundrechte eingriffen und ein absolutes Novum in der Geschichte der Bundesrepublik darstellen: Kontaktbeschränkungen im öffentlichen Raum, Verbot von Versammlungen aller Art im öffentlichen und privaten Raum, Schließung der Gastronomiebetriebe und aller Dienstleistungsbetriebe im Bereich der Körperpflege. „Bund und Länder sind sich darüber im Klaren, dass es sich um sehr einschneidende Maßnahmen handelt. Aber sie sind notwendig und sie sind mit Blick auf das zu schützende Rechtsgut der Gesundheit der Bevölkerung verhältnismäßig.“[89]

Also noch bevor der Bundestag den gesundheitlichen Notstand erklären konnte, ordnete ein Bund-Länder-Gremium Maßnahmen an, für die es keinerlei Rechtsgrundlage gab. Und auch das wenige Tage später beschlossene „Erste Gesetz zum Schutz der Bevölkerung“ lieferte nicht im Geringsten eine solche Grundlage. Der in diesem Gesetz aufgeführte Maßnahmenkatalog hatte nicht annähernd die Tragweite der zuvor ergriffenen Maßnahmen. Mit anderen Worten: Bund und Länder handelten – vorsichtig gesagt – im rechtsfreien Raum, verfassungswidrig auf ganzer Linie, und das Parlament machte keinerlei Anstalten, sich der Problematik anzunehmen. Das Land befand sich nicht nur in einer gesundheitlichen, sondern auch in einer verfassungsrechtlichen Notlage nationaler Tragweite. Man mag das mit der hysterisch geladenen Stimmung jener Tage entschuldigen, man könnte aber auch vermuten, die Exekutive nutzte die Verblendungen der geschürten Panik, um ihre beispiellose Politik durchzusetzen.

Bereits Tage zuvor dürfte das berüchtigte Papier des Innenministeriums mit dem Titel „Wie wir COVID-19 unter Kontrolle bekommen“ entstanden sein, in dem die systematische Verängstigung der Bevölkerung als Schlüsselstrategie bei der angeblichen

Bekämpfung der Corona-Pandemie durchbuchstabiert wurde.[90] „Wie kann das eigentlich sein, dass ein Ministerium gezielt eine Angstkampagne plant und bezahlt und diese schließlich 1:1 umsetzt?", fragt sich der Amtsrichter Thomas Barisic.[91]

Wer war diese beschließende und anordnende neue Exekutive? Die Verkündung der Maßnahmen am 22. März hatte einen kuriosen Absender: „Besprechung der Bundeskanzlerin mit den Regierungschefinnen und Regierungschefs der Länder". Ein Besprechungsprotokoll als gesetzgeberische Grundlage für historische Grundrechtseinschränkungen? Erst das „Dritte Gesetz zum Schutz der Bevölkerung" vom November 2020 zeugt zumindest von dem Versuch, eine gesetzliche Grundlage für die Maßnahmen nachzureichen. Damit zog sich das Parlament aus der Verantwortung und stattete die Exekutive mit weitgehenden Vollmachten aus. Formal versuchte man der Wesensgehaltsgarantie zu entsprechen, doch „formal" ist bereits der Sündenfall wider das „Wesen".

Die Pandemie-Governance hatte sich ein neues Exekutivorgan geschaffen, das fortan ungebrochen regierte: die Verabredungen und Verordnungen von Bundesregierung und Länderchefs. Die Länderchefs waren „formal" unumgänglich, da für die Umsetzung des Infektionsschutzes – laut Verfassung – die Bundesländer zuständig sind.[92] Darüber hinaus erweckte diese Konstellation den Eindruck einer breiten – gewissermaßen demokratischen – Beteiligung. Verfassungsrechtlich waren diese Bund-Länder-Treffen als Exekutivorgan schlicht nicht vorgesehen, man könnte sagen: Aus staatsrechtlicher Sicht hatten sie die Bedeutung einer Skatrunde. Juristen und politisch informierte Bürger müssten verstanden haben, dass die von diesem Gremium getroffenen Maßnahmen sämtlich verfassungswidrig waren.

Die Politik – orchestriert von panisch wütenden Medien – ließ es so aussehen, als rolle eine Seuche apokalyptischen Ausmaßes auf das Land zu. Und da der Rechtsstaat angeblich weder über die Institutionen noch die Mittel verfügt, dagegen wirksam vorzugehen, zahlte sich endlich die Lobbyarbeit der diversen Prepardness-Agenturen aus. Von superreichen Philanthropen generös ausgestattet, bestand ihr Daseinszweck 20 Jahre lang ausschließlich darin, die Welt auf eine menschheitsbedrohende Pandemie alarmistisch einzustimmen und unsere pandemische Unvorbereitetheit aufzudecken.[93] Diese Prophezeiungen schienen sich jetzt zu bewahrheiten. Doch das Problem der Regierung – nicht nur in Deutschland – war weniger die unzureichende Vorbereitung, sondern vielmehr der neue Typ von Maßnahmen, von denen niemand je zuvor gehört hatte und die in dieser Form von keiner Gesundheitsbehörde der Welt nirgends vorgesehen waren – vermutlich aus guten Gründen. Selbst die zahlreichen Pandemieübungen à la „Event 201" spielten sämtlich mit weit moderateren Mitteln ihre fiktiven Pandemien durch. Die Maßnahmen, die jetzt überraschend weltweit verordnet wurden, entstammten allerjüngsten „Erfahrungen" in China und wurden von der WHO umgehend als allein seligmachendes Instrumentarium gegen die allmächtige Seuche empfohlen. Wie von Geisterhand geführt, traten sie ihren globalen „Siegeszug" an. Niemand überprüfte das Märchen von der chinesischen Wunderheilung, demzufolge man die Pandemie in China in gut sechs Wochen mittels radikaler Lockdown-Maßnahmen bezwungen habe.[94] Einschlägig vorbelastete Experten wie der Epidemiologe Neil Ferguson vom *Imperial College London* flankierten den Unfug mit pseudowissenschaftlicher Expertise.[95]

Auf jeden Fall waren die meisten dieser Instrumente nicht mit der Verfassung vereinbar, wurden aber trotzdem hemmungslos angewandt. Erst am 19. November 2020 stellt das Parlament mit dem „Dritten Gesetz zum Schutz der Bevölkerung" die gesetzliche Grundlage für Geschäftsschließungen, Ausgangssperren, Versammlungsverbote, Maskenpflicht her.[96] Ohne weiteren Parlamentsvorbehalt wurde der Exekutive eine Art Blankoscheck für eine Republik des Schreckens ausgestellt. Es genügte die Feststellung einer „epidemischen Lage von nationaler Tragweite". Irgendwelche Kriterien für eine solche Feststellung gab es nicht. Und es gab auch keinerlei

Anhaltspunkte, unter welchen Umständen auf legalem Wege welche Maßnahmen ergriffen werden können. Diese Lücke schloss sechs Monate (!) später vermeintlich die sogenannte Bundesnotbremse, das „Vierte Gesetz zum Schutz der Bevölkerung“, in dem festgelegt wurde, dass bei einer Inzidenz von 100 (auf 100.000 Einwohner) laborbestätigten Infektionen an drei aufeinanderfolgenden Tagen die erheblich grundrechtseinschränkenden Maßnahmen von der Kette gelassen werden mussten. Das Gesetz – § 28b des Infektionsschutzgesetzes – galt ab 23. April 2021.[97]

„Teleskopieren“ wir einmal die „verfassungsrelevanten“ Ereignisse vom 23. März 2020 bis zum 23. April 2021: Am 23. März 2020 traten völlig neuartige Notstandsverordnungen in Kraft, ohne dass ein erklärter Notstand vorlag. Der schließlich kurz darauf ausgerufene epidemische Notstand enthielt keinerlei Auskunft über die Notständigkeit, sondern berief sich lediglich auf unbegründete Einschätzungen des RKI – einer der Regierung nachgeordneten Behörde. Es wurden radikale Maßnahmen angeordnet, die Grundrechte außer Kraft setzten. Man behauptete, dieses Vorgehen sei zwingend und alternativlos – während es in Wahrheit weder wissenschaftlich begründet noch seine Wirksamkeit auch nur andeutungsweise überprüft war. Selbst eine grobe Verhältnismäßigkeitsprüfung fand nicht statt.

Das „Erste Gesetz zum Schutz der Bevölkerung“ vom März 2020 stattete den Gesundheitsminister mit außerordentlichen Vollmachten aus, ohne indes auch nur annähernd eine gesetzliche Grundlage für die grundrechtseinschränkenden Maßnahmen zu schaffen. Gegen diese Neufassung von § 5 des Infektionsschutzgesetzes (IfSG) gab es erhebliche juristische Bedenken. Beispielsweise wiesen die Wissenschaftliche Dienste des Deutschen Bundestags umgehend auf eine mögliche Verfassungswidrigkeit von § 5 des IfSG hin.[98]

Mit dem „Dritten Gesetz zum Schutz der Bevölkerung“ vom November 2020 ermächtigte das Parlament die Regierung zur Fortsetzung des bis dahin stramm verfassungswidrigen

Regierungshandelns, ohne präzise Definition des Notstands und ohne eine auch nur andeutungsweise Prüfung der Verhältnismäßigkeit. Die „Bundesnotbremse“ schließlich – das „Vierte Gesetz zum Schutz der Bevölkerung“ – band ab April 2021 die Anwendung der Notstandsinstrumente an das Kriterium der Inzidenz, für das es weder eine wissenschaftliche noch eine juristische Begründung gab und mit dem jeder Landrat nach Gusto Krieg oder Frieden spielen konnte. Warum nicht von einem Putsch sprechen, der für die meisten Menschen hinter dem künstlich und mit aller Macht produzierten Katastrophenlärm verborgen blieb? Und selbstverständlich gaben sich die Putschisten als Retter in höchster Not, die mit dem Rücken zur Wand das Schlimmste zu verhindern versuchten.

Der Wahrnehmung der Ereignisse als Putsch steht nur die Frage im Weg, was das Ganze denn soll, worauf es hinausläuft. Das werden wir genauer wissen, wenn wir die bereits geöffneten Tore zu den sich verengenden Kreisen der Hölle durchlaufen. Das kann dauern. Der Terror der Pandemie hat sich als kakophones Krisenkonzert verstetigt und maßlos verstärkt. Denn die Krisen nehmen kein Ende: Weltkriegsgetrommel, Inflation, Energiemangel, Klimawandel. In diesem Amok löst sich gerade die uns bekannte Realität auf.

Es gibt zwei Instanzen, deren Aufgabe darin besteht, das Walten der Exekutive zu kontrollieren und gegebenenfalls einzuschreiten: das Parlament und die höchstinstanzliche Rechtsprechung des Bundesverfassungsgerichts. Beide Organe haben kläglich, nein vernichtend versagt. Alles eine Sache der Gewaltenteilung, die wir als Verfassungsideal hochhalten, während in den Routinen der Verfassungsrealität bestenfalls von Gewaltentrennung die Rede sein kann. In Wahrheit regieren die Parteien oder vielmehr die Parteispitzen bis in die letzten Winkel der Legislative und der Jurisdiktion hinein.

„Ich sehe eine Juristerei, die in einer Situation extremster Grundrechtseinschränkungen so tut, als sei das das Normalste von der Welt. Das Schlimmste ist, wie die Gerichte teilweise die

Propagandanarrative von Politik und Medien ungebrochen übernehmen", beschreibt der Rechtswissenschaftler Martin Schwab die Lage.[99] Das lässt sich am Beispiel der Urteile des Bundesverfassungsgerichts in Sachen Corona ziemlich genau belegen. Das BVerfG weigerte sich bei jedem Fall beharrlich, die Verhältnismäßigkeit zu überprüfen. Karlsruhe wies alle Klagen gegen die Maßnahmen ab oder ließ sie gar nicht erst zu.[100]

Mit seinen Entscheidungen zur sogenannten einrichtungsbezogenen Impfpflicht hat das Bundesverfassungsgericht nachdrücklich bewiesen, wie weit es bereit ist, den politischen Vorgaben zu folgen. Nach § 20a Absatz 1 Satz 1 sowie Absatz 2 Satz 1 des Infektionsschutzgesetzes mussten seit dem 15. März 2022 Personen, die in bestimmten Einrichtungen und Unternehmen des Gesundheitswesens tätig sind, einen Nachweis vorlegen, entweder vollständig gegen COVID-19 geimpft oder von der Krankheit genesen zu sein. Anderenfalls hatten sie mit dem Verlust ihres Arbeitsplatzes zu rechnen. Einmal abgesehen davon, dass eine auf diese Weise erpresste Zustimmung zur Impfung nach aller früheren Rechtsprechung kaum als wirksame Einwilligung angesehen werden kann, muss selbst Laien die Begründung fassungslos machen. In der Pressemitteilung des BVerfG heißt es zum Beschluss des 1. Senats vom 22. April 2022:

> *„Der Gesetzgeber konnte davon ausgehen, dass die Pflicht zum Nachweis einer Impfung oder Genesung aller Personen, die in bestimmten Einrichtungen oder Unternehmen tätig sind, zum Schutz des Lebens und der Gesundheit vulnerabler Menschen beitragen kann. Zum Zeitpunkt der Verabschiedung des Gesetzes ging eine deutliche fachwissenschaftliche Mehrheit davon aus, dass sich geimpfte und genesene Personen seltener mit dem Coronavirus SARS-CoV-2 infizieren und daher das Virus seltener übertragen können. Angenommen wurde auch, dass Geimpfte bei einer Infektion weniger und kürzer als nicht Geimpfte infektiös sind."*[101]

Das höchstinstanzliche Richtergremium geht demzufolge davon aus, dass der Gesetzgeber davon ausgehen konnte, dass eine deutliche Expertenmehrheit davon ausgeht, Impfungen würden gegen Ansteckung helfen. Die Aufgabe nicht nur des Bundesverfassungsgerichts, sondern jedes Gerichts besteht jedoch in der Überprüfung der vorgetragenen Behauptungen. Das gilt in extremis natürlich bei derart bahnbrechenden Grundrechtseinschränkungen, wie sie in dieser Sache verhandelt wurden. Die zentrale Grundlage für die „einrichtungsbezogene Impfpflicht" bestand einzig und allein in der Behauptung, die Impfstoffe seien in der Lage, Infektiosität zu unterbinden – Geimpfte stecken niemanden mehr an. Das BVerfG hat sich schlicht geweigert, diese Grundlage zu überprüfen. Auch wenn das außerordentlich einfach zu bewerkstelligen gewesen wäre.

Eigentlich hätte ein Blick in die öffentlich zugängliche „Präsentation" der *European Medicines Agency* (EMA) genügt, also jener Institution, die in Europa für die Zulassung der Impfstoffe zuständig ist.[102] Da heißt es in sonderbar allgemeiner Formulierung: „Erwarteter Nutzen zum Zeitpunkt der Erstzulassung: Nachgewiesene Verringerung der COVID-19-Erkrankung. Einige Unsicherheiten: Langzeitschutz und Übertragung durch die Gemeinschaft." Das hätte eigentlich jeden Richter eher verunsichern müssen. Außerdem hat die EMA keinen Zweifel daran gelassen, dass es sich bei ihrer Prüfung der Corona-Impfstoffe allein um eine „bedingte Marktzulassung", also keinesfalls um eine definitive Zulassung handelt. Das Gericht hätte außerdem nur die veröffentlichten Studien[103] über den Impfstoff „Comirnaty" des Herstellers *Pfizer* konsultieren müssen, um zu erfahren, was ein Sprecher des Konzerns so zusammenfasste: Es sei bei diesen Studien allein darum gegangen, „die Wirksamkeit von BNT162b2 [=Comirnaty] zur Vorbeugung von durch SARS-CoV-2 verursachten Krankheiten, einschließlich schwerer Krankheiten, zu bewerten. [...] Die BNT162b2-Studien waren nicht darauf ausgelegt, die Wirksamkeit des Impfstoffs gegen die Übertragung von SARS-CoV-2 zu bewerten."[104]

Die amerikanische *Food and Drug Administration* (FDA) hatte bei der Notfallzulassung des *Pfizer*-Impfstoffs in den USA öffentlich wissen lassen: „Derzeit sind weder Daten verfügbar, um zu bestimmen, wie lange der Impfstoff Schutz bietet, noch gibt es Hinweise darauf, dass der Impfstoff die Übertragung von SARS-CoV-2 von Mensch zu Mensch verhindert."[105] Und ähnlich verständlich drückte sich auch die Ständige Impfkommission in ihrer Empfehlung zur COVID-19-Impfung vom Januar 2021 aus: „Die bisher vorliegenden Daten erlauben noch nicht, die Wirksamkeit der COVID-19-mRNA-Impfstoffe hinsichtlich einer Verhinderung oder Reduktion der Transmission abschließend zu bewerten.

Bis zum Vorliegen neuer Daten zum Schutz der Impfung vor Transmission müssen deshalb auch nach Impfung die allgemein empfohlenen Schutzmaßnahmen (Beachtung von Abstands- und Hygieneregeln) weiterhin eingehalten werden."[106] Dass neuere Daten nach fast anderthalb Jahren nicht vorlagen, wäre normalerweise für jeden Richter Anlass genug gewesen, den Angaben des Gesetzgebers und der ihm zuarbeitenden Behörden zu misstrauen und die Behauptungen der für den Gesetzgeber maßgeblichen Experten zu überprüfen.

Allerdings hätte auch ein Blick über die Zäune juristischer Sperrgebiete genügt. Zum Zeitpunkt des Beschlusses des Bundesverfassungsgerichts Ende April 2022 müsste eigentlich jedem, der sich auch nur ein wenig vom Meinungsterror der Medien entfernt hat, klar geworden sein, dass die Geimpften munter weiter sich selbst und andere ansteckten. Mittlerweile dürfte auch kaum mehr ein Zweifel daran bestehen, dass Impfungen nicht einmal vor schweren Krankheitsverläufen schützen.[107] Das sollte eigentlich jeder Landarzt wissen. Ein Blick in ein medizinisches Lehrbuch hätte es auch getan, denn es gehört zum medizinischen Standardwissen, dass Impfungen bei viralen Atemwegsinfektionen erst nach einer Infektion wirksam werden können.

„Atemwegsviren versuchen über die Atemwege in den Körper einzudringen. Wenn sie in die Schleimhäute eindringen, treffen sie dort auf die angeborene Abwehr. In Folge werden wir krank und können auch andere anstecken. Eine Impfung erreicht jedoch nicht die Schleimhäute. Sie kann prinzipiell nur die erworbene Abwehr außerhalb der Schleimhäute mit spezifischen Antikörpern unterstützen. Und weil sie deshalb die Schleimhautimmunität nicht unterstützen kann, schützt sie prinzipiell nicht vor einer Ansteckung durch Atemwegsviren – und auch nicht vor ihrer Übertragung durch Aerosole auf andere (kein Fremdschutz).“[108]

Das Bundesverfassungsgericht zieht sich jedoch aus der Affäre, indem es dem Gesetzgeber bescheinigt, dass er zum Zeitpunkt der Verabschiedung des Gesetzes von der Richtigkeit seines Vorhabens ausgehen konnte. In Wahrheit hätte der Gesetzgeber zum Zeitpunkt, als er das Gesetz im Dezember 2021 beschloss, wissen können, was das BVerfG im April 2022 partout nicht wissen wollte. Vor allem aber bestand die Aufgabe des Gerichts kaum darin zu beurteilen, ob der Gesetzgeber das Recht hatte, sich eventuell zu irren, sondern ob seine Gesetze mit der Verfassung vereinbar sind. Weder das Gesetz noch die entsprechenden Entscheidungen des Bundesverfassungsgerichts sind mit der Verfassung vereinbar. Die einzige grundlegende Frage, die das Gericht hätte klären müssen, wäre gewesen: Welche Maßnahmen sind geeignet und verhältnismäßig, um eine Pandemie aufzuhalten, der im Wesentlichen alte und sehr alte Menschen mit multiplen Vorerkrankungen zum Opfer fallen? Der Median der Verstorbenen lag zwischen 83 und 84 Jahren. Stattdessen hat das BVerfG jeden Versuch einer solchen Klärung systematisch sabotiert.

Das Grundgesetz der Bundesrepublik Deutschland war so konstruiert, dass es Krisen nicht nur überstehen sollte, sondern auch in großen Krisen uneingeschränkt Geltung besaß. 2020 hatte man aus einer schwer einschätzbaren heftigen Grippewelle einen menschheitsverschlingenden Tsunami gemacht, hatte mit allen erdenklichen Mitteln eine Panik erzeugt, die dafür sorgte, dass alle verfassungsrechtlichen Bedenken als Sophisterei abgetan werden konnten. Man hatte ein Notstandsregime errichtet, das Notstände in Serie produzierte und entschlossen schien, das Land und seine Gesellschaft radikal umzubauen. Unter jeweils eigenen Umständen hat sich das Geschehen in fast 200 Ländern auf diesem Planeten in gleicher Richtung entwickelt. Ein globaler Scherbenhaufen.

Man kann nur staunen – oder wie es die Politikwissenschaftlerin Ulrike Guérot ausdrückt:

> *„Ich persönlich hätte mir nie vorstellen können, dass Derartiges in der Bundesrepublik Deutschland passieren kann, und das nur wenige Monate nachdem 2019 noch pompös 70 Jahre Grundgesetz gefeiert wurden. Sind wir nicht das Land von ‚Wehret den Anfängen'? […] Man hätte also erwarten können, dass die Kenntnis des Grundgesetzes gleichsam allen deutschen Bürgern in Fleisch und Blut übergegangen ist, so wie Christen das Vaterunser. Doch scheinbar nur als Lippenbekenntnis, denn als es ernst wurde, als es erstmalig galt, eine große gesellschaftliche Krise mit dem Grundgesetz zu meistern, ja, sich gerade in der Krisenzeit an Recht und Gesetz zu halten, wurden wir stattdessen regiert von ‚Not-kennt-kein-Gebot', auf Zuruf des RKI gewissermaßen. Das alles wurde dann auch noch vom obersten Verfassungsgericht sanktioniert, anstatt dass sich Karlsruhe vor seine gleichermaßen entmündigten und entrechteten Bürger gestellt hätte."*[109]

Aus Liebe zum Grundgesetz

> *„Im März 2020 habe ich gespürt, dass der Faschismus an die Tür klopft. Das hat mich innerlich sehr unter Druck gesetzt. Ich bin an meine Grenzen gekommen. Dann habe ich gedacht, ich laufe mal die Straße rauf und runter und frage jeden, der vorbeikommt, ob er das auch schon gemerkt hat. Und so war es. Ich habe verstanden, dass es einigen anderen auch so geht. Und dann hat es nicht lang gedauert. Im April hatten wir die Unterlagen fertig. Anfang Mai haben wir den Verein gegründet."*[110]

Das ist die Geschichte von Lisa Marie Binder, Mutter von drei Kindern, verheiratet mit einem Physiker, wohnhaft in Grafing, Bayern und Gründerin des Vereins *Aus Liebe zum Grundgesetz.*[111]

Der Zweck des Vereins besteht darin, mithilfe von Spendengeldern „die aus unserer Sicht verfassungswidrigen Maßnahmen juristisch anzugreifen". Das lief ziemlich gut an. Lisa Marie Binder hat viele Reden auf Demos gehalten. So hat der Verein einiges einsammeln können. Und damit wurden zunächst sechs Projekte finanziert. Wie zum Beispiel eine Klage gegen den Freistaat Bayern wegen einer Testungs- und Isolationsanordnung.[112]

Lisa Marie Binder hat zunächst Jura studiert und daran eine Ausbildung zur Homöopathin angeschlossen. Man spürt es, die noch recht junge Frau strahlt etwas Suchendes aus, zugleich aber auch Entschlossenheit. Irritierbar und selbstbewusst.

Im Januar 2021 kam es zu einer Hausdurchsuchung bei Lisa Marie Binder. Grund: Ein Vereinsmitglied hatte vor einigen Läden Plakate angebracht: „Juden werden hier nicht bedient". Eigentlich klar, wie das gemeint war. Klar auch, dass die Behörden vorgaben, wegen antisemitischer Volksverhetzung zu „ermitteln". Angeblich sollte Binders

Ehemann in Verbindung mit dem Plakatkleber gestanden haben. Also ein klarer Fall von Kontaktschuld. Und deshalb die Hausdurchsuchung. Zehn Mann in voller Montur und schusssicheren Westen. Es galt festzustellen, ob ihr Ehemann an der Plakatieraktion beteiligt war. „Die haben Papier im Drucker sichergestellt und haben das an Europol geschickt. Aber es war nicht unser Papier." Ein halbes Jahr später wurde das Verfahren eingestellt. Im näheren Umfeld der Familie fanden noch Dutzende weitere Hausdurchsuchungen statt.

Von den Verfahren, die der Verein *Aus Liebe zum Grundgesetz* finanziell unterstützt hat, wurde nur eine Beschwerde abgewiesen, alle anderen sind noch bis heute (Juli 2023) „anhängig". In einem Fall deutet sich immerhin gerade eine gewisse Bewegung an.

„Ich hatte eine große Hochachtung vor dem Bundesverfassungsgericht", sagt die studierte Juristin, „aber jetzt mit Harbarth ist das alles hinfällig geworden. Der Glaube an den Rechtsweg ist mir völlig abhandengekommen." Lisa Marie Binder liest viele Texte auf *Rubikon* (jetzt *Manova*), folgt den Kolumnen von Milosz Matuschek, konsultiert *Corona Transition* (heute: *Transition news*), *Corodoc* und die Seite von Norbert Häring *geldundmehr.de*. Aber das Ausmaß des Protestes genügt ihr nicht. „Es ist jetzt alles rauf und runter gesagt." Sie hat ihre Gitarre wiederentdeckt, ein paar Lieder geschrieben und sogar aufgenommen.[113] Schön! Aber nicht das Ende.

Das Engagement von Lisa Marie Binder steht nur als ein Beispiel für vermutlich Hunderte ähnlicher Initiativen, bei denen sich Individuen in welchem Ausmaß auch immer vernetzt haben, um Kommunikation zu schaffen, Selbstverständigung und Hilfe zu organisieren.

Der GesellschaftsFAIRtrag

„Wir haben keinen Bundespräsidenten. Ich glaube sogar, wir haben keinen Kanzler mehr. Aber so genau weiß ich das gerade nicht." Marianne Grimmenstein wühlt in einem Haufen Papiere und klappert zwischendurch auf der Tastatur ihres Laptops herum. Die Arbeit an einer neuen Verfassung ist verwirrend und kleinteilig. Zumindest wenn man die Sache so akribisch angeht, wie das die Mitglieder der 2019 gegründeten Bürgerinitiative GemeinWohlLobby tun.

Und eine neue Verfassung muss wohl sein, oder wie Marianne Grimmenstein sagt: ein „GesellschaftsFAIRtrag". Das Grundgesetz sei im Laufe der Jahre 330 Mal geändert worden – zuverlässig zum Wohle des Großkapitals. Die amerikanische Verfassung wurde im Gegensatz dazu seit fast 250 Jahren nur 17 Mal verändert.

Marianne Grimmenstein ist Mitte 70. Ihre Familie stammt aus Ungarn. Sie wurde in Budapest geboren und kam 1968 nach Deutschland. Ihr Vater und ihr Großvater waren Anwälte. Insofern liegt ihr das Recht im Blut, wie sie sagt, aber auch die Gerechtigkeit, denn ihr Stammbaum weist jede Menge „Ritter des Gemeinwohls" auf. Sie hat ihren Lebensunterhalt als Flötenlehrerin in Lüdenscheid verdient. „Ich beobachte seit Anfang der 90er Jahre, dass praktisch alles schiefläuft." Die Sache mit der Verfassung liegt ihr schon lange am Herzen. „Ich gehe allein los, werfe eine Idee in den Raum und dann suche ich Weggefährten."[114] Diese Technik hat sie landesweit bekannt gemacht. 2016 hat sie die wohl größte Petition in der Geschichte der Bundesrepublik organisiert. 250.000 Bürger unterschrieben den Einspruch gegen das Freihandelsabkommen CETA zwischen der EU und Kanada. Mit einer Vollmachtserklärung von 68.000 Unterstützern reichte sie dann Klage beim Bundesverfassungsgericht ein, die zwar abgewiesen wurde, aber das erst im Februar 2022.

Das hindert sie nicht daran, die weitere Entwicklung der diversen Freihandelsabkommen äußerst kritisch zu verfolgen. Beispielsweise das Freihandelsabkommen zwischen der EU und Japan (JEFTA) „setzt die neoliberale Agenda durch: die weitgehendste und nachhaltige Entmachtung der Nationalstaaten und der nationalen Parlamente durch die Installation eines Ausschusswesens, das sich jeder demokratischen Kontrolle entzieht"[115].

Marianne Grimmenstein war für kurze Zeit Mitglied der Piratenpartei.

> *„Aber das war nichts für mich. Parteien sind immer totalitäre Systeme. […] Die Hebel der Macht bedienen inzwischen nur die Parteien. Sie haben sich ihren eigenen Staat geschaffen. Sie bestimmen die Regeln der Macht und gestalten die Regeln nach ihren Interessen. […] Wir haben es nicht mehr mit leichten Funktionsstörungen der parlamentarischen Demokratie zu tun, sondern mit einem schweren Systemfehler oder sogar schon mit einem Systemversagen."*[116]

GemeinWohlLobby ist aus guten Gründen kein Verein, sondern eine Bürgerinitiative. „Vereine sind leicht zu unterwandern." Eine Bürgerinitiative ist ein Projekt. Es versteht sich als „Koordinationsorgan für diesen Selbstfindungsprozess der Gesellschaft".[117] Dieses Projekt wird von einem fünfköpfigen Kernteam betrieben. Im erweiterten Kreis sind es zehn Menschen. Jeder von ihnen hat seine klar definierten Aufgaben. „Wir wollen für einen neuen GesellschaftsFAIRtrag einen demokratischen Ablauf gewähren." Jeder, der sich beteiligen will, kann seine Vorschläge einbringen. Diese werden von einem Auswertungsteam bearbeitet und juristisch ausformuliert. Dabei entstehen zwei oder drei Varianten, über die dann abgestimmt wird. Marianne Grimmenstein vermutet, dass die meisten Vorschläge die Grundrechte betreffen, gefolgt vom Thema Wahlen und den Gesetzgebungsverfahren. „Es ist schon erstaunlich, wie viele durchdachte Vorschläge eingereicht werden."

Nach der Präambel folgen 15 Kapitel, zu denen mittels Kommentarfunktion Vorschläge eingereicht werden können:[118]

> *Kapitel I – Grundrechte und Pflichten*
> *Kapitel II – Souveränität*
> *Kapitel III – Parlament*
> *Kapitel IV – Mitbestimmende bürgerliche Gremien*
> *Kapitel V – Ländervertretung*
> *Kapitel VI – Gesetzgebung*
> *Kapitel VII – Bundesregierung*
> *Kapitel VIII – Einwanderung und Asyl*
> *Kapitel IX – Bund, Länder und Kommunen*
> *Kapitel X – Steuern und Finanzen*
> *Kapitel XI – Wirtschaft*
> *Kapitel XII – Rechtsordnung*
> *Kapitel XIII – Friedenssicherung*
> *Kapitel XIV – Medien*
> *Kapitel XV – Europäische Union*
> *Kapitel XVI – Verfassungsänderungen*

Wenn genügend Vorschläge für ein Kapitel gesichtet und bearbeitet wurden, wird das entsprechende Kapitel geschlossen. Dabei berät ein Anwalt die juristischen Laien. Alle zwei Wochen gibt es online Diskussionen. Engagierte Bürger aus allen möglichen Berufen beteiligen sich daran – Ingenieure, Grafiker, Krankenschwestern, um nur einige zu nennen.

Man hat eine Petition auf den Weg gebracht. Es geht darum, Artikel 146 des Grundgesetzes auszulösen: „Dieses Grundgesetz, das nach Vollendung der Einheit und Freiheit Deutschlands für das gesamte deutsche Volk gilt, verliert seine Gültigkeit an dem Tage, an dem eine Verfassung in Kraft tritt, die von dem deutschen Volke in freier Entscheidung beschlossen worden ist."[119] Dann könnten mindestens ein Jahr lang Diskussionen stattfinden. „Die Bevölkerung soll die Möglichkeit haben, über ihre Zukunft selbst zu entscheiden. Dabei geht es auch darum, ob wir das Grundgesetz nur ändern oder ob wir ein neues Grundgesetz brauchen."

Ein Gesellschaftsvertrag handelt von Richtlinien. Details kommen ins Gesetz. Die Grundspielregeln müssen stimmen. Die müssen verhindern, dass sich besondere Gruppen oder gar Oligarchien herausbilden.

Deshalb ist auch eine neue Parlamentsstruktur vorgesehen. Das neue Parlament besteht aus vier Kammern, jede Kammer hat spezifische Fachaufgaben. Kammer 1 ist eine Art Grundwertekommission, die 2. Kammer beschäftigt sich mit Wirtschaft, Finanzen etc., eine 3. Kammer ist mit den Fragen Gesundheit und Soziales betraut, und die 4. Kammer schließlich kümmert sich um Rechtsfragen, Polizei und Verfassung. Außerdem ist das Parlament stark verschlankt. Jede Kammer hat 100 Abgeordnete. Das Amt des Bundeskanzlers und die Ministerposten werden mittels Stellenausschreibungen besetzt. Drei Bewerbungen kommen in die engere Auswahl, die dann dem Parlament zur Wahl vorgelegt werden. Daneben gibt es einen Bürgerrat und einen Jugendrat, die aus ausgelosten Bürgern und Jugendlichen bestehen. Auch sie stimmen über den Kanzler und die Minister ab. Wenn ein Gesetz verabschiedet wird, stimmen Parlament und Bürgerrat getrennt ab. Parteien gibt es, aber sie spielen keine Rolle. Nur der einzelne Abgeordnete zählt.

Wer sich mit der vorliegenden Neufassung des Grundgesetzes beschäftigt, wer sich in die Details vertieft, kommt so schnell nicht aus dem Staunen heraus. Es ist ein Verfassungsentwurf, der nicht nur das Verhältnis von Staat und Bürger grundsätzlich neu regelt, hier wird auch der Stoff, um den sich eine Gesellschaft dreht, definiert – und das ist dann tatsächlich ein veritabler Gesellschaftsvertrag.

> *„Verfassungsfragen sind Lebensfragen, Alltagsfragen. Sie gehen uns alle an, denn die Verfassung definiert den Rahmen, in dem wir leben und unser Zusammenleben gestalten. Wir brauchen in unserer Gesellschaft dringend eine breite Diskussion über die Einstellung*

> *zum Mitmenschen, zur Umwelt und zu den ethischen Fragen des täglichen Lebens. [...] Ein Volk, das sich selbst eine Verfassung gegeben hat, ist über sich selbst aufgeklärter, denn Verfassungen sind Formen der Selbstwahrnehmung und Selbstorganisation."*[120]

In der philosophischen Gesellschaftsvertragstheorie bedeutet ein vertraglicher Zusammenschluss

> *„eine Selbstverpflichtung für jeden Einzelnen und gleichzeitig eine wechselseitige Verbindlichkeit [...], die als Grundlage einer Herrschaftsordnung die Zustimmung aller Vertragspartner finden kann. Die Argumentationsstruktur der Vertragstheorie beinhaltet drei Elemente: (1) Den Natur- oder Urzustand als fiktive Annahme, von der die rationale Überlegung auszugehen hat; (2) den Vertragsschluss als Resultat einer rationalen Überlegung und dessen Bedingungen; (3) die Benennung der Aufgaben der Herrschaftsordnung und deren Sicherstellung."*[121]

In Wahrheit hat aber niemand von uns je einen solchen Vertrag unterschrieben. Wir sind nicht erst wilde Natur und ab einem bestimmten Moment rationale Individuen, die sich mit anderen Individuen über eine bestimmte Gesellschaftsordnung und Staatsverfassung abstimmen. Wir werden in eine bestehende Ordnung hineingeboren. Und die modernen liberalen Demokratien beruhen auf einer Gesellschaftsvorstellung, derzufolge der Staat die Rahmenbedingungen schafft für die freie Selbstverwirklichung seiner Bürger. Durch demokratische Wahlen können die Bürger über die Rahmenbedingungen abstimmen. Was in der Theorie gut klingt, hat mit der Realität wenig zu tun. Kein Mensch stellt sich irgendwann die Frage, wie will ich eigentlich leben, und bringt sich dann in der Welt als autonomes Ich hervor.

Der moderne Mensch ist von Anfang an bis in das intimste Detail vergesellschaftet. Jean-Jacques Rousseau – der Philosoph des Gesellschaftsvertrags – hat es bereits vor 250 Jahren auf den Punkt gebracht:

„Der Mensch wird frei geboren, aber überall liegt er in Ketten."[122] So heißt es gleich zu Beginn seines Werkes *Vom Gesellschaftsvertrag oder Prinzipien des Staatsrechts.* Man hatte diesen Satz stets im staatstheoretischen Zusammenhang verstanden. In diesem Sinne stehen die Ketten symbolisch für die Instrumente politischer Herrschaft. Und daraus leitet sich der geläufige Freiheitsbegriff ab: Freiheit als Abwesenheit vom Despoten.

Doch das in diesem Sinne freie Individuum sitzt deshalb noch lange nicht am Steuerknüppel seines Lebens und entscheidet frei über seine Ziele und Zwecke. Bei der geringsten Lebensbewegung stoße ich auf die anderen, trete ich in eine Welt längst existierender Ordnungen ein. Wenn ich mich zum Arzt mache, dann eigene ich mir ein vorläufiges Wissen an, die Sitten der Zunft und die Erwartungen der Gesellschaft. Meine Selbsterschaffung erschöpft sich in der Anpassung an Rollen, im Ausüben penibel codierter Handlungen. Mein Genie beweist sich durch tätige Selbstvergessenheit, es erschöpft sich in der mehr oder weniger gelungen Verkörperung einer Rolle, die ich als mein Werk erscheinen lasse. Damit aber die enorme Produktions- und Organisationsleistung unserer Realität funktioniert, bedarf der Bürger permanenter dressierender Unterweisung. In gewissem Sinne darf man sagen: Freiheit bedroht diese Ordnung. Sie ist Sprengstoff. Sie darf nur in ihrer kontrolliertesten Form zur Geltung kommen.

So gesehen bleibt nicht viel übrig vom Gesellschaftsvertrag als einer demokratischen rationalen Abstimmung mündiger Bürger über ihre Realität. Auch der Gesellschaftsvertrag, der Marianne Grimmenstein vorschwebt, will die politische Herrschaft kontrollieren. Aber darüber hinaus nimmt er noch etwas anderes ins Visier, nämlich die gesellschaftlichen Machtverhältnisse. Und zwar nicht durch ausufernde Kontrolle, die bald notwendigerweise ins Totalitäre abdriften würde. Sondern durch eine Gesellschaft, der es nicht um die verheerende Jagd nach dem individuellen „Pursuit of Happiness" geht, sondern um das Gemeinwohl.

Unsere Rechtsabteilung

Es ist auffällig: Die Rechtsabteilung der Gegenöffentlichkeit besteht weitgehend aus einst „normalen“ Bürgern, die spätestens Corona in zerreißende Konflikte mit den Realitäten des Rechtsstaates und des Rechtssystems gebracht hat. Denn die meisten von ihnen arbeiten weiterhin in ihren „bürgerlichen“ Berufen als Rechtsanwalt, Richter oder Polizist. Insofern sind sie diejenigen, die sich in einer konkreten Dauerkonfrontation mit dem Corona-Regime befinden. Während etwa die Partisanen aus der Medienabteilung hauptsächlich mit ihresgleichen zu tun haben.

Soweit es um Corona-Recht geht, haben sich neue Sachverhalte ergeben, die neue Antworten erfordern. Das juristische Besteck ist das alte geblieben. Aber es geht nicht mehr um normale Rechtsstreitigkeiten. Das Corona-Regime hat den Rechtsstaat unter seine Gewalt gebracht: Das Recht beugt sich offen politischen Vorgaben. Man kennt es aus Hunderten Prozessen: Die schriftlichen Urteile bestehen weitgehend aus den immer gleichen Textbausteinen.

Man merkt es den kritischen Anwälten, Staatsanwälten, Rechtsprofessoren deutlich an: Es hat sie im vollen Lauf erwischt. Sie sind fassungslos. Fast keiner hatte eine derart offene und radikale politische Vereinnahmung des Rechts für möglich gehalten. Die meisten klammern sich vermutlich an die Hoffnung, dass sie den Rechtsstaat auf dem Rechtsweg wiederherstellen können. Aber es bleibt ein Bruch. Die Juristen wähnten sich in Sicherheit, aber es genügte ein mit allen Machtmitteln propagierter Notstand, und der Schutzschirm der allseits bewunderten Verfassung wurde von den Stürmen eines inszenierten Ausnahmezustands zerfetzt.

Natürlich ahnen sie, dass der Einsturz des Rechtsgebäudes nicht ursächlich einer inneren Korrosion zuzuschreiben ist, sondern dass der Rechtsstaat dem Druck enormer externer Mächte nicht standgehalten hat. Es steht die Frage im Raum, ob eine Reparatur des Rechtsstaates genügt. Wenn das lächerliche Notstandsgequatsche genügt hat, das System partiell zum Einsturz zu bringen, dann muss der Rechtsstaat es mit solchen Kräften aufnehmen. Auf diese Forderung weiß allerdings keiner eine Antwort zu geben. Brauchen wir die Schaffung einer neuen Verfassung, die sich eine Neuordnung des Staates zur Aufgabe macht? Das bloße Ausmaß dieses Problemgebiets lässt die meisten auf der Schwelle verharren, wenn nicht erstarren. Verständlich, die kritischen Juristen stellen eine bescheidene Minderheit dar, niemand hat ihnen ein Mandat erteilt, und sie haben nicht die leiseste Ahnung, wie man einen neuen Rechtsstaat auf dem alten errichten könnte.

Meines Wissens gibt es in der Geschichte nur ein Beispiel: Der türkische Staatspräsident Kemal Atatürk hat 1923 traditionelle Lebensweisen, die bestehende Staats- und Gesellschaftsordnung „par ordre de mufti" untersagt und einem riesigen Land mit vielen Millionen Menschen radikal neue Lebensformen verordnet. Er hat alle Spuren des Osmanischen Reiches und seiner seit Jahrhunderten bestehenden Kultur von einem Tag auf den anderen tilgen lassen und den Türken Verwestlichung auf allen Ebenen befohlen. Wahrscheinlich hat er damit die meisten Menschen mindestens so traumatisiert, wie es ein Weltkrieg vermocht hätte. Und vermutlich gärt das Trauma in der Türkei immer noch.

Historisch gesehen konnte das Neue stets nur nach einem zivilisatorischen, ökonomischen oder politischen Zusammenbruch entstehen. Oder als Verfügung von Eroberern. Insofern bleibt realistisch nur der Verhandlungsweg. Sehr viel wird davon abhängen, wie die Aufgaben, die das ZAAVV sich gestellt hat, eingelöst werden: Aufarbeitung, Aufklärung, juristische Verfolgung und Verhinderung von Verbrechen gegen die Menschheit. Es wird mühsam.

1 Zit. n. Alexander Christ, *Corona-Staat. Wo Recht zu Unrecht wird, wird Menschlichkeit zur Pflicht*, Rubikon Verlag, München 2022. S. 357

2 https://www.tz.de/muenchen/region/aerztin-masken-atteste-gefaengnis-corona-bad-kohlgrub-querdenker-mkr-91710663.html

3 https://www.br.de/nachrichten/bayern/bewaehrungsstrafe-im-prozess-um-masken-atteste,T4f0Nrb. Später wurde das Urteil auf ein Jahr mit Bewährung korrigiert: https://www.br.de/nachrichten/bayern/urteil-gegen-masken-arzt-abgemildert-ein-jahr-auf-bewaehrung,TNEruL5

4 Es gibt Dutzende von Studien, die nach wie vor das Tragen von Masken für einerseits gesundheitsgefährdend halten und andererseits für vollkommen nutzlos zur Abwehr von Corona-Infektionen. Eine ausführliche Übersicht bieten Thomas Wagner, Magdalena Resch et al., „Körperverletzung durch Masken?", https://netzwerkkrista.de/2022/04/08/koerperverletzung-durch-masken/ Problematisch – und eventuell sogar Anlass für Ermittlungen – erscheint hingegen, dass dieser Stand des Wissens mit Corona entweder einfach beiseite gewischt wurde oder aber wie von Geisterhand neue Studien erschienen, die das Tragen von Masken für unabdingbar erklärten. Der Konflikt wurde dann aber nicht wissenschaftlich ausgetragen, sondern politisch entschieden. Ein Arzt ist aber vor allem seinem medizinischen Wissen und Gewissen verpflichtet.

5 Auf der Webseite *Lex Corona* (https://lexcorona.de/doku.php) sind etwa 1.000 Rechtsakte von Bund, Ländern und Gemeinden im Zeichen von Corona gelistet.

6 OLG Stuttgart, BeckRS 2013, 18816

7 https://www.klugo.de/blog/hausdurchsuchung-befugnis-polizei

8 „Rechtmäßigkeit von Durchsuchungen bei Ärzten wegen des Verdachts des Ausstellens unrichtiger Gesundheitszeugnisse durch sogenannte Maskenatteste", jurisPR-StrafR 1272021 Anm. 2

9 Das Bayerische Oberste Landesgericht hat mittlerweile mit Urteil vom 18.07.2022 (Az. 203 StRR 179/22) für eine entscheidende Klärung gesorgt. Danach ist ein Attest im Rahmen des § 279 StGB nicht etwa deshalb unrichtig, weil keine körperliche Untersuchung des Patienten stattgefunden habe. Für die Richtigkeit eines Maskenbefreiungsattestes kommt es ausschließlich darauf an, ob die geschilderten Symptome tatsächlich vorliegen. Auch das Beweismittel einer nachträglichen amtsärztlichen Untersuchung sei nicht geeignet, den Gesundheitszustand der Angeklagten rückwirkend zum Tatzeitpunkt sicher festzustellen und daraus den Schluss zu ziehen, dass die Angeklagte die von ihr vorgetragenen Beschwerden ursprünglich nicht gehabt hätte. Dies gilt unabhängig davon, ob das Attest telefonisch oder per E-Mail angefordert wurde, also ohne vorherige körperliche Untersuchung durch den Arzt; https://netzwerkkrista.de/2022/08/08/ein-politischer-tatbestand-das-herstellen-unrichtiger-gesundheitszeugnisse/

10 Gunter Frank, *Das Staatsverbrechen. Warum die Corona-Krise erst dann endet, wenn die Verantwortlichen vor Gericht stehen*, Achgut Edition, Berlin 2023

11 https://www.aerzte-fuer-aufklaerung.de/

12 https://heidelberger-aerzteerklaerung.org/de/

13 Beate Bahner, *Corona-Impfung. Was Ärzte und Patienten unbedingt wissen sollten*, Rubikon Verlag, München 2021

14 https://www.rki.de/DE/Content/Infekt/Impfen/Materialien/Downloads-COVID-19/Aufklaerungsbogen-de.pdf?__blob=publicationFile

15 Bahner, a. a. O., S. 222 ff.

16 Selbst die *European Medicines Agency* (EMA) hat mittlerweile Dutzende unerwünschte Wirkungen erfasst, darunter auch solche mit tödlichem Ausgang, https://www.ema.europa.eu/en/documents/product-information/comirnaty-epar-product-information_de.pdf, S. 222 f.

17 https://www.rki.de/DE/Content/Infekt/Impfen/Materialien/Downloads-COVID-19/Einwilligung-de.pdf?__blob=publicationFile

18 Martin Schwab, „Stephan Harbarth und die Krise des Bundesverfassungsgerichts", unveröffentlichtes Typoskript des Autors

19 Wagner et al., „Köperverletzung durch Masken?", https://netzwerkkrista.de/2022/04/08/koerperverletzung-durch-masken/

20 „Evaluation der Rechtsgrundlagen und Maßnahmen der Pandemiepolitik". Bericht des Sachverständigenausschusses nach § 5Abs. 9 IFSG, gutachten-sachverstaendigenrat-corona-101.pdf

21 „Die geltende Arbeitsschutzregel empfiehlt für partikelfiltrierende Halbmasken ohne Ausatemventil eine Tragedauer von 75 Minuten mit einer anschließenden Erholungsdauer von 30 Minuten bei mittelschwerer Arbeit", heißt es in den Gebrauchshinweisen der *Deutschen Gesetzlichen Unfallversicherung*, https://www.dguv.de/de/mediencenter/pm/pressearchiv/2021/quartal_1/details_1_418252.jsp. Aus gegebenen Anlass fehlen solche Hinweise neuerdings auf den Beipackzetteln der diversen Maskenhersteller.

22 Talk The Great WeSet, "Wertlose Auswertung", Gespräch mit Carlos Gebauer, Milosz Matuschek und Wolfgang Wodarg, 13. August 2022, *Rubikon*, https://www.manova.news/artikel/wertlose-auswertung

23 Thomas-Michael Seibert, „Ein politischer Tatbestand: das Herstellen unrichtiger Gesundheitszeugnisse", https://netzwerkkrista.de/2022/08/08/ein-politischer-tatbestand-das-herstellen-unrichtiger-gesundheitszeugnisse/

24 Thomas Wagner, Magdalena Resch et al., „Körperverletzung durch Masken?", https://netzwerkkrista.de/2022/04/08/koerperverletzung-durch-masken/

25 https://www.cochrane.de/news/cochrane-review-zum-nutzen-von-masken-gegen-atemwegsinfektionen

26 Interview mit WvR, Februar 2023. Alle folgenden Zitate von Alexander Christ ebenfalls, so nicht anders ausgewiesen.

27 https://afaev.eu/uber-uns/

28 https://www.wn.de/muenster/cullen-bleibt-ausserplanmassiger-professor-der-universitat-munster-1007610?&npg

29 Stefan Homburg, *Corona-Getwitter. Chronik einer Wissenschafts-, Medien- und Politikkrise*, Weltbuch Verlag, Dresden 2022

30 https://afaev.eu/alt-gewerkschaften-in-der-corona-krise-und-warum-unser-land-neue-gewerkschaften-braucht/

31 §84a Arzneimittelgesetz, https://dejure.org/gesetze/AMG/84a.html

32 https://multipolar-magazin.de/artikel/gesichtslose-konformitaet

33 Ebenda

34 https://www.zaavv.com/de-de/

35 https://zaavv.com/de-de/news/58-pressemitteilung-zaavv-zum-start-der-aufarbeitung-der-corona-massnahmen-auf-dem-ersten-gemeinsamen-kongress

36 https://dsjg-zcmp.maillist-manage.eu/click/11c96d14b1824756/11c96d14b181cbed

37 Alle Zitate von Thomas Barisic, wenn nicht anders ausgewiesen, stammen aus einem Gespräch, das ich mit ihm als Privatperson und in seiner Eigenschaft als Sprecher von KRiStA im August 2022 geführt habe.

38 https://netzwerkkrista.de/wp-content/uploads/2021/09/Verfassungsbeschwerde_Dr.-Schleiter_2020.pdf. Eine Kurzfassung der Verfassungsbeschwerde findet man hier: https://netzwerkkrista.de/2020/12/31/verfassungsbeschwerde-dr-schleiter/

39 https://www.welt.de/kultur/plus227776037/Richter-klagt-in-Karlsruhe-Was-wir-erleben-ist-verfassungswidrig.html

40 https://multipolar-magazin.de/artikel/rechtsprechung-vom-leben-entkoppelt

41 Ebenda

42 Ebenda

43 https://www.bundesverfassungsgericht.de/SharedDocs/Pressemitteilungen/DE/2022/bvg22-042.html

44 https://multipolar-magazin.de/artikel/rechtsprechung-vom-leben-entkoppelt

45 Ebenda

46 https://www.heise.de/tp/features/Justiz-gegen-Corona-Richter-Einschuechterung-Rechtsbeugung-oder-beides-6128336.html?seite=all

47 https://www.fr.de/panorama/weimar-corona-masken-urteil-schule-maskenpflicht-amtsgericht-coronavirus-ermittlungen-familienrichter-news-90405690.html

48 https://2020news.de/wp-content/uploads/2021/04/Amtsgericht-Weimar-9-F-148-21-EAO-Beschluss-anonym-2021-04-08_online.pdf

49 https://www.mdr.de/nachrichten/thueringen/mitte-thueringen/weimar/richter-corona-masken-urteil-amtsgericht-100.html

50 Mittlerweile haben Thomas Barisic und zwei seiner Kollegen die Anklageschrift gegen Christian Dettmar einer kritischen Analyse unterzogen und kommen zu einem vernichtenden Ergebnis: https://netzwerkkrista.de/2023/04/16/die-anklage-der-staatsanwaltschaft-erfurt/. Dettmar selbst hat die Anklageschrift hier kommentiert: https://afaev.eu/wp-content/uploads/2023/06/Dettmar-Erwiderung-Anklageschrift.pdf

51 https://www.im.nrw/system/files/media/document/file/sonderbericht_2022_verschwoerungsmythen_und_corona-protestler.pdf, S. 31

52 https://www.bige.bayern.de/infos_zu_extremismus/demokratiefeindliche_bestrebungen/karl_hilz/index.html

53 https://echte-polizisten.de/

54 Interview mit WvR, August 2022, wie alle anderen Zitate von Lars Oberndorf, die nicht anders ausgewiesen sind.

55 Hierunter wird die Pflicht des Beamten verstanden, Bedenken gegen die Rechtmäßigkeit dienstlicher Anordnungen unverzüglich bei dem unmittelbaren Vorgesetzten geltend zu machen. Für Bundesbeamtinnen und Bundesbeamte ist diese Pflicht in § 63 BBG geregelt.
Remonstrationspflicht: „Grundsätzlich trägt der Beamte die Verantwortung für die Rechtmäßigkeit seiner dienstlichen Handlung. Von dieser Verantwortung wird er freigestellt, wenn er seiner Remonstrationspflicht nachkommt und Bedenken zum Beispiel gegen die Rechtmäßigkeit dienstlicher Anordnungen geltend macht. Die Remonstrationspflicht besteht bereits dann, wenn der Beamte die Weisung als möglicherweise rechtswidrig ansieht. Die Remonstration verläuft in drei Stufen. Zunächst muss der Beamte Bedenken gegen die Rechtmäßigkeit einer amtlichen Weisung beim unmittelbaren Vorgesetzten erheben. Bleibt dieser bei seiner Anordnung, hat er sich an den nächst höheren Vorgesetzten

zu wenden. Wird die Weisung auch von diesem bestätigt, muss der Beamte diese ausführen. Etwas anderes gilt lediglich dann, wenn die dienstliche Anordnung auf ein erkennbar strafbares oder ordnungswidriges Verhalten abzielt, die Menschenwürde verletzt oder sonst die Grenzen des Weisungsrechts überschreitet. Die Remonstrationspflicht hat eine Doppelfunktion – einerseits dient sie der behördeninternen Selbstkontrolle, andererseits dient sie zugleich der haftungs- und disziplinarrechtlichen Entlastung des Beamten bei rechtswidrigen Weisungen."
https://www.dbb.de/lexikon/themenartikel/r/remonstrationspflicht.html

56 Sebastian Grau, „Offener Brief eines Polizisten: ‚Ich bin erschüttert über den Zustand unserer Polizei'". In: *multipolar*, 3. März 2022, https://multipolar-magazin.de/artikel/offener-brief-eines-polizisten

57 https://echte-polizisten.de/partner/

58 Bundesministerium des Innern und für Heimat, Verfassungsschutzbericht 2021, Berlin 2022

59 Ich möchte ausdrücklich nicht von Faschismus sprechen. Die historische Erscheinung des Faschismus hat wenig gemein mit den totalitären Strukturen, die derzeit weltweit errichtet werden. Faschismus als Metapher bzw. Synekdoche für Totalitarismus verdeckt eher die Architektur aktueller totalitärer Bestrebungen.

60 Ministerium des Innern des Landes Nordrhein-Westfalen, Sonderbericht zu Verschwörungsmythen und ‚Corona-Leugnern', Düsseldorf 2021, https://www.im.nrw/system/files/media/document/file/Sonderbericht_2021_Verschwoerungsmythen_und_Corona-Leugner.pdf
Dass., „Sonderbericht zu Verschwörungsmythen und ‚Corona-Protestlern'", Düsseldorf 2022, https://www.im.nrw/system/files/media/document/file/sonderbericht_2022_verschwoerungsmythen_und_corona-protestler.pdf

61 Sonderbericht 2022, S. 3

62 Sonderbericht 2022, S. 112

63 Sonderbericht 2021, S. 8

64 Die Versuche der Verfassungsphilologen, im Sonderbericht NRW 2021 (S. 18 ff.) die Textsorte „Verschwörungstheorie" „verfassungsschutzrelevant" umzudefinieren, taugen vor allem als Beleg für eine akuten Bildungsnotstand.

65 https://www.lto.de/recht/hintergruende/h/verfassungsschutz-kritik-extremismus-delegitimierung-verfassung-bericht/

66 Sonderbericht 2021, S. 23

67 https://ich-habe-mitgemacht.de/ Auf der Homepage heißt es: „Die Webseite ‚ich-habe-mitgemacht' ist ein privates Dokumentationszentrum für Corona-Unrecht, betrieben von einem anonymen, aber grundsoliden Kreis besorgter Archivare. Da die Täter von heute ab morgen jegliche Beteiligung abstreiten werden, gilt es Beweisstücke zu sammeln, um den einen oder anderen Zivilisationsbruch der Vergessenheit zu entreißen."

68 https://taz.de/Stagnierende-Impfquote-in-Deutschland/!5794355/

69 https://www.rnd.de/politik/rostock-joachim-gauch-nennt-corona-impfgegner-bekloppte-BN6GQYEUZBPAKS4B53EP3N6WFY.html

70 https://www.spiegel.de/kultur/kino/christoph-waltz-ueber-corona-leugner-eine-gruppe-von-asozialen-vollidioten-a-8ef3cae3-5336-42d4-8f6e-3278476a2077

71 https://www.rnd.de/politik/impfpflicht-das-waere-die-jahrzehntluege-demokratieforscher-wolfgang-merkel-im-interview-R4SLX6SQEZF7TO4NMI42XXKXP4.html

72 https://www.sueddeutsche.de/kultur/corona-diktatur-thomas-brussig-1.5199495?reduced=true

73 https://www.bild.de/regional/bremen/bremen-aktuell/voellig-verantwortungslos-bovenschulte-schiesst-gegen-impfgegner-78496898.bild.html

74 Verfassungsschutzbericht 2021, S. 114

75 https://www.im.nrw/system/files/media/document/file/sonderbericht_2022_verschwoerungsmythen_und_corona-protestler.pdf. Interessanterweise funktioniert dieser Link nicht mehr, und der Sonderbericht 2022 wird auf den Seiten des Innenministeriums von NRW nicht mehr angezeigt. *Google* (https://www.google.com/search?client=firefox-b-d&q=sonderbericht_2022_verschwoerungsmythen_und_corona-protestler.pdf) findet nur noch vier Stellen mit der Überschrift des Sonderberichts, aber keine für den Bericht selbst.

76 Gespräch mit WvR, Sept. 2022

77 https://www.bmfsfj.de/resource/blob/207618/74e22fd6031602da1157b0cb0386a426/gesetzesentwurf-demokratiefoerdergesetz-data.pdf

78 Ebenda

79 Karolin Ahrens, „Wahre Demokratie wagen". In: *Rubikon*, 22. März 2023, https://www.rubikon.news/artikel/wahre-demokratie-wagen

80 Ebenda

81 Ingolfur Blühdorn, *Simulative Demokratie. Neue Politik nach der postdemokratischen Wende*, Suhrkamp Verlag, Berlin 2013, S. 9

82 https://journalistenwatch.com/2022/03/11/live-demo-bundesverfassungsgericht/

83 Rede von Martin Schwab, unveröffentlicht

84 https://www.rki.de/DE/Content/InfAZ/N/Neuartiges_Coronavirus/Situationsberichte/2020-03-17-de.pdf?__blob=publicationFile

85 https://www.rki.de/DE/Content/InfAZ/N/Neuartiges_Coronavirus/Situationsberichte/2020-03-16-de.pdf?__blob=publicationFile

86 https://multipolar-magazin.de/artikel/die-entkoppelte-regierung

87 Das „Dritte Gesetz zum Schutz der Bevölkerung bei einer epidemischen Lage nationaler Tragweite" fasst den § 5 des Infektionsschutzgesetzes neu: „Eine epidemische Lage von nationaler Tragweite liegt vor, wenn eine ernsthafte Gefahr für die öffentliche Gesundheit in der gesamten Bundesrepublik Deutschland besteht, weil die Weltgesundheitsorganisation eine gesundheitliche Notlage von internationaler Tragweite ausgerufen hat und die Einschleppung einer bedrohlichen übertragbaren Krankheit in die Bundesrepublik Deutschland droht oder eine dynamische Ausbreitung einer bedrohlichen übertragbaren Krankheit über mehrere Länder in der Bundesrepublik Deutschland droht oder stattfindet."

88 „In keinem Falle darf ein Grundrecht in seinem Wesensgehalt angetastet werden." GG Artikel 19, Absatz 2

89 https://www.bundesregierung.de/breg-de/themen/coronavirus/besprechung-der-bundeskanzlerin-mit-den-regierungschefinnen-und-regierungschefs-der-laender-vom-22-03-2020-1733248

90 https://www.abgeordnetenwatch.de/sites/default/files/media/documents/2020-04/bmi-corona-strategiepapier.pdf. In diesem 17-seitigen Papier heißt es gleich zu Beginn: „Die meisten Virologen, Epidemiologien, Mediziner, Wirtschafts- und Politikwissenschaftler beantworten die Frage ‚was passiert, wenn nichts getan wird' mit einem Worst-Case-Szenario von über einer Million Toten im Jahre 2020 – für Deutschland allein."

91 Interview mit WvR.

92 Nach Art.30 und Art. 70 Abs 1 des Grundgesetzes liegt die Gesetzgebungskompetenz für die Gefahrenabwehr ausschließlich bei den Ländern.

93 Walter van Rossum, *Meine Pandemie mit Professor Drosten. Vom Tod der Aufklärung unter Laborbedingungen*, Rubikon Verlag, Neuenkirchen 2021, 94 ff.

94 Ich habe an anderer Stelle die Phantasmen dieser Geschichte beschrieben: Tom Lausen, Walter van Rossum, *Die Intensiv-Mafia. Von den Hirten der Pandemie und ihren Profiten*, Rubikon Verlag, München 2021, S. 36 ff.

95 Konstantin Demeter, Torsten Engelbrecht, „Die Corona-Korruption". In: *Rubikon*, 10. Mai 2020, https://www.manova.news/artikel/die-corona-korruption

96 §28a des Infektionsschutzgesetzes, https://www.buzer.de/s1.htm?g=IfSG&a=28a

97 https://www.buzer.de/s1.htm?g=ifsg&a=28b

98 Wissenschaftliche Dienste des Deutschen Bundestags, „Staatsorganisation und § 5 Infektionsschutzgesetz" (PDF), Deutscher Bundestag, 2. April 2020, S. 9 [abgerufen 11. April 2020]

99 Interview mit WvR

100 https://dejure.org/dienste/vernetzung/rechtsprechung?Text=1+BvR+1630%2F20; https://dejure.org/dienste/vernetzung/rechtsprechung?Text=1+BvR+1230%2F20; https://dejure.org/dienste/vernetzung/rechtsprechung?Text=1+BvR+899%2F20

101 https://www.bundesverfassungsgericht.de/SharedDocs/Pressemitteilungen/DE/2022/bvg22-042.html

102 https://www.ema.europa.eu/en/documents/presentation/presentation-how-are-covid-19-vaccines-developed-marco-cavaleri_en.pdf

103 https://cdn.pfizer.com/pfizercom/2020-11/C4591001_Clinical_Protocol_Nov2020.pdf. Nicht zu verwechseln mit den damals noch unter Verschluss gehaltenen *Pfizer*-Dokumenten, die mittlerweile öffentlich geworden sind. *War Room/DailyClout, Pfizer Documents Analysis Volunteers' Reports*. E-Book, 16. Januar 2023. Diese Analyse beruht auf den sogenannten *Pfizer*-Files, die eine Gruppe von 200 Ärzten bei der FDA eingeklagt hat. Es handelt sich insgesamt um ca. 300.000 Dokumente. Eine kurze Übersicht über die Ergebnisse der Analyse findet man hier: https://www.achgut.com/artikel/die_pfizer_files

104 https://www.br.de/nachrichten/wissen/faktenfuchs-schutz-vor-ansteckung-nicht-hauptziel-des-pfizer-corona-impfstoffs,TNMDlYM

105 https://www.fda.gov/news-events/press-announcements/fda-takes-key-action-fight-against-covid-19-issuing-emergency-use-authorization-first-covid-19

106 https://edoc.rki.de/bitstream/handle/176904/7579.2/STIKO-Empfehlung-COVID-19-Impfung_23-12-2020.pdf?sequence=7&isAllowed=y

107 „Risk of all-cause mortality, hospitalization, at least one sequela and sequelae by organ system are plotted. Incident outcomes were assessed from reinfection to the end of the follow-up. Results from SARS-CoV-2 reinfection (n=40,947) versus no SARS-CoV-2 reinfection (n=443,588) are compared. At the time of comparison, there were 51.3%, 12.6% and 36.2% with no, one and two or more vaccinations, respectively, among those who had reinfection. At the time of comparison, there were 41.1%, 11.7% and 47.2% with no, one and two or more vaccinations, respectively, among the no reinfection group. Adjusted HRs (dots) and 95% CIs (error bars) are presented." Bowe, B., Xie, Y. & Al-Aly, Z., „Acute and postacute sequelae associated with SARS-CoV-2 reinfection". In: *Nat Med* 28, 2398–2405 (2022), https://doi.org/10.1038/s41591-022-02051-3

108 Gunter Frank, *Das Staatsverbrechen*, Berlin 2023, S. 89

109 Ulrike Guérot, „Angriff auf die Menschenrechte". In: Markus Klöckner, Jens Wernicke, *„Möge die gesamte Republik mit dem Finger auf sie zeigen". Das Corona-Unrecht und seine Täter*, Rubikon Verlag, München 2022, S. 9

110 Interview mit WvR, September 2022. Ebenfalls alle Zitate von Lisa Marie Binder im Folgenden.

111 https://ausliebezumgrundgesetz.de

112 https://ausliebezumgrundgesetz.de/unterstuetzte-rechtsverfahren/. Hier werden auch die anderen Aktivitäten aufgeführt.

113 https://www.youtube.com/watch?v=AKo4lmRphBA

114 Interview mit WvR, August 2022. Alle Zitate von Grimmenstein im Folgenden stammen aus diesem Interview, falls nicht anders ausgewiesen.

115 Marianne Grimmenstein-Bals, „Gestörte Demokratie. Wege in eine faktische Gewaltenteilung.". In: Chr. Gringmuth et al., *Die Zukunft beginnt heute. Impulse für einen gesellschaftlichen Wandel*, Driediger Verlag, Georgsmarienhütte, 2022, S. 67

116 Ebenda, S. 64

117 Ebenda, S. 72

118 https://gemeinwohl-lobby.de/vorschlaege/

119 https://www.gesetze-im-internet.de/gg/art_146.html

120 Grimmenstein, a. a. O., S. 73

121 https://www.spektrum.de/lexikon/philosophie/gesellschaftsvertrag/801

122 J.-J.Rousseau, *Kulturkritische und politische Schriften*, Band 1, Rütten & Loening, Berlin 1989, S. 382

Alles in allem

Im März 2020 kollabierte die uns bekannte Realität – im Nachhinein möchte man fast sagen: binnen Stunden. Doch es gibt kein physikalisches Zeitmaß für diesen Kollaps. Es wurden ein paar sonderbare Imperative in die Welt gebellt – und die bekannte Ordnung ging in die Knie: der Rechtsstaat, die Wissenschaft, die Medizin, das argumentierende Begründen, die Aufklärung, die Wirtschaft und die Kunst. Noch bevor wir ein „Aber" absetzen konnten, um unsere Einwände und Gegenrechnungen zu präsentieren, waren wir längst abgeschaltet von den Zugängen zur imperativen Welt. Aussortiert als Querdenker, Querulanten, Verschwörungstheoretiker und Staatsfeinde. Wir fanden uns wieder unter lauter Gleichgesinnten, die wir noch gar nicht kannten und wie Freunde begrüßten, weil wir mit ihnen reden konnten. Ehemals vertraute Menschen wandten sich von uns ab und wurden zu Kreuzzüglern der Imperative – unerreichbar in ihrem tiefen Glauben, aber stets mit gezücktem Schwert. Im Ghetto der Kritik versuchten wir, wieder zur Sprache zu finden, doch wir sprachen nur mit uns. Wann immer es mir gelang, einen der Gläubigen anzusprechen und zu fragen, welches Unwort ich denn ausgesprochen, welche verbotene Frage ich gestellt haben mag, um verbannt zu werden, wurde mir bestenfalls Spott zuteil, meistens aber zornige Verachtung. Im Großen und Ganzen ist es bis heute so geblieben. Die Fortsetzung des Pandemieterrors durch einen Krieg, der mit aller Macht eskaliert wurde, durch Inflation, eine dramatische ökonomische Destabilisierung und schließlich durch ein apokalyptisch aufgeladenes Management des Klimawandels hat diese Raumaufteilung eher verstärkt als gemildert.

Im Laufe der Zeit ist uns aber allmählich klar geworden, dass die Probleme nicht Ende 2019 mit der Entdeckung einiger Fälle von

„mysteriösen Lungenentzündungen“ in China begannen und auch nicht mit der Umsetzung der Maßnahmen. Paul Schreyer hat in seinem Buch *Chronik einer angekündigten Krise* die Vorgeschichte der pandemischen Machtergreifung erzählt. Und es bestehen kaum Zweifel, dass einige sehr reiche Persönlichkeiten und mächtige Institutionen weitreichende Vorbereitungen getroffen hatten, die Dinge in eine bestimmte Richtung zu lenken. Gleichwohl erklärt das aber höchstens die halbe Geschichte.

Eine entscheidende Frage bleibt offen: Wie ist es möglich, dass eine halbwegs leicht zu enttarnende Bedrohung in die Welt gesetzt wird und die hochkomplexe, äußerst differenzierte abendländische Zivilisation daraufhin ihren Dienst einstellt? Als wäre sie nur ein leichtes Seidenjäckchen gewesen, ein hauchdünner ideologischer Firnis? So gut wie alles hat sich den Bedürfnissen der Imperative unterworfen. Darauf gibt es nur eine Antwort: Da war nichts, nichts Nennenswertes jedenfalls. Unsere kulturellen Errungenschaften, die zivilisatorischen Prinzipien, die Bestände bewährten Wissens – nichts davon konnte oder wollte sich den Dampfwalzen der Imperative entgegenstellen.

Und im Laufe der Zeit haben wir die Leere in uns selbst entdeckt. Wir hatten seit Langem bei diesem Budenzauber mitgespielt. Wir hatten uns arrangiert. Wie aber konnten wir glauben, die Abwesenheit eines Potentaten und das Recht, alle paar Jahre irgendwelche abgebrühten Typen wählen zu dürfen, das wäre Demokratie? Der US-amerikanische Schriftsteller Gore Vidal nannte die amerikanische Demokratie „ein Zweiparteien-System mit zwei rechten Flügeln“. Wer verstehen wollte, wie diese Demokratie in Wirklichkeit funktionierte, der schaute sich die ebenfalls US-amerikanische Serie *House of* Cards an. Diese Entlarvung des Betrugs war uns genug. Damit konnte man irgendwie leben. Wenn die Vereinigten Staaten mal wieder das Napalm der Freiheit über ein paar ungezogene Staaten ausgossen, protestierten wir laut und routiniert, wir schrieben kritische Bücher und Beiträge, die klipp und klar das Ausmaß der

Schweinerei darlegten. Bis vor 20 Jahren stellte das öffentlich-rechtliche Fernsehen uns sogar Sendezeit für die Rituale der Kritik zur Verfügung. Das war der Pluralismus, der uns Gehör verschaffte, womit wir uns zufriedengegeben haben. Edward Snowden enthüllte 2013 das globale Abhörsystem des US-amerikanischen Geheimdiensts NSA, die Infrastruktur einer planetarischen Tyrannei. Von Kindesbeinen an hatten wir gelernt, dass dergleichen der Anfang vom Ende sei. Es gab damals für kurze Zeit eine gewisse mediale Aufregung, die sich hauptsächlich am abgehörten Handy der Kanzlerin entzündete. Einige beschlossen, nur noch via Proxyserver ins Netz zu gehen, bis das zu umständlich wurde. Danach lebten wir weiter, als wären wir einfach zu uninteressant für die Machenschaften der NSA.

Wir waren stets frei und doch in Ketten. Wir haben improvisiert. Manches sah aus, als sei es gelungen. Wir waren stets unter Strom, und gelegentlich erwischten wir uns bei dem Versuch zu begreifen, was wir eigentlich wollten. In der Regel lebten wir als Gast unseres Lebens, das seinen Weg nahm. Hunderte von großartigen Romanen, Abhandlungen, Filmen und Gemälden reflektierten unsere Unbehaustheit. Von Zeit zu Zeit besichtigten wir das klirrend Existenzielle, *Die Fälschung der Welt* (William Gaddis), der wir entkamen, indem wir wieder in den Lärm vermeintlich überschaubarer Zweck-Mittel-Operationen eintauchten. Das waren die sogenannten Bildungserlebnisse. Nichts stimmte. Doch unser Misstrauen war zu unartikuliert, zu flüchtig, um einer Zivilisation zu entsagen, die irgendwie zu funktionieren schien und dabei unaufhörlich übermenschliches produzierte, die Herzen verpflanzen konnte und Raketen auf lichtjahrelange Reisen ins All schoss, wo sie schließlich auf einem winzigen eisigen Gesteinsbrocken punktgenau landeten. Unsere Zweifel verschwanden im grandiosen Spektakel des Realen. Unverbindliche Vorbehaltsklauseln im Exil des Inneren.

Ich höre den Realisten belustigt fragen: „Ginge es nicht was kleiner? Können wir nicht einfach über ein paar Reparaturen sprechen?" Leider eben nicht. Die imperative Welt diskutiert nicht. Und insofern bleibt nichts Geringeres als das Ganze. Damit will ich auf zweierlei hinweisen. Da die Zivilisation uns nur leicht bekleidete und meist als Mittel zum Zweck diente, konnte sie im Zeichen pandemischen Notstands ohne große Umstände abgestreift werden. Vielleicht sind so viele Menschen den Imperativen der Pandemiker so leichtgläubig gefolgt, weil Befehle in ihren Ohren wie Sirenengesang klangen: Orientierung. Eindeutigkeit. Wie lange hatte man sie schon vermisst. Wen interessierten die juristischen Spitzfindigkeiten der Verfassung, wenn es doch ums Überleben ging? Was sollten die umständlichen Prozeduren der Impfstoffzulassung, wenn man doch Menschenleben retten wollte?

Der zweite Punkt betrifft die Ausweitung der Kampfzone. Wenn das Ganze das Falsche ist, dann müssen wir das Ganze ins Visier nehmen. Niemand wird glauben, wenn wir zum Grundgesetz zurückkehren, wird der alte Rechtsstaat wieder funktionieren. Niemand wird glauben, wenn die notorisch lügenden Professoren entmachtet sind, könne man wieder der Wissenschaft vertrauen. Und wenn all die Verbrechen rund um die Impfstoffe vor Gericht verhandelt worden sind, dann wäre der Gerechtigkeit Genüge getan. Nein, wir werden erst klären müssen, wieso all diese hochdifferenzierten Institutionen und ihre Verwalter so gründlich und so rasch versagen konnten. Und wir werden immer wieder auf die zum Teil langen Vorgeschichten stoßen, in denen sich das zukünftige Versagen deutlich abzeichnete – und wir werden nach unserem eigenen Versagen fragen müssen.

„La réalité est enorme.“ So lautete eine Weisheit der 68er. Die Realität ist immer noch enorm, sie ist sogar noch enormer geworden. Doch man wird in diesem Buch, das von den Oppositionellen unserer Tage handelt, fast nichts finden, das für das Programm radikaler zivilisatorischer Erneuerung eine Antwort gefunden hätte. Das hat seinen Grund. Wir stehen heute nicht vor der Wahl Revolution oder Reparatur. Wen wollten wir stürzen? Regierungen, die Oligarchen und ihre Netzwerke, die Universitäten oder die bigotten Kulturtempel? Mal ganz abgesehen davon, dass uns sämtliche Mittel fehlen. Auf der anderen Seite: Was wollten wir reparieren? Die Demokratie, die Verfassung, die Wirtschaft? Es gibt keine Reform, die richten könnte, was längst nicht mehr funktioniert. Und wir sind eine Minderheit. So gesehen scheint die Lage aussichtslos, und wir wären zum Stillstand verurteilt.

Das ist die Falle des Realismus: sich nur Aufgaben zu stellen, die im Licht der verfügbaren Mittel erscheinen. Die Falle der Utopie: dem Traum die Mittel zu opfern. Doch in Wahrheit haben wir keine Utopie. Wir haben Gegner, eisige Akteure, die an der Zerlegung der Welt arbeiten, um sie nach ihren Plänen neu zu errichten. Und sie haben erhebliche Fortschritte gemacht. Als unerwünschte, aber erwartbare Nebenwirkung haben sie uns auf den Plan gerufen, die „Schwurbler". Und wir müssen viel besser sein, als man uns nachsagt. Warum sonst sollte man uns ununterbrochen dämonisieren? Die neue Gegenöffentlichkeit hat ja nicht nur Details kritisiert, sondern die Fälschung des Ganzen aufgedeckt. Wir haben einiges geleistet – zumal in Anbetracht unserer Möglichkeiten. Wir sind nicht nur der Sand im Getriebe des Great Reset, wir sind die improvisierte Skizze von etwas anderem.

Es gilt, unsere Möglichkeiten einzuschätzen und die Bestände unserer Errungenschaften zu besichtigen. Es sind gar nicht so wenige. Zunächst hat sich eine nicht genau bezifferbare, aber mit Sicherheit nicht unerhebliche Menge von Menschen offen oder verdeckt von den systemischen Realitäten entfernt. Das reicht vom öffentlich sichtbaren Konflikt bis zum diffusen Vertrauensverlust. Bei einem großen Teil der Abtrünnigen dürfte eine massive Politisierung stattgefunden haben.

In diesem Buch habe ich versucht, von wenigstens einigen Beispielen für aktiven Widerstand zu berichten. Denn es würde schlicht den Rahmen sprengen, vom gesamten Ausmaß und der Breite der Suchbewegungen zu erzählen: von der spirituellen Erneuerung über neue Medien bis zu neuen Formen des Wirtschaftens. Daran beteiligt sind Professoren, Hausfrauen, Arbeitslose und Bauern, die ziemlich genau verstanden haben, was schiefläuft, aber auch, dass man die geballten politischen und ökonomischen Mächte mitsamt ihren angeschlossenen Institutionen nicht durch einen wie auch immer gearteten Putsch ausschaltet. Im Gegenteil vermute ich, dass die allermeisten den Abenteuern der Gewalt zutiefst misstrauen.

Die neue Gegenöffentlichkeit ist kein geschlossener Verein. Einigkeit herrscht nur über den Widerstand gegen das Pandemie-Regime. Aber es gibt auch erhebliche Differenzen. So finden sich zum Beispiel auf der von Hendryk M. Broder gegründeten Website *Achse des Guten* glänzende Artikel in Sachen Corona. Doch bei anderen Themen spüre ich große Unterschiede. Der Journalist Boris Reitschuster hat zwei Jahre lang auf seiner Internetseite *reitschuster.de* gezeigt, was guter Journalismus kann, doch bei Ausbruch des Kriegs um die Ukraine verfiel er umgehend in die propagandistischen Tonlagen des Mainstreams, die unaufhörlich die abgrundtiefe Schlechtigkeit des russischen Präsidenten beschwören, um zu verdecken, dass es durchaus diskutable, um nicht zu sagen verhandelbare Gründe für diesen Krieg gibt.

Die „Querfront" gegen Corona ist fragil. Doch wenn ich das richtig beobachte, gibt es eine Art belastbaren Respekt unter den politischen Gegnern der alten Raumaufteilung. Differenzen aller Art muss es geben dürfen. Die Verwerfungen des klassischen politischen Feldes sind kurios. Ich muss eingestehen, dass die Linke – parlamentarisch und außerparlamentarisch – in meinen Augen weitgehend dramatisch versagt hat, während die AfD die einzige Partei ist, die im Bundestag zu den beherrschenden Themen „meine" Ansichten vertritt. Ansonsten gibt es fast keinen Programmpunkt, den ich mit dieser Partei teile. Die Parallelgesellschaft muss lernen, mit ihren inneren Differenzen zu leben, sonst wird es sie nicht lange geben.

Es gibt Anzeichen, dass der Kreis von Oppositionellen stetig wächst. Das wiederum verdankt sich vermutlich dem Walten der Mächte. Tag für Tag schaffen sie neue abstruse Unwirklichkeiten. Der heiter dümmlichen Utopie des Fortschritts, des immer Mehr mit weniger Arbeit, ging in staunenswertem Tempo die Luft aus. Man kaschierte den Schwund hinter einer Serie von Notständen, verwaltet von diversen Regimen der Alternativlosigkeit. Doch viele von uns entdecken hinter dem Niedergang, hinter der Krisenserie von Pandemie, Klimawandel, Inflation, Energiemangel und dem „barbarischen russischen Angriffskrieg" eine kalkulierte Strategie der Zerrüttung. Die verhüllte Global Governance hat die irreparablen weltweiten Schieflagen erkannt, treibt sie auf einen Kipppunkt zu, um anschließend das System neu aufzusetzen – allerdings ausschließlich zu ihren Bedingungen totaler Kontrolle. Das ist das Schlachtfeld, auf dem wir uns längst befinden. Und es wird bald härter werden. Die Instrumente unerträglicher Repression sind längst geschmiedet. Einige haben wir in diesem Buch vorgestellt.

Unsere Chancen stehen nicht gerade blendend. Aber wir haben keine Wahl. Es gibt uns. Scheinbar aus dem Nichts hat sich eine neue Gegenöffentlichkeit gebildet. Die besteht aus mehr als ein paar kritischen Bravourstücken. Es ist in Teilen zumindest eine bewohnbare Welt mit einer – wie Heinrich Böll sagte – „bewohnbaren Sprache".

III. ANHANG

Internetseiten und Blogs

Mittlerweile gibt es eine fast unüberschaubare Anzahl von kritischen Internetseiten und Blogs. Nicht alle sind erst im Widerstand zur Corona-Politik entstanden, viele beschränken sich nicht auf dieses Thema. Zusammengenommen bilden sie eine beeindruckende vielstimmige und plurale Gegenöffentlichkeit ab.

Wir können hier nur eine Auswahl von ihnen kurz vorstellen. Noch sehr viel mehr Plattform-Adressen finden sich auf folgenden Seiten: *neue-medien-portal.de* und für alle kritischen Portale im Zusammenhang mit Corona *covidwegweiser.de.*

INTERNETSEITEN

↗ 1bis19.de

1bis19 – Magazin für demokratische Kultur

Herausgeber: Initiative für Grundrechte und Rechtsstaat e.V., Verantwortlich: Paul Brandenburg.

Der Name bezieht sich auf die Artikel 1 bis 19 des Grundgesetzes – die Grundrechte. *1bis19* ist eine Denkfabrik und Projektträger zur Förderung bürgerschaftlichen Engagements für Grund- und Freiheitsrechte. Der Verein verfolgt als Ziel die Steigerung der aktiven Auseinandersetzung und des aktiven Eintretens breiter Bevölkerungsteile für Verwirklichung und Fortentwicklung der Grund- und Freiheitsrechte unserer Verfassung zur Festigung unseres demokratischen und sozialen Föderalismus.

Welche kurzfristigen (aktuellen) Ziele verfolgt der Verein? Siehe „Positionen" unter *https://initiative.1bis19.de/positionen*

Welche Projekte führt der Verein aktuell konkret durch?

1. Aufbau bundesweiter Regionalgruppen zur persönlichen Vernetzung von Mitgliedern

2. Herausgabe des Online-Magazins „1bis19 Magazin für demokratische Kultur"

3. Musterbetrieb eines sicheren Open-Source-Chat-Dienstes zur allgemeinen, nicht-kommerziellen Verwendung („Matrix")

Im März 2022 hat Paul Brandenburg einen Server in Betrieb genommen, der allen unabhängigen Medien zur Verfügung steht: *theplattform.net*.

2020news.de

2020News

„2020news ist ein evidenzbasierter mehrsprachiger Nachrichtenkanal, der eng mit *corona-ausschuss.de* und dessen internationalem Netzwerk in Wissenschaft, Medizin und Rechtswesen kooperiert. Der Corona-Ausschuss wurde im Juli 2020 in Berlin von den Rechtsanwältinnen Viviane Fischer und Antonia Fischer und den Rechtsanwälten Dr. Reiner Fuellmich und Dr. Justus Hoffmann mit dem Ziel gegründet, das Coronavirus-Geschehen und die Folgen der Maßnahmen einer sachlichen Analyse zuzuführen."

achgut.com

Achgut.com – Die Achse des Guten

„*achgut.com* ist ein Zusammenschluss von unabhängigen Autoren und seit 2004 online" und wuchs inzwischen zu einem der meistbesuchten Autorenblogs Deutschlands heran. Herausgegeben wird *achgut.com* vom Verlag der *Achgut Media GmbH*, deren Gesellschafter Henryk M. Broder, Dirk Maxeiner und Fabian Nicolay sind. *achgut.com* finanziert sich aus Anzeigen, Verkäufen über den Lesershop, Patenschaften und Spenden. Die Namen der Gesellschafter stehen für einen stramm konservativen Kurs. In Sachen Corona-Kritik fanden und finden sich hier jede Menge hochkompetente Beiträge.

aktionleuchtturmard.de

Aktion Leuchtturm ARD

Gegründet 2021 von dem Münchener Filmproduzenten Jimmy C. Gerum. „Heute leben die Deutschen in einer desinformierten Welt, die der Öffentlich-Rechtliche Rundfunk zu einem großen Teil mitzuverantworten hat. Diese Website verschreibt sich der Aufgabe, diese Desinformationen zu dokumentieren und ein Aktionsbündnis zu erarbeiten, das die notwendige Reform des ÖRR auf einen Weg bringen kann, der seiner Verantwortung als vierte Säule der Macht gerecht wird." Zentrales Anliegen ist ein Streik der Gebührenzahler.

anti-spiegel.ru

Anti-Spiegel

Gegründet 2018 von dem Journalisten Thomas Röper, der seit über 20 Jahren in Sankt Petersburg lebt. Röper war früher in der Finanzbranche tätig.

„Der Anti-Spiegel hat drei Themenschwerpunkte:

Erstens geht es um Medienkritik. Hier wird – mit transparent überprüfbaren Quellen – aufgezeigt, wenn Medien die Unwahrheit schreiben, Tatsachen verdrehen, entscheidende Informationen weglassen, Dinge aus dem Zusammenhang reißen und so weiter. Der Anti-Spiegel versteht sich als Gegengewicht und Korrektiv der Medien.

Zweitens geht es beim Anti-Spiegel darum, das völlig unwahre Bild von Russland, das die Medien in Deutschland und im Westen verbreiten, zu korrigieren. [...]

Drittens übersetzt der Anti-Spiegel viele Meldungen russischer Medien, damit die Leser sehen, wie in Russland über Ereignisse berichtet wird. Russische Medien berichten ganz anders, als man es meinen sollte, wenn man liest, was die westlichen Medien über die Medien in Russland schreiben."

Thomas Röper ist ständiger Gast des Formats *Tacheles* auf *NuoFlix* im Gespräch mit Robert Stein.

afaev.de

AfA – Anwälte für Aufklärung

Gegründet 2020. „Die Anwälte für Aufklärung (AfA) sind ein Verein unabhängiger Anwälte und Juristen mit dem Ziel, im Zusammenhang mit der ‚Corona-Krise' ein demokratisches Staatswesen zu fördern. Hauptaufgaben sind, die Öffentlichkeit auf verfassungsrechtlich relevante Missstände hinzuweisen, massiven Rechtsverletzungen mit juristischem Sachverstand zu begegnen, für die Einhaltung von Recht, Gesetz und Menschenwürde einzutreten und der Beeinträchtigung von Bürgerrechten entgegenzutreten. Der Verein ist als überparteiliche Vereinigung von Berufsträgern für die Verteidigung der freiheitlich demokratischen Grundordnung engagiert."

apolut.net

apolut

apolut wurde 2021 gegründet. Es handelt sich um die Nachfolgeplattform von *KenFM*, die von Ken Jebsen 2011 gegründet wurde und die dieser nach zahlreichen Angriffen von Behörden geschlossen hat. Jebsen hat wieder seinen Geburtsnamen angenommen und heißt jetzt Kayvan Soufi-Siavash. Nach eigenen Angaben ist Kayvan bei *apolut* nur beratend tätig. Auf *apolut* findet man auch das gesamte Archiv von *KenFM*. In – größtenteils von der alten Plattform übernommenen – Rubriken werden Vorträge, Beiträge und Diskussionen zu verschiedenen Themen auf hohem Niveau angeboten.

aerzte-fuer-aufklaerung.de

Ärzte für Aufklärung

Gegründet am 15. April 2020. Weltweit die erste Ärzte-Organisation, die mahnend gegen die Corona-Maßnahmen aufgestanden ist. In den ersten Stellungnahmen ging es um die Kritik an den überzogenen Maßnahmen im Namen der Grundrechte. Zudem wurden mehr Obduktionen zur Klärung des Krankheitsgeschehens und eine größere Transparenz der Infektionsdaten (besonders seitens des RKI) gefordert. Seitdem veröffentlichen die „Ärzte für Aufklärung" kritische Beiträge zum laufenden Gesundheitsgeschehen.

clubderklarenworte.de

Club der klaren Worte

Gegründet 2020 von Markus Langemann. Langemann arbeitet als Medienberater, Programmentwickler für diverse Formate und als Autor und Moderator.

„Nicht nur der Journalismus, sondern auch die tradierten Medienhäuser befinden sich in der Mediengesellschaft der Gegenwart in einer nie gekannten inhaltlichen Krise. Das ist ein Paradoxon. Konformität statt Kontrolle trifft auf Einfalt statt Vielfalt. Wir verlernen gerade, Widerspruch aushalten zu können. Für eine lebendige Demokratie ist das toxisch. Ich habe mich entschlossen, frei von kommerziellen Interessen zu handeln. Einfach so. Überparteilich. Unabhängig. Demokratisch."

www.corodok.de

Corona Doks

Gegründet Mai 2020 von Artur Aschmoneit. „Hier finden sich veröffentlichte, aber irgendwie wenig sichtbare Informationen, [...] solche, die helfen, einen kritischen Abstand zu regierungsamtlichen Verlautbarungen zu halten. Denn erinnern wir uns: Es sind die gleichen Experten und Regierenden, die gestern unser Gesundheitssystem planmäßig (nicht etwa nur fahrlässig) ruiniert haben, die uns jetzt vorschreiben, was richtig und was verboten ist. Und Vorsicht: Die Grundhaltung ist links, auch wenn hier merkwürdige Positionen in der Linken befragt werden."

Artur Aschmoneit ist Autor des Buches *Geld scheffeln mit Pandemien* (Verlag Thomas Kobo, Münster 2021).

corona-ausschuss.de

Stiftung Corona Ausschuss

„Seit Mitte Juli 2020 untersucht der Corona-Ausschuss in mehrstündigen Live-Sitzungen, warum die Bundes- und Landesregierungen im Rahmen des Coronavirus-Geschehens beispiellose Beschränkungen verhängt haben und welche Folgen diese für die Menschen hatten und haben. [...] Daher hat der Corona-Ausschuss seit Mitte Juli 2020 in wöchentlichen Sitzungen ExpertInnen und ZeugInnen zu einer Vielzahl von Fragen zum Virus, zum Krisenmanagement und den Folgen angehört. Dabei wurden insbesondere auch die bis dato noch wenig evaluierten Kollateralschäden des Lockdowns näher beleuchtet."

Die Sitzungen werden live gestreamt und bleiben als Aufzeichnung verfügbar. Inzwischen (Juli 2023) haben über 150 Anhörungen des Corona-Ausschusses stattgefunden. Die ersten zehn Sitzungen sind in einem E-Book transkribiert (Viviane Fischer (Hg.), *Corona. Eine Odysee.* https://corona-ausschuss.de/wp-content/uploads/2021/11/CORONA-EINE-ODYSEE-29.09.2021-AR2a_online.pdf)

Ende 2022 wurde die Arbeit des Ausschusses überschattet dadurch, dass die beiden Sprecher des Unternehmens – Viviane Fischer und Reiner Fuellmich – sich gegenseitig beschuldigten, Spendengelder unterschlagen zu haben. Seitdem moderiert Viviane Fischer die Sitzungen allein. Reiner Fuellmich geriet obendrein in Verruf mit seinem Unternehmen, in den USA eine Sammelklage im Namen der Corona-Geschädigten zu betreiben. Von einer nicht bekannten Anzahl von Mandanten soll er ohne erkennbare anwaltliche Gegenleistung Vorschüsse kassiert haben.

corona-reframed.de

Corona Fakten & Fragen

„Eine umfangreiche Sammlung von Informationen für sachliche Debatten & Aufarbeitung. Der Ursprung der Seite bestand darin, rein private Inhalte für Freunde zur Verfügung zu stellen. Aufgrund des hohen Besucheraufkommens und der vielen positiven Rückmeldungen haben wir uns vom Corona-Reframed-Team dazu entschieden, die Seite weiterhin öffentlich zu halten. Das Ziel der Website besteht weiterhin darin, Informationen möglichst neutral und sachlich wiederzugeben. Der Fokus soll ausschließlich auf Informationen und nicht auf Personen liegen. Die Informationen auf dieser Website stammen von den verlinkten Quellen, die jeder nach seinen Vorstellungen bewerten darf."

corona-blog.net

Corona Blog

„Das Corona Blog Team ist eine Gruppe von Menschen, die seit Mitte März 2020 in ihrer Freizeit alle aktuellen Themen, welche von den Medien teilweise als Tabuthema erklärt werden, kritisch hinterfragen und gerne ihre Recherchen und Informationen der Allgemeinheit zur Verfügung stellen wollen." Herausgeber und Autoren der Beiträge sind nicht namentlich genannt. „Das Corona Blog Team will persönliche Diffamierungen und berufliche Sanktionen vermeiden und hat deshalb diesen Weg gewählt. Wir bitten um Verständnis und sind zuversichtlich, dass die präsentierten Informationen für sich selbst sprechen können. Das Team ist natürlich offen für sachliche Kritik und Anregungen."

corona-solution.com/de

Corona-Solution.com

Unabhängiges Verbundnetzwerk von Wissenschaftlern und Ärzten. „Diese Seite basiert auf dem Engagement einer großen Gruppe von Menschen und Initiativen, welche die aktuelle Entwicklung der Wissenschaft mit Sorge beobachten: Wir merken, dass wir über die Massenmedien nur eine sehr eingeschränkte Sicht auf Corona, die mRNA-Impfung und Maßnahmen erhalten. Diese Lücke möchten wir durch unabhängigen Journalismus schließen. Unser gemeinsames Ziel: Wir möchten jegliche Form der Diskriminierung ungeimpfter Menschen (2G/3G) sowie die Impfpflicht stoppen. Dazu möchten wir eine Brücke bauen zwischen Befürwortern und Kritikern der mRNA-Stoffe. Die hier veröffentlichten Inhalte sammeln und teilen wir gemeinsam in *Telegram*. Ein Autoren-Team selektiert bzw. prüft die Inhalte und bereitet sie für eine Veröffentlichung auf unserer Webseite vor."

Die Herausgeber von *Corona-Solution* bleiben ungenannt. Allerdings stellt sich ein großer Kreis von mitwirkenden Experten namentlich und mit ihrem jeweiligen Fachbereich vor.

demokratischerwiderstand.de

Demokratischer Widerstand

Die Mitglieder der Redaktion des *Demokratischen Widerstandes* (DW) in Berlin sind „parteilose Liberale verschiedener Couleurs, MedizinerInnen, Journalisten, Arbeiter, Juristen, Künstler, Händler, Unternehmer, Mütter und Väter, Alte und Junge".

Demokratischer Widerstand erscheint einmal die Woche als Zeitung mit einer gedruckten Auflage von mindestens 100.000 Exemplaren und als E-Paper auf *demokratischerwiderstand.de*. Herausgeber: Kommunikationsstelle demokratischer Widerstand e.V., Berlin. Presserechtlich verantwortlich: Anselm Lenz & Hendrik Sodenkamp. Zeitung und Plattform wurden 2020 als Reaktion auf die Corona-Maßnahmen gegründet.

epochtimes.de

The Epoch Times

„Die Website *epochtimes.de* wird von der Epoch Times Europe GmbH herausgegeben. Unsere Zusammenarbeit mit der Epoch Media Group ermöglicht uns den Zugang zu Inhalten von preisgekrönten Journalisten aus der ganzen Welt. Epoch Times Europe GmbH ist ein unabhängiges deutsches Unternehmen, das sich in Deutschland befindet und in Deutschland geschäftlich tätig ist. Die Epoch Media Group ist ein Netzwerk, das aus voneinander unabhängigen Unternehmen besteht, die unabhängig und selbständig betrieben werden. Es ist weltweit das am schnellsten wachsende Netzwerk unabhängiger Nachrichtenmedien. Die Mitglieder der Epoch Media Group sind überparteiliche Medien, die sich zu sachlichen und verifizierten Informationen verpflichtet haben."

↗ fairtalk.tv

Fair Talk

Der Autor und frühere Hörfunkjournalist Jens Lehrich ist mit verschiedenen Talksendungen und Podcasts überaus erfolgreich. Sein *YouTube*-Kanal hat über 150.000 Abonnenten. Alle Videos werden professionell in einem Studio produziert und gehen inhaltlich in die Tiefe.

„Wir möchten eine neue Gesprächs- und Diskussionskultur etablieren. Wieder in den Kontakt gehen und verschiedene Menschen zu Wort kommen lassen. Dafür haben wir neue Talk-Formate ins Leben gerufen, die uns näher zusammenführen können."

↗ free21.org

Free21

Free21 wurde 2014 von dem seit 1985 frei tätigen dänischen Investigativjournalisten Tommy Hansen (verstorben 2018) gegründet. Sie erscheint als Zeitschrift sowie in digitaler Form. Chefredakteur seit 2019: Dirk Pohlmann.

„Als Herausgeber agiert der Verein zur Förderung unabhängiger journalistischer Berichterstattung e.V. *Free21.org* ist eine global ausgerichtete Plattform für journalistische Beiträge und qualifizierte Debatten. Alle Artikel werden typografisch so gesetzt, dass die Seiten als PDF-Datei heruntergeladen und auf DINA4-Papier ausgedruckt werden können. Die Artikel werden durch Fotos ergänzt und mit einem Quellenverzeichnis versehen. *Free21.org* funktioniert als Netzwerk-Projekt: Wir beziehen Beiträge von Fachleuten aus den verschiedensten Fachgebieten mit ein. Alle Journalisten,

Autoren, Layouter, Researcher, Korrektoren und sonstige Unterstützer arbeiten ehrenamtlich und ohne Entgelt. Dies sichert unsere Unabhängigkeit."

↗ infrarotmedien.de

Infrarot Medien – Sicht ins Dunkel

Gegründet 2022 vom ehemaligen Chefredakteur von *RTdeutsch* Ivan Rodionov. Aufwendig gemachte Plattform mit verschiedenen Rubriken zu diversen Themen.

↗ kontrafunk.radio

Kontrafunk – Die Stimme der Vernunft

Ein Radio-Vollprogramm. Gegründet im Juni 2022 von Burkhard Müller-Ullrich. Der frühere öffentlich-rechtliche Kulturjournalist hat einen eigenen Rundfunksender auf die Beine gestellt. Gesendet wird rund um die Uhr unter anderem ein Mix aus Nachrichten, Kommentaren, Talkrunden und Gesprächen.

↗ manova.news

Manova

Wurde im April 2023 als Nachfolger von *rubikon.news* gegründet. Herausgeber sind Jana Pfligersdorffer, Roland Rottenfußer, Elisa Gratias und Nicolaus Riedl. *Rubikon* wurde 2017 von Jens Wernicke gegründet. Der Erfolg der Plattform beruhte aber im Wesentlichen auf der Arbeit der heutigen *Manova*-Herausgeber. Nach unschönen Auseinandersetzungen mit Wernicke beschlossen Pfligersdorffer und ihre Mitstreiter die Neugründung von *manova.news*. Dort findet man auch das gesamte Archiv von *Rubikon*.

Rubikon war einer der Lieblingsfeinde des medialen Mainstreams. *Manova* wird sich diese Ehre gewiss bald verdienen. Die Plattform widmet sich einer breiten Themenpalette in Text und Bild und leistet sich sogar eine eigene Jugendredaktion.

↗ www.mwgfd.de

Mediziner und Wissenschaftler für Gesundheit, Freiheit und Demokratie

„Der MWGFD e.V. ist ein Zusammenschluss von Ärzten und anderen medizinisch tätigen Personen mit Wissenschaftlern, die sich in Forschung und Lehre mit den Themen Gesundheit, Freiheit und Demokratie beschäftigen, um dem gesundheitlichen und sozialen Wohl der Bevölkerung zu dienen. Unsere Tätigkeit besteht in der Einholung und Verbreitung vertrauenswürdiger Informationen zu medizinischen und gesellschaftlichen Fragen."

↗ multipolar-magazin.de

multipolar

„Anfang 2020 schlossen sich die drei Journalisten Paul Schreyer, Ulrich Teusch und Stefan Korinth zur Herausgeber-Troika zusammen und hoben das Magazin *multipolar* aus der Taufe. Und ins Internet. *multipolar* erscheint als Netzzeitung und ist eine sehr wertvolle seriöse Quelle nicht nur für Nachrichten, sondern auch für deren Hintergründe. Und: es wird ausdrücklich zu Dialog und Diskussion eingeladen."

multipolar besticht durch exzellente Recherchen und große Sachlichkeit. Inzwischen verzeichnet die Plattform etwa 30.000 Aufrufe pro Tag. *multipolar* veröffentlicht relativ wenige Beiträge, aber es bietet eine umfangreiche Rubrik mit tagesaktuellen und teilweise kurz kommentierten Hinweisen zu Beiträgen anderer Medien. Allein deshalb lohnt sich der Besuch der Website.

↗ mutigmacher.org

Mutigmacher e.V.

„Du verfügst über Insiderwissen von hoher gesellschaftlicher Relevanz, traust dich aber noch nicht, damit an die Öffentlichkeit zu gehen? Du möchtest endlich deinem Gewissen folgen und bisher unbekannte Fakten (Insiderwissen) in die Öffentlichkeit bringen?

Dann melde dich bitte bei uns! In einem persönlichen Gespräch, bei dem selbstverständlich absolute Vertraulichkeit herrscht, finden wir gemeinsam heraus, an welcher Stelle wir dich unterstützen und dich mutig machen können."

Die Whistleblowerseite wird betrieben von Hardy Groeneveld und Bernd Felsner.

↗ nachdenkseiten.de

NachDenkSeiten – Die kritische Website (NDS)

Die *NachDenkSeiten* wurden 2003 u. a. von Albrecht Müller gegründet. Müller war unter Willy Brandt und Helmut Schmidt Leiter der Planungsabteilung im Bundeskanzleramt und von 1987 bis 1994 SPD-Abgeordneter im Deutschen Bundestag.

Heute darf man die *NachDenkSeiten* als das qualitätsjournalistische Flaggschiff der Gegenöffentlichkeit ansehen. Den Lesern wird täglich ein umfangreiches Angebot an kritischen und glänzend recherchierten Artikeln, Videos und Gesprächen zur aktuellen Weltlage angeboten. Die *NachDenkSeiten* haben eine professionelle und vergleichsweise große Redaktion und verfügen über ein weitgespanntes Netz von Mitarbeitern aus aller Welt. Außerdem werden den Lesern ausführliche und kommentierte Hinweise auf Artikel, Meldungen und Videos anderer Medien geboten. Dabei spielt die Medienkritik eine wichtige Rolle.

Ende 2022 entzog das Finanzamt Landau den *NachDenkSeiten* die Gemeinnützigkeit. Diesen Angriff auf den vermutlich meistgelesenen politischen Blog im deutschsprachigen Raum parierten seine Leser mit einem erhöhten Spendenaufkommen.

↗ neulandrebellen.de

Neulandrebellen

„Wir Neulandrebellen können Journalismus nicht neu erfinden, haben weder Korrespondenten noch Insider. Was wir aber können: Die Narrative, die man uns medial serviert, gegen den Strich bürsten

– und der Deutungshoheit dieser Märchen ans Bein pinkeln. In diesem Sinne: Wir lassen es laufen." Seit inzwischen einigen Jahren betreiben Tom J. Wellbrock und Roberto J. De Lapuente ihre Seite und liefern konstant hohe und geistreiche Qualität.

↗ netzwerkkrista.de

KRiStA – Netzwerk Kritische Richter und Staatsanwälte n. e. V.

„Wir sind ein Netzwerk von Richtern und Staatsanwälten, die das politische Handeln und das Handeln der Gesetzes- und Verordnungsgeber in der Corona-Krise aus rechtsstaatlicher Sicht mit großer Sorge beobachten. Wir setzen uns ein für das Grundgesetz und die freiheitliche demokratische Grundordnung. Dabei vertreten wir unsere private Meinung. Wir sind politisch neutral und grenzen uns ausdrücklich ab von jedweder extremen Strömung. [...] Längerfristig, über die Corona-Krise hinaus, wollen wir gemeinsam mit anderen gesellschaftlichen Gruppen und der Politik Lösungen für bedeutsame Probleme der Justiz entwickeln. Zentral hierbei ist die Forderung der wirklichen Unabhängigkeit der Justiz im Rahmen der Gewaltenteilung."

↗ nuoflix.de

NuoFlix (früher: NuoViso TV)

NuoViso wurde bereits 2005 von Frank Höfer, ehemaliger Mitarbeiter beim MDR, gegründet und zählt zu den Pionieren in der alternativen Medienszene. Die Geschichte seiner Plattform erzählt der Gründer Frank Höfer bei *apolut* (https://apolut.net/m-pathie-frank-hoefer/).

Aus *NuoViso* ist *NuoFlix* geworden, das zahlreiche regelmäßige Formate anbietet wie z. B.

- *Tacheles*, ein geopolitischer Talk von Thomas Röper (Anti-Spiegel) und Robert Stein.

- *Homeoffice* („Robert Stein, Frank ‚Stoner' Engelmayer und Frank Höfer bequatschen das Aktuellste aus den letzten 72 Stunden")

- *Ruderboot*, eine aufwendig und professionell produzierte Talkrunde, moderiert von Katrin Huß und Robert Stein – früher auch von dem bei den ÖR in Ungnade gefallenen Kabarettisten Uwe Steimle.

punkt-preradovic.com

Punkt. Preradovic

Die Gastgeberin Milena Preradovic „diskutiert mit meinungsstarken Koryphäen – provokant und informativ". Nach eigenen Aussagen hat Milena Preradovic mit Talks über Allerweltsthemen begonnen. Im März 2020 hatte sie mehr oder weniger zufällig Wolfgang Wodarg zu Gast. Wodarg und seine Thesen haben nicht nur sie beeindruckt, sondern auch Dietrich Mateschitz, den Milliardär, Gründer von *Red Bull* und Inhaber von *Servus TV*. Der inzwischen verstorbene Mateschitz hat Milena Preradovic auch finanziell ermutigt, auf dieser Schiene fortzufahren. *Punkt. Preradovic* ist seitdem eine Säule kritischer Information. Milena Preradovic gilt als ausgezeichnete Journalistin, die mit ihren meist hochinteressanten Gästen spannende Gespräche führt.

radiomuenchen.net

Radio München

„Kultur und alles – Wir wollen zeigen, was die Menschen bewegt, wir wollen das Wesentliche extrahieren, wir wollen den Gesellschaftswandel zugänglich machen. Radio München sucht den richtigen Ton mit anspruchsvollem Wortprogramm und dem Besonderen aus der lokalen Musikszene. Ein Sender für die im Hörfunk unterrepräsentierte Stadtkultur."

reitschuster.de

Reitschuster

Gegründet am 3. Dezember 2019 von Boris Reitschuster. Reitschuster war zuvor 15 Jahre lang Moskaukorrespondent des *Focus*. „Vielleicht bin ich ein Auslaufmodell: Aber ich habe Journalismus noch so gelernt, dass er vor allem die Regierenden kontrollieren und kritisieren soll, nicht die Opposition. Dass er alles in Zweifel ziehen soll, und nicht gegen Zweifler agitieren und Wahrheiten zementieren. Dass man als Journalist gegen den Strom schwimmen soll, und sich nicht von ihm treiben lassen darf."

reitschuster.de war von Anfang an sehr erfolgreich. Heute sollen es bis zu 52 Millionen Aufrufe im Monat sein – was etwa der Hälfte von *Spiegel online* entspräche. Anlässlich des russischen Übergriffs auf die Ukraine im Februar 2022 schwimmt Reitschuster an vorderster Front wieder mit dem Strom – zumindest bei diesem Thema. Das dürfte zu einem erheblichen Einbruch bei den Aufrufen geführt haben.

deutsch.rt.com

RT DE

RT DE ist der deutschsprachige Ableger des staatlichen russischen Auslandssenders *Russia Today* (gegründet 2005). *RT DE* ging 2014 in Deutschland auf Sendung. Der Livestream wurde im März 2022 wegen des Ukrainekriegs EU-weit verboten. Geblieben ist die Plattform mit aktuellen Artikeln.

„Wir sind fern jeglicher Seilschaften in der Politik und Wirtschaft der Bundesrepublik, weshalb unsere Redakteure sich nicht davor scheuen, bestehende Narrative, Klischees und Stereotype kritisch zu hinterfragen. Unsere Berichterstattung entspricht höchsten journalistischen Standards, unsere Meinungsartikel sind deutlich von Nachrichten getrennt. *RT DE* betreibt keinen Kampagnenjournalismus und bleibt auf dem Boden der Tatsachen. Und ja, wir sind ein russisches Medium. In hiesigen Live-Schalten und Kolumnen fällt immer öfter der Satz, Russland sei unberechenbar und aggressiv. Dies zeugt davon, dass man Russland nicht verstanden hat oder nicht verstehen will. *RT DE* gibt seinem Publikum einen Einblick in die Logik, die Interessen und Ansichten Russlands. Wir sind der tiefen Überzeugung, dass man die russische Position nicht teilen muss, aber verstehen sollte. Wir geben unseren Zuschauern und Lesern die Möglichkeit, das große Schachbrett zu drehen, um das Spielfeld auch aus einer anderen Perspektive zu betrachten."

In Sachen Corona hat *RT DE* nicht die Position der russischen Regierung vertreten.

sciencefiles.org

ScienceFiles – Kritische Wissenschaft

Im April 2011 gegründet als kleiner Blog zu wissenschaftlichen Themen; seitdem erheblich gewachsen, von einem Post pro Woche über zwei bis drei Posts am Tag bis zum größten Wissenschaftsblog in Deutschland. Die Macher von *ScienceFiles* sind Wissenschaftler und arbeiten als Wissenschaftler, sind alle selbstständig und betreiben die Website nebenher. Sie haben „ein Grundsatzprogramm erstellt, dessen Ziel darin besteht, die Grundlagen kritischer Wissenschaft zu beschreiben und ihren Nutzen für die Diskussion miteinander ebenso wie der Diskussion über Probleme aufzuzeigen".

servustv.com

Servus TV

ServusTV ist ein österreichischer Privatfernsehsender mit Sitz im Land Salzburg. Zusammen mit der Zeitschrift *Servus in Stadt und Land* befindet er sich im Besitz der *Red Bull Media House GmbH*, einer Tochterfirma der *Red Bull GmbH*. „In der Corona-Krise ist *ServusTV* die einzige Mainstream-Plattform, die in ihren Sendungen alternative Sichten präsentiert und ihre Protagonisten zu Worte kommen lässt." Das ist wahr und journalistisch meist weit besser als das, was die Öffentlich-Rechtlichen in Österreich oder Deutschland bieten.

swprs.org

Swiss Policy Research

„Swiss Policy Research (SPR) ist ein Forschungs- und Informationsprojekt zu geopolitischer Propaganda in Schweizer und internationalen Medien. Sämtliche Studien und Beiträge wurden von einer politisch und publizistisch unabhängigen Forschungsgruppe ohne Beauftragung oder Fremdfinanzierung erstellt."

SPR wurde 2016 gegründet. „Die Mitglieder der Forschungsgruppe möchten persönliche Diffamierungen und berufliche Sanktionen vermeiden und haben sich deshalb entschieden, nicht namentlich aufzutreten. Wir bitten um Verständnis und sind zuversichtlich, dass die präsentierten Informationen für sich selbst sprechen können."

↗ theplattform.net

theplattform – Der Streamingdienst der freien Medien

Von dem Arzt und Journalisten Paul Brandenburg im März 2022 gegründete Serverplattform mit Sitz in Irland.

„*theplattform* macht freie Medien der Allgemeinheit zugänglich. Wir bilden das gesamte Angebot medialer Unterhaltung, Information, Kunst und Kultur im Spektrum der Meinungsfreiheit ab. *theplattform* ist ein Streamingdienst. Alle Inhalte erscheinen in Verantwortung des jeweiligen Kanals (Medienpartners). *theplattform* übt keinerlei Einfluss darauf aus, welche Inhalte unsere Kanäle veröffentlichen.

Medienpartner zum Betrieb eines Kanals kann jeder Publizist, Künstler, Autor, Filmemacher oder vergleichbare Produzent werden. Maßgeblich für eine Auswahl sind Professionalität und Kontinuität der Inhalte. Solange diese von der Meinungsfreiheit gedeckt sind und sich weder gegen die freiheitlich-demokratische Grundordnung noch das friedliche Zusammenleben richten. Von diesen Kriterien abgesehen findet durch *theplattform* keinerlei Bewertung der bzw. Eingriffe in die Veröffentlichungen der Kanäle statt. Die Aufnahme neuer Kanäle auf *theplattform* wird begrenzt durch unsere personellen, technischen und finanziellen Kapazitäten."

tichyseinblick.de

Tichys Einblick

Gegründet 2014 von dem Journalisten und Publizisten Roland Tichy. „*Tichys Einblick* steht an der Seite von Bürgern und verteidigt deren Rechte gegen Übergriffe. Nicht Freiheiten bedürfen der Begründung – sondern ihre Einschränkung. *Tichys Einblick* orientiert sich an den Werten des Bildungskanons westlicher Demokratien sowie am christlichen Menschenbild, ohne die es die Idee des mündigen Bürgers nicht gäbe. Politiker sind nicht Erzieher der Bürger, sondern sie haben den Bürgern nach den Regeln der Verfassung zu dienen. *Tichys Einblick* sieht es deshalb als seine Aufgabe, die jeweilige Regierung und das staatliche Handeln mit kritischer Distanz zu begleiten."

In Sachen Corona fanden sich auf der Seite zuverlässig kritische Beiträge auf hohem Niveau. Ansonsten spürt man oft, dass Tichy selbst mal ein Mainstreamjournalist war, der sich von seinem Maulkorb befreit hat. Aus alten Zeiten ist ihm geblieben, dass er Sozialdemokraten gerne mal als „Linksradikale" bezeichnet.

transition-news.org

transition news (früher: Corona-Transition)

Corona Transition wurde im April 2020 von dem Schweizer Journalisten und Verleger Christoph Pfluger gegründet. Heute zeichnet eine Genossenschaft im Besitz der Mitarbeiter als Herausgeber. Mittlerweile gibt es dreimal pro Woche eine Ausgabe von *Transition TV*. Die ursprüngliche Gründung hatte sich als eine Art Corona-Datenbank verstanden, wo alle Informationen zu Corona kommentiert oder unkommentiert gesammelt wurden. *transition news* hat den Radius der Berichterstattung erheblich erweitert.

wiges.org

Wissenschaft für die Gesellschaft

Eine europäische Initiative zur Förderung einer konstruktiven gesellschaftlichen Diskussion zu aktuellen Problemstellungen.

„Unser Angebot: Offizielle Daten und Statistiken auch für Nicht-Fachleute einfach verständlich aufzubereiten. Aktuelles Schwerpunktthema ist die Corona-Krise."

uncutnews.ch

Uncut-News

Unabhängige News und Infos aus der Schweiz. Jeden Tag bis zu 60 kommentierte News, die diesen Namen verdienen. Diese Nachrichten findet man nicht überall. Die Artikel sind namentlich gekennzeichnet. Wer die Betreiber dieser Seite sind, wird nicht gesagt. Im Impressum wird mitgeteilt, dass man immer wieder Pakete „mit bedrohlichem oder widerlichem Inhalt" bekomme, weshalb man es vorziehe, weder Betreiber noch den genauen Standort anzugeben. Laut der Website-Datenbank *similarweb* verzeichnet *uncutnews* etwa 1,3 Millionen Klicks im Monat (https://www.similarweb.com/de/website/uncutnews.ch/#overview).

blog.bastian-barucker.de

Bastian Barucker

Bastian Barucker beschäftigt sich in seinem Blog „Auf Spurensuche nach Natürlichkeit" mit den Themen Politik & Gesellschaft, Corona, Naturverbindung und Persönlichkeitsentwicklung. Podcasts und zwei Newsletterangebote runden seine Seite ab. *Auf Spurensuche nach Natürlichkeit* ist auch der Titel seines ersten Buches (massel Verlag, München 2022).

ernstwolff.com

Ernst Wolff

Ernst Wolff ist ein renommierter Finanzexperte, der die Gegenwart im Würgegriff des digital-finanziellen Komplexes sieht. Er ist Autor mehrerer erfolgreicher Bücher. Zuletzt erschienen: *World Economic Forum. Weltmacht im Hintergrund* (Klarsicht Verlag, Hamburg 2023).

erzähler.net

Sven Böttcher

Sven Böttcher ist Schriftsteller, Drehbuchautor und Journalist. Er hat zahlreiche Bücher veröffentlicht. Zuletzt erschienen: *Wer, wenn nicht Bill (wir)? Anleitung für unser Endspiel um die Zukunft* (Rubikon Verlag, Neuenkirchen 2021).

Zusammen mit Matthias Burchardt gestaltet er die Gesprächsreihe *B&B*, eine intelligente Plauderei über Aktuelles im Wochenrhythmus.

floosrainik.net

Flo Osrainik

Flo Osrainik war in den 1990er Jahren Rennfahrer und arbeitet seit vielen Jahren als Journalist. Osrainik verfügt über das seltene Talent, das Böse in fein eleganter Prosa abzuhandeln. Seine beiden letzten Bücher waren *Spiegel*-Bestseller: *Das Corona Dossier. Unter falscher Flagge gegen Freiheit, Menschenrechte und Demokratie* (Rubikon Verlag, Neuenkirchen 2021) und *Lügen, Lügen, Lügen. Terror, Tyrannei und Weltenbrand als neue Normalität der Globalisten* (Rubikon Verlag, München 2023).

↗ geldundmehr.de

Norbert Häring

Der äußerst erfolgreiche Blog des Wirtschaftsjournalisten Norbert Häring. Er ist einer der scharfsinnigsten Beobachter des WEF. Systematisch verfolgt er die Abschaffung des Bargelds und die Bemühungen um die Einführung von Digitalgeld. Sein letztes Buch: *Endspiel des Kapitalismus. Wie die Konzerne die Macht übernahmen und wie wir sie zurückholen* (Quadriga Verlag, Köln 2021).

↗ kaisertv.de

Gunnar Kaiser

Als freier Journalist arbeitet Gunnar Kaiser seit zwei Jahrzehnten für verschiedene Medien, darunter die *Neue Zürcher Zeitung*, die *WELT*, den *Schweizer Monat*, die *Jüdische Allgemeine* und die *Berliner Zeitung*. Zusammen mit Lukas Kramer ist er Gründer der Online-Akademie *SYMPOSIUM*.

Eigentlich hatte der studierte Philosoph und Philologe, Schriftsteller, Journalist und bekennende Selbstdenker im Jahr 2016 seinen *YouTube*-Kanal nur gestartet, um die Wartezeit zwischen der Fertigstellung seines ersten Romans *Unter der Haut* und dessen potenzieller Veröffentlichung sinnvoll zu überbrücken. Sein Kanal hat inzwischen mehr als 260.00 Abonnenten und dürfte damit zu den erfolgreichsten seiner Art gehören. Über 1.000 Videos von oder mit Gunnar Kaiser kann man da anschauen. Eines seiner letzten Bücher war *Spiegel*-Bestseller: *Der Kult. Über die Viralität des Bösen* (Rubikon Verlag, München 2022).

impf-info.de

Steffen Rabe

Der Münchener Arzt für Kinderheilkunde und Jugendmedizin Steffen Rabe bietet hier sachliche Informationen rund um das Thema Impfen und die Folgen an.

medienblog.hypotheses.org

Michael Meyen

In dem Buch *Medienrealitäten* von Michael Meyen sind sein Werdegang und seine Arbeiten ausführlich dargestellt. Seinen Medienblog konnte man als Avantgarde der neueren Medienkritik lesen. Am 10. Oktober 2022 hat er sich von diesem Blog verabschiedet. Er wurde der LMU München zugerechnet, und die „Kollegen" befürchteten, für den Inhalt verantwortlich gemacht zu werden. Erschien danach alle zwei Wochen als Kolumne zunächst bei *Rubikon*. Seit April 2023 findet man ihn auf *Manova*. Dazu kommt der Blog *Medien +*, ein Projekt der „Freie Akademie für Medien & Journalismus" (*freie-medien-akademie.de*).

miloszmatuschek.de

Milosz Matuschek

Milosz Matuschek ist Jurist und Publizist. Er hat mehrere Bücher veröffentlicht und war bis vor Kurzem langjähriger Kolumnist der *Neuen Zürcher Zeitung*. Er betreibt den reichweitenstarken Blog *Freischwebende Intelligenz* und ist zusammen mit dem YouTuber und Philosophen Gunnar Kaiser Initiator des „Appells für freie Debattenräume" (*idw-europe.org*). Sein zuletzt erschienenes Buch: *Wenn's keiner sagt, sag ich's. Verengte Räume – absurde Zeiten* (Westend Verlag, Frankfurt a. M. 2022).

↗ peds-ansichten.de

Peter Frey

Peter Frey ist seit 1965 Dresdner, gelernter Autoschlosser, war Lkw-Fahrer, Taxifahrer, selbstständig in der IT-Beratung. Nach der Insolvenz war er Sozialhilfeempfänger und Hartz-IV-Empfänger. Ab 2004 studierte er dann Informationstechnik. Er ist seit Jahren in Dresden in der Friedensbewegung aktiv. Er will Menschen aufwecken und so zu aktivem, selbst bestimmtem, dem kleinen wie dem großen Frieden gewidmetem Handeln bewegen. Seit einigen Jahren ist er hauptberuflich als IT-Administrator tätig und betreibt nebenher seinen scharfsinnigen Blog.

↗ regenauer.press

Tom-Oliver Regenauer

Tom-Oliver Regenauer war nach betriebswirtschaftlicher Ausbildung in verschiedenen Branchen und Rollen tätig, unter anderem als Betriebsleiter, Unternehmens- und Managementberater sowie internationaler Projektmanager mit Einsätzen in über 20 Ländern. Seit Mitte der 90er Jahre ist er zudem als Musikproduzent und Texter aktiv und betreibt ein unabhängiges Plattenlabel. Der in Deutschland geborene Autor lebt seit 2009 in der Schweiz. Zuletzt erschien von ihm das Buch *Homo Demens – Texte zu Zeitenwende, Technokratie und Korporatismus* (Swiss Caldera Media, 2022). Regenauer ist einer der besten Analytiker der Szene.

↗ samueleckert.net

Samuel Eckert

Samuel Eckert ist ein großartiger Datenanalyst. In seinen unterhaltsamen Videos verwandelt sich das Raunen der Welt in präzise Informationen über die Corona-Maßnahmen und ihre Auswirkungen auf uns als Gesellschaft und die gesamte Welt. Sein *YouTube*-Kanal hat über 100.000 Abonnenten. „Als Christ lebe ich nach dem Grundsatz, ein Diener der Wahrheit zu sein. Unter diesem Leitstern grenze ich niemanden aus, werte niemanden ab und stehe für Recht und Freiheit, Liebe und Gerechtigkeit ein."

↗ unsereverfassung.com

Karolin Ahrens

Karolin Ahrens studierte Rechtswissenschaften und schloss ihr 2. Juristisches Staatsexamen mit der Befähigung zum Richteramt ab. Sie ist Juristin und Rechtsanwältin im Bereich Wirtschaftsrecht, Grundrechtsschutz und Menschenrechte. In ihrer Kolumne „Recht verständlich" publiziert sie zu gesellschaftspolitischen Themen aus dem juristischen Blickwinkel. Zudem veröffentlicht sie regelmäßig Lyrik und begleitet so auch künstlerisch das politische und gesellschaftliche Geschehen. Sie ist passionierte und erfolgreiche Langstreckenläuferin. Weitere Informationen unter *recht-ahrens.com* und *karos.info*.

↗ wodarg.com

Wolfgang Wodarg

Wolfgang Wodarg ist Internist und Lungenarzt, Facharzt für Hygiene und Umweltmedizin sowie für öffentliches Gesundheitswesen und Sozialmedizin. Er arbeitete unter anderem als Amtsarzt in Schleswig-Holstein, Lehrbeauftragter an Universitäten und Fachhochschulen sowie Vorsitzender des Fachausschusses für gesundheitlichen Umweltschutz bei der Ärztekammer Schleswig-Holstein. 2009 initiierte er in Straßburg den Untersuchungsausschuss zur Rolle der Weltgesundheitsorganisation bei der Schweinegrippe. Viele Jahre war er für die SPD Abgeordneter des Deutschen Bundestags und des Europaparlaments. Man darf ihn als Urschrei der Corona-Kritik bezeichnen.

Über den Autor

Walter van Rossum, Jahrgang 1954, schloss seine Studien der Romanistik, Philosophie und Geschichte in Köln und Paris 1988 mit einem Doktortitel ab. Seine ersten Veröffentlichungen galten dem Werk von Jean-Paul Sartre und Simone de Beauvoir. Nach einigen Jahren als wissenschaftlicher Mitarbeiter an der Universität Köln hat er sich als freier Autor etabliert – von WDR bis DLF, von *ZEIT* bis FAZ.

Als Medienkritiker wurde er 2004 einem großen Publikum bekannt, weil er mit *Meine Sonntage mit Sabine Christiansen* unbequem an bequemen Fernsehsesseln rüttelte. 2007 machte sich van Rossum dann endgültig unbeliebt, indem er unter dem legendären Titel *Die Tagesshow: Wie man in 15 Minuten die Welt unbegreiflich macht* eine der heiligen deutschen Informationskühe sprachlich brillant in ihre Einzelteile zerlegte.

Die panische und einseitige Berichterstattung der Medien während der Corona-Pandemie wurde für ihn zum Anlass einer systematischen Kritik. Das Ergebnis dieser geistreichen und akribisch belegten Recherche war das Enthüllungsbuch *Meine Pandemie mit Professor Drosten*. Noch im selben Jahr 2021 folgte *Die Intensiv-Mafia*, das er zusammen mit Tom Lausen geschrieben hat. Beide Bücher wurden zu *Spiegel*-Bestsellern.

Seit Herbst 2021 diskutiert Walter van Rossum mit wechselnden Gesprächspartnern über brisante Themen der Gegenwart. Die Kultsendung »The Great WeSet« wurde zunächst im *Rubikon* und wird jetzt bei *Manova* veröffentlicht.

www.the-great-weset.de

Im zweiten Band stellt Ulrich Gausmann Alternativen für Wirtschafts- und Finanzsysteme vor.

»Eine spannende, engagierte, kenntnisreiche und gut verständliche Lektüre.«

Dr. Eugen Drewermann

»Ulrich Gausmann geht zu Menschen, die zeigen, wie die Revolution aussehen könnte, und sieht dort die neue Welt, weil er alles gelesen hat, was die Literatur an Utopien bieten kann. Anregend, wichtig, gut.«

Prof. Dr. Michael Meyen

Erscheint vorrauss. Nov. 2023

Ulrich Gausmann:
Wirtschaft und Finanzen neu gedacht

Softcover
ca. 350 Seiten
Größe: 13,5 x 21,5 cm

ISBN 978-3-948576-07-3

Ulrich Gausmann
WIRT-
SCHAFT
UND
FINANZEN
NEU
GEDACHT
THE GREAT WESET
Revolution der Menschlichkeit
massel

Weitere Titel im massel Verlag

Alice im Neuland erzählt die Geschichte des Internets irgendwo zwischen Bilderbuch und Märchen, Sachbuch und Erziehungsratgeber. Das Buch ist eine Zumutung für die ganze Familie. Kreuz und quer zerrt der Autor seine Leser zusammen mit Alice durch das Neuland, bis die grauen Zellen Funken sprühen. Die Geschichte muss weitergesponnen werden: Computer Frischlinge und alte Hasen diskutieren am Küchentisch über ihre Entdeckungen. *Alice im Neuland* will nichts erklären, sondern Kreativität und freies Denken fördern.

Paul Andersson:
Alice im Neuland

Hardcover, Fadenheftung:
148 Seiten
Größe: 21 x 21 cm
8 - 99 Jahre

ISBN 978-3-948576-00-4
Oktober 2019

Ein Buch von der Suche in der Natur
und dem Ankommen bei sich selbst!

Bastian Barucker:
Auf Spurensuche nach Natürlichkeit

Softcover mit Kupferprägung
224 Seiten
Größe: 13,5 x 21,6 cm

ISBN 978-3-948576-04-2
Juni 2022

Bastian Barucker beschreibt anhand mehrerer Artikel, die in zwei großen Teilen zusammengefasst sind, seine intensive Lernreise in die innere & äußere Natur.

Erscheint vorrauss. Frühjahr 2024

Eva Urban:
WAR DA WAS? Kirchengeschichte(n) seit Abraham – Überraschungen und Chance

Hardcover mit Schutzumschlag
ca. 160 Seiten
Größe: 12,5 x 20,5 cm

ISBN 978-3-948576-08-0

Lohnt sich die Frage nach dem Glauben im 21. Jahrhundert überhaupt noch? Ja, sie lohnt sich, ist die Autorin überzeugt. Ein Buch für Enttäuschte und Zweifelnde, die das Fragen und Hoffen noch nicht ganz aufgegeben haben – oder einfach für alle Neugierigen.

Pro-Bono-Projekt

NACHHALL lesen heißt…

- Texte entdecken, die es wert sind zu überdauern.
- befreit lesen und erst verzögert Autoren und Quellen kennenlernen.
- Meinungsvielfalt erleben, Informationsblasen verlassen.
- entschleunigt genießen, statt vom Mainstream mitgerissen zu werden.

Ihre Vision und Ihr Konzept des „Presseechos“ finde ich bemerkenswert pfiffig…

Die Tage, in denen ich die neue Ausgabe des Nachhall in den Händen halte, sind Festtage.

Die aktuelle Ausgabe ist ein Hammer, finde ich, wichtig und inhaltsreich!

OFFENHEIT
zum Gegensätzlichen
»Die Grundlage der Demokratie ist die Trennung von Sprecher und Argument.«
Ulrike Guérot, Politikwissenschaftlerin
liebevoll · nachhaltig · überraschend
UVP: 15 € pro Monat
nur auf Papier
NACHHALL
Neue~Medien~Echo
Infos und Abo unter https://nachhall.net

Lob und Kritik

Teilen Sie Ihre Leseeindrücke! Autor und Verlag freuen sich über vielfältige **Rezensionen** unter:
www.the-great-weset.de

Für einen lebhaften Dialog abonnieren Sie gerne auch unseren **Newsletter**. Wir informieren Sie über neue Bücher und Lesungen von Walter van Rossum.

Impressum

massel Verlag Martin Sell
Herzog-Wilhelm-Str. 25
80331 München
Germany
www.masselverlag.de
verlag@massel.net

Lektorat: Susanne George
Autorenfoto: Dirk Wächter
Gestaltung: jedernet GmbH, München
Druck: Kreiter Druckservice GmbH, Wolfratshausen

Wir freuen uns über Leserbriefe, Manuskripte von Neuautoren und Empfehlungen! Sie haben einen Fehler im Buch entdeckt? Schreiben Sie uns bitte eine E-Mail an: verlag@massel.net